中國主要公募基金和私募基金的操作實力研究

羅威、崔中山◎著

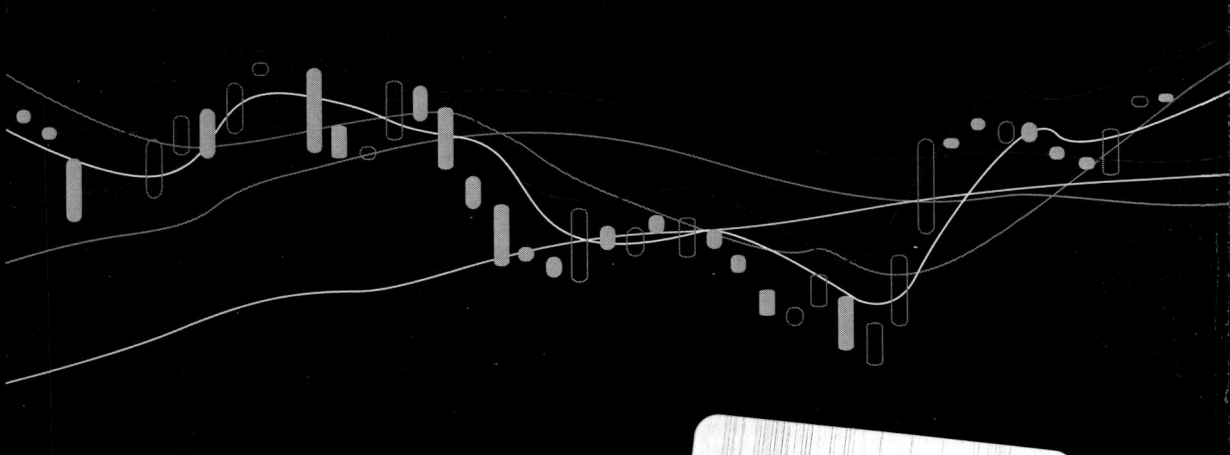

財經錢線

前　言

　　中國證券市場從1990年開建以來已走過了25年的時間，其中基金作為最重要的機構投資者也快速發展起來。截至2014年11月底，中國共有95家公募基金管理公司，管理總規模為6.09萬億元；完成登記的私募基金管理機構有4,158家，管理基金規模為1.85萬億元。中國證券市場目前正在經歷去散戶化時代，對於散戶而言，如果要間接參與證券市場，選擇一家信得過的基金管理公司就是一個重要的決定；對於機構而言，研究公私募基金的操作水平、操作實力就是一個知己知彼的過程，所以對中國主要公募基金和私募基金的操作實力進行研究就顯得非常重要和迫切。本書的撰寫目的就是通過建立簡單的評價體系對中國主要的公募基金和私募基金的操作實力做出研究分析，以期為散戶投資者選擇合意的公私募基金進行間接投資以及為機構投資者研究交易對手提供參考意見。

　　本書共分為五章。第一章是對公募基金和私募基金的介紹，主要對公私募基金的歷史、現狀和未來發展做一個介紹，並做一些對比研究。第二章是介紹基金操作實力的評價方法，從基金的分類、基金的操作策略分類、基金評價原則和考慮因素等方面進行介紹。第三章是對管理規模前十的公募基金公司，從公司的管理規模、人員構成、旗下基金的表現水平和綜合評價等方面來介紹。第四章是對股票私募基金公司的研究，主要選取管理規模在50億元以上的11家陽光私募公司來做研究，重點對公司的靈魂人物、主要操作理念和策略、風險控制等方面進行研究並評價。第五章是專門對管理規模較大的期貨私募基金公司或團隊進行理念、風格、策略、風控等方面的研究和評價。本書的第三章和第四章由崔中山撰寫，其餘章節由羅威撰寫。

　　在本書寫作過程中，我對西南財經大學出版社的高玲編輯的辛苦工作表示感謝。

羅威

目　　錄

第一章　中國公募基金與私募基金介紹／1

　　第一節　中國公募基金的發展歷史／1

　　第二節　中國公募基金的發展現狀／7

　　第三節　中國私募基金的發展歷史／12

　　第四節　中國私募基金的發展現狀／14

　　第五節　中國公私募基金的對比研究／18

　　第六節　中國公私募基金的發展趨勢研究／23

第二章　基金操作實力的評價方法／28

　　第一節　基金的分類／28

　　第二節　基金的操作策略分類／30

　　第三節　權益類基金的評價方法／35

　　第四節　晨星關於中國基金的分類和評級／38

　　第五節　基金評價原則和考慮因素／44

第三章　中國公募基金股票投資方向實力研究／46

　　第一節　中國公募基金管理公司在股票投資方向的管理規模排名／46

第二節　中國公募基金管理公司在主動型股票方向的操作實力研究／61

　　第三節　主動型股票基金的操作實力排名／71

第四章　中國股票類私募基金操作實力研究／80

　　第一節　陽光私募基金2014年概況／80

　　第二節　中國股票類私募基金的排名研究／88

　　第三節　主要的私募基金公司／179

第五章　期貨私募研究／214

　　第一節　期貨私募第一陣營之集團軍／215

　　第二節　期貨私募第二陣營之獨立軍／223

　　第三節　期貨私募第三陣營之獨立團／247

第一章　中國公募基金與私募基金介紹

　　中國基金業協會網站最新發布的數據顯示，截至 2014 年 11 月底，中國境內共有公募基金管理公司 95 家，管理資產合計 6.09 萬億元；在基金業協會登記備案的私募基金管理公司有 4,158 家，管理著非公開募集資產 1.85 萬億元。公募基金和私募基金管理規模創歷史新高。中國公募基金和私募基金發展時間雖然短，但發展速度驚人。本章主要對中國公募基金和私募基金的歷史和現狀以及未來的發展趨勢做出分析。

第一節　中國公募基金的發展歷史

　　公募基金是受政府主管部門監管的，向不特定投資者公開發行受益憑證的證券投資基金，這些基金在法律的嚴格監管下，有著信息披露、利潤分配、運行限制等行業規範。依據證券投資基金法律法規的完善程度、基金產品的成熟程度、監管主體和思路的變化等，中國證券投資基金業的發展歷程可大致分為三個階段。

一、第一階段：1991—1997 年的初創期

　　隨著 1990 年中國證券市場的起步，「武漢證券投資基金」「深圳南山風險投資基金」成為中國首批證券投資基金。1992 年，中國第一只比較規範的基金——淄博基金成立，時限 8 年，規模 3 億元人民幣，是公司型的封閉式基金，也是中國第一只上市的基金，於 1993 年 8 月在上海證券交易所上市交易。隨後基金業呈現快速發展的趨勢。但由於基金設立的組織結構不健全、信息披露不充分、投資行為混亂、外部監管空虛，基金業的經營狀況逐漸惡化，資產嚴重縮水，從 1993 年下半年開始，基金業陷入停滯整頓狀態。到 1997 年年末，中國共發行 73 只投資基金，募集資金約 66 億元。這一時期整體處於探索

階段，基金業組織鬆散，監管缺失，表現出明顯的不足：

1. 組織形式過於單一，規模小

所有基金都是封閉式的，且絕大多數基金都是契約式的（除淄博基金、天翼基金和藍天基金），個體規模和總體規模小。規模最大的天翼基金僅 5.8 億元，武漢基金第一期才募集 1,000 萬元，整體規模也只有 66 億元，平均每家 8,000 萬元。

2. 投資種類多樣，資產質量不高

基金投資的資產類型涉及房地產、股票、債券等多個品種，其中流動性差的房地產投資占據相當大比重。1997 年年末的統計表明，其投資範圍大體為：股票投資占 31%，房地產等實業投資占 28.2%，貨幣資金占 14.2%，債券投資占 3.5%，其他投資占 23.1%。

3. 基金主體寬泛，收益懸殊

投資基金的發起人包括證券公司、銀行、保險公司、信託投資公司、財政部門和企業等，其中由證券公司發起的約占 20%，信託投資公司發起的占 51%。1997 年，收益水平最高的天翼基金和最低的龍江基金差異達 64.6%（天翼基金 67%，龍江基金 2.4%）。

二、第二階段：1998—2008 年的初步發展階段

隨著 1997 年 10 月《證券投資基金管理暫行辦法》的出抬，中國證券投資基金業步入規範發展的階段，1998 年 3 月基金金泰和基金開元的推出為中國基金的發展指明了方向。2001 年中國第一只開放式基金——華安創新設立，翻開了中國證券投資基金發展嶄新的一頁，此後，開放式基金成為發展的主流方向。隨著中國加入世界貿易組織（WTO），境外資本也湧入基金業，2002 年 12 月中國出現了第一家中外合資基金管理公司——招商基金（招商證券和荷蘭國際集團）。隨著新基金的不斷推出，國家對「老基金」的整改也在進行，淘汰部分不規範的，整頓規範的重新掛牌。2002 年年底，中國已有 17 家規範化的基金管理公司，管理著 54 只封閉式基金和 17 只開放式基金，總資產約 1,185.58 億元，份額規模達 1,310.3 億份。截至 2008 年年底，基金只數增長到 439 只，資產淨值合計 19,388.54 億元，發行份額 25,740.31 億份。這一階段證券投資基金業的主要特點包括：

（1）外部環境逐漸優化，法律法規趨於完善，外部監管機制不斷健全，促進了基金業的發展。《證券投資基金管理暫行辦法》及實施準則，《中華人民共和國證券法》《中華人民共和國信託法》《證券投資基金上市規則》《開

放式證券投資基金試行辦法》《中華人民共和國證券投資基金法》（以下簡稱《證券投資基金法》）等一系列法律法規相繼出抬，對基金公司監管、交易行為、交易規則、信息披露等方面進行約束，為中國基金業健康有序的發展提供了良好的外部基礎。同時，中國明確了中國證監會對基金業的監管核心地位，充分發揮基金自律組織的監管作用。

（2）基金規模日益增大，成為中國證券市場上主要的機構投資者，與股市穩定息息相關。如表1-1所示，1998—2008年，中國證券市場上的基金由5只增長到439只，增長了87.8倍，資產規模從1998年的107.42億元增長到2008年的19,388.54億元，增長了近180倍，份額規模從1998年的100億份增長到2008年的25,740.31億份，增長了近257倍。這十年間中國基金經歷了2001—2005年的熊市，資產規模年增長率有所放緩，也經歷了2006—2007年的大牛市，規模增長率分別達81.72%和282.52%。由於2008年金融危機的衝擊，資產規模年增長率暴跌至-40.82%。

表1-1　　　　　　　　證券市場概況統計

年份	證券投資基金數（只）	資產規模（億元）	份額規模（億份）	資產規模增長率（%）	份額規模增長率（%）
1998	5	107.42	100		
1999	23	574.6	505	434.91	405.00
2000	41	845.62	560	47.17	10.89
2001	52	814.06	801.26	-3.73	43.08
2002	71	1,185.58	1,310.3	45.64	63.53
2003	110	1,699.19	1,614.66	43.32	23.23
2004	161	3,246.29	3,308.72	91.05	104.92
2005	218	4,713.02	4,736.78	45.18	43.16
2006	301	8,564.61	6,220.7	81.72	31.33
2007	346	32,761.74	22,336.03	282.52	259.06
2008	439	19,388.54	25,740.31	-40.82	15.24
2009	557	26,760.8	24,534.94	38.02	-4.68
2010	704	25,194.49	24,227.23	-5.85	-1.25
2011	915	21,310.03	24,506.83	-15.42	1.15

數據來源：中國證券監督管理委員會統計數據。

（3）基金品種多樣化，投資風格凸顯。2004 年中國第一只 ETF（交易型開放式指數基金）上證 50ETF 在上證所掛牌交易，年底第一只 LOF（上市型開放式基金）南方積極配置開始了開放式基金的場內交易模式，豐富了中國基金的類型。中國基金的投資風格，從 1998 年最初的第一批單一的平衡型基金發展到 2008 年年末，已產生成長型、行業型、指數型、收入價值型、混合型等不同風格的基金，特別是伴隨著開放式基金的快速發展，基金風格特徵更為鮮明，為投資者提供了更加多樣化的投資選擇。

三、第三階段：2008 年至今的深化發展階段

2008 年之前中國證券投資基金只是處於初級發展階段，隨後基金管理公司的數量、基金家數、資產規模不斷增加，但這些增長並不是依靠基金的投資收益，而主要是來源於現金流。同時證券投資基金的國際業務和基金非公募業務也開始取得突破。國內許多專家和學者把這一時期統稱為基金業發展的第一個階段。基金業從 2008 年開始進入了新的階段——結構化轉型階段，基金業的發展呈現出明顯的差異，發展特徵、業務結構、投資理念等表現出新的特徵。

1. 投資收益和現金流成為證券投資基金規模變化的雙動力，在現金流內部，老基金的申購與新基金的認購同等重要

2001 年至 2005 年五年，投資收益對基金規模的貢獻為 365 億元，而淨現金流的貢獻達 3,304 億元，基金規模增長主要依靠淨現金流。在 2006—2007 年的大牛市的環境下，投資收益對基金規模的貢獻合計達到 10,926 億元，淨現金流則為 14,689 億元，投資收益的貢獻度增長迅速。2007 年年末遭遇熊市，基金規模驟減。2008 年上半年，投資收益對基金規模下降的負面影響最大，達到 -9,697 億元，而淨現金流則是 -480 億元。2001 年至 2006 年，老基金淨申購為負，現金流主要靠新基金支撐，2007 年，申購量超過贖回量，淨申購規模也超過新基金發行規模，這 7 年間現金流均為正值。2008 年上半年首次產生負現金流，老基金的淨贖回再次超過淨申購，新基金發行 1,198 億元，只占總規模的 4.1%，為歷史最低。調查數據顯示，2012 年，基金投資者認申購金額合計 39,781.03 億元，認申購總額達到歷史最高值，超過了 2007 年 36,294.53 億元的歷史高點，而 2008 年至 2011 年的年度總申購量均不足 22,000 億元，贖回金額同樣達到歷史最高值。2012 年贖回金額 34,436.39 億元，2011 年贖回金額 18,765.31 億元，2012 年贖回金額較上年上升了 85%。而從 2007 年到 2011 年的歷史數據來看，除了 2007 年贖回金額達到 21,720.84 億

元外，其他年度贖回金額均未超過 20,000 億元。

2012 年全年實現了資金淨流入 5,344.64 億元，較 2011 年淨流入額 2,185.70 億元增長明顯，證券投資基金行業持續了兩年的資金淨流入，年度資金淨流入額達到 2008 年來的最高值，僅落後於 2007 年。

2. 基金產品中的高、中、低風險產品開始走向均衡

1998 年至 2001 年，中國證券投資基金都是封閉式基金，基金產品主要是以股票投資為主的高風險基金。2002—2005 年，貨幣市場基金發展迅速，截至 2005 年年底貨幣基金占比達 40%，股票和混合型基金占比為 53%。2006—2007 年，偏股型基金在中國股市大牛市的基礎上迅速增長，2007 年年底達到頂峰，市場占比為 94%。2008 年以來，由於金融危機的衝擊，股市大跌，偏股型基金的市場佔有份額逐漸下降，貨幣基金和債券基金則不斷增長，2008 年第三季度末，股票型基金占 55%，混合型基金占 30%，債券型基金占 6%，貨幣基金占 9%。2014 年年底分項數據顯示，4.49 萬億元的公募資產規模中，股票型基金的規模達到 13,248.71 億元，資產淨值行業占比達 29.52%；混合型基金達 6,288.57 億元，行業占比達 14.01%；債券型基金達 4,476.69 億元，行業占比 9.97%；貨幣型基金達 20,868.47 億元，行業占比 46.50%。

3. 國際業務激增，對提升中國基金的競爭力具有重大影響

2002 年 12 月中國推出第一家中外合資基金管理公司——招商基金，2008 年合資基金公司數量和中資基金公司數量持平，2010 年第三季度，合資基金數量達 36 家，占基金公司總數的 60%。越來越多中外合資基金公司的設立，不僅有助於提升中國基金業的整體管理經驗和專業水平，而且將為中國證券市場和廣大投資者提供更加豐富的金融產品和更為優良的投資服務。首先，這有助於中國基金管理公司借鑑國外基金在管理和風險控制等方面的成熟經驗，提升基金業管理水平；其次，將改變目前基金業競爭格局：一方面，合資基金使基金業的競爭更加激烈，另一方面，國外基金成熟的投資理念、優良的產品設計和創新等方面的經驗將帶來更多的差異化金融產品；最後，引進國際慣例，實現優勢互補，合資基金將推動中國證券市場健康有序發展。

4. 基金管理公司行業集中度穩中有升

2002 年前十大基金管理公司行業集中度將近 90%，之後呈現出逐年下降的趨勢，2007 年為 50% 左右，至 2014 年年末小幅增加到 53% 的水平。2008 年年底，中國共有 60 家基金管理公司，管理 464 只基金和 18,864.60 億元的資產，前十大基金管理公司管理資產為 9,372.74 億元，占全部基金公司的 50.41%，其中華夏基金管理公司排名第一，管理 20 只基金，資產淨值合計

1,750.16億元，占比9.28%。2009年年底，中國共有60家基金公司，621只基金，管理資產規模26,760.80億元，前十大基金管理公司管理資產規模合計13,310.67億元，占全部基金管理公司的49.74%。2010年上半年，中國共有60家基金公司，管理689只基金和21,257.34億元資產淨值，其中前十大基金公司管理資產合計10,556.30億元，占比49.65%。2011年年底，中國已有66家基金管理公司，旗下1,019只基金，資產總計21,918.40億元，前十大基金管理公司管理資產總計10,721.10億元，占所有基金管理公司的48.91%。2014年年末前十大基金公司的規模合計23,204.82億元，占行業總規模的52.29%，2013年這一數值為48.30%。不僅如此，2014年年末前十大基金公司的規模占比也達到了自2007年以來的最高水平。而在排名另一端，有38家基金公司規模在100億元的「盈虧平衡線」以下，其中規模小於50億元的有31家。這一方面體現出在資管混業群雄逐鹿的市場競爭中，成立時間較晚的中小公司所面臨的「後發劣勢」，另一方面也可能反應出一些小公司更加倚重非公業務提升自身競爭力的發展戰略傾向。

5. 機構投資者比重呈上升趨勢

2007年年底，個人基金投資者所占基金份額和基金淨值比近90%，之後呈現一種下降的趨勢，2010年年底降至81%左右；而機構投資者規模逐漸增加，其基金淨值占比從2007年年底的10.83%增長至2010年年底的18.92%，見表1-2。

表1-2　　　　　　　　機構投資者比重呈上升趨勢

年份	2007	2008	2009	2010
個人投資者基金淨值占比	89.17%	81.48%	81.77%	81.08%
機構投資者基金淨值占比	10.83%	18.52%	18.23%	18.92%
個人投資者基金份額占比	89.39%	85.59%	82.44%	82.51%
機構投資者基金份額占比	10.61%	14.41%	17.56%	17.49%

6. 基金非公募業務發展迅速，對證券投資基金產生衝擊

基金公司的「非公募業務」包括養老金管理（全國社保基金和企業年金）、專戶理財和投資顧問業務等。在養老金管理方面，截至2007年年底，9家擁有社保資格的基金管理公司管理約2,370億元資產，12家擁有企業年金資格的基金公司管理71億元資產。養老金管理規模總計約占基金總體規模的7.5%，截至2011年年底，全國社保基金理事會披露的社保基金年報數據指

出，社保基金管理的資產總額已達 8,688.20 億元，社科院世界社會保障中心主任鄭秉文預計到「十二五」期末，中國基本養老保險基金規模將達 5 萬億元。由於養老金的投資比較保守，其投資風險遠小於偏股型基金，同時其現金流也非常穩定，不斷有新的企業年金註資，在當前股市不穩定的環境下，其增長潛力巨大。在專戶理財方面，2008 年上半年，專戶理財總量為 40 億元，截至 2011 年 8 月底，基金專戶理財管理資金的規模達到 1,228.39 億元，其中一對一帳戶 720 億元，一對多帳戶 508 億元。雖然專戶理財產品存在固有缺陷，但仍具發展潛力。投資顧問業務主要包括基金公司以投資顧問的方式承擔銀行理財產品或信託產品或 QFII 的資產管理。投資顧問業務規模容易做大，但其品牌效應和客戶資源主要掌握在銀行手中，且對客戶是雙重收費，競爭上具有很大劣勢。總體來說，非公募基金在當前中國基金行業的資產管理規模上已經成為不可忽視的組成部分，發展前景良好。

第二節　中國公募基金的發展現狀

經過二十多年的發展，中國公募基金的後發優勢逐步顯現，目前公募基金的現狀有喜有憂，喜的一方面主要表現為發展速度很快，憂的一方面主要表現為結構性不均衡。

一、中國公募基金的發展結果

1. 基金管理公司

據 2014 年 12 月 30 日的統計，中國公募基金管理公司為 98 家，其中國有企業 13 家，民營企業 6 家，中外合資企業 49 家，中資企業 30 家。從公募基金公司的性質看，中外合資企業和中資企業的比重較大，但應該注意 2014 年新批的 4 家都是民營企業，這說明基金牌照再次向民營資本開放。表 1-3 為公募基金基本信息表。

表 1-3　　　　　　　　公募基金基本信息表

序號	基金公司簡稱	管理資產總規模（億元）	旗下基金數（只）	旗下基金 2014 年以來回報率分佈				成立時間	公司屬性
				0以下	0~20%	20%~50%	50%以上		
1	天弘基金	5984.49	38	0只	22只	1只	3只	2004/11/8	中資企業
2	易方達	4173.42	119	1只	55只	12只	21只	2001/4/17	中資企業

表1-3(續)

序號	基金公司簡稱	管理資產總規模(億元)	旗下基金數(只)	0以下	0~20%	20%~50%	50%以上	成立時間	公司屬性
3	華夏基金	3566.2	74	0只	35只	8只	18只	1998/4/9	中外合資企業
4	工銀瑞信	3325.55	87	0只	51只	5只	18只	2005/6/21	中外合資企業
5	嘉實基金	3243.48	92	2只	43只	6只	30只	2005/6/15	中外合資企業
6	南方基金	3216.29	94	0只	41只	11只	26只	1998/3/6	中資企業
7	中銀基金	2631.68	61	1只	35只	3只	18只	2004/8/12	中外合資企業
8	招商基金	2352.61	78	3只	33只	8只	20只	2002/12/27	國有企業
9	廣發基金	1804.89	98	2只	39只	4只	30只	2003/8/5	中資企業
10	上投摩根	1761.2	57	1只	28只	4只	19只	2004/5/12	中外合資企業
11	富國基金	1747.88	90	0只	42只	3只	29只	1999/4/13	中外合資企業
12	匯添富	1571.24	77	0只	45只	8只	20只	2005/2/3	中資企業
13	銀華基金	1555.96	81	1只	44只	6只	23只	2001/5/28	中資企業
14	博時基金	1534.38	88	2只	42只	9只	17只	1998/7/13	中資企業
15	建信基金	1437.95	73	0只	30只	17只	18只	2005/9/19	中外合資企業
16	申萬菱信	1271.11	39	0只	13只	1只	16只	2004/1/15	中外合資企業
17	華安基金	1153.92	83	4只	29只	17只	22只	1998/6/4	國有企業
18	鵬華基金	1106.68	117	1只	40只	5只	30只	1998/12/22	中外合資企業
19	農銀匯理	1037.85	30	0只	13只	1只	14只	2008/3/18	中外合資企業
20	大成基金	984.73	71	0只	33只	5只	24只	1999/4/12	中資企業
21	興業全球	945.77	16	0只	3只	3只	10只	2003/9/30	中外合資企業
22	國泰基金	892.8	73	2只	36只	3只	23只	1998/3/5	中外合資企業
23	諾安基金	885.5	52	3只	22只	8只	15只	2003/12/9	中資企業
24	國投瑞銀	803.08	60	0只	26只	3只	15只	2002/6/13	中外合資企業
25	華泰柏瑞	700.64	36	0只	13只	2只	11只	2004/11/18	中外合資企業
26	景順長城	700.44	52	0只	17只	4只	26只	2003/6/12	中外合資企業
27	華寶興業	669.48	43	1只	12只	8只	14只	2003/3/7	中外合資企業
28	民生加銀	628.49	35	0只	14只	4只	13只	2008/11/3	中外合資企業
29	信誠基金	621.93	55	0只	21只	13只	21只	2005/9/30	中外合資企業
30	長城基金	604.64	36	0只	15只	7只	9只	2001/12/27	中資企業
31	寶盈基金	569.02	21	0只	4只	2只	12只	2001/5/18	國有企業
32	融通基金	548.17	39	1只	19只	2只	12只	2001/5/22	中外合資企業
33	長盛基金	526.48	49	0只	20只	5只	20只	1999/3/26	中外合資企業
34	銀河基金	480.79	38	0只	9只	7只	17只	2002/6/14	中資企業
35	交銀施羅德	476.57	56	0只	26只	5只	16只	2005/8/4	中外合資企業
36	華商基金	455.71	30	0只	2只	8只	16只	2005/12/20	中資企業

表1-3(續)

序號	基金公司簡稱	管理資產總規模（億元）	旗下基金數（只）	0以下	0~20%	20%~50%	50%以上	成立時間	公司屬性
37	國聯安	411.14	33	0只	14只	3只	11只	2003/4/3	中外合資企業
38	中郵基金	410.31	23	0只	9只	1只	9只	2006/5/8	中外合資企業
39	中歐基金	371.38	35	0只	17只	0只	8只	2006/7/19	中外合資企業
40	國壽安保	353.96	12	0只	7只	1只	0只	2013/10/29	中外合資企業
41	光大保德信	346.27	25	0只	15只	0只	9只	2004/4/22	中外合資企業
42	海富通	346.04	40	0只	20只	8只	11只	2003/4/18	中外合資企業
43	中融基金	341.54	10	0只	4只	0只	1只	2013/5/31	中資企業
44	泰達宏利	333.71	41	0只	19只	4只	12只	2002/6/6	中外合資企業
45	新華基金	297.27	34	0只	14只	4只	12只	2004/12/9	中資企業
46	中海基金	280.91	39	0只	20只	6只	9只	2004/3/18	中外合資企業
47	萬家基金	273.29	27	0只	18只	2只	7只	2002/8/23	中資企業
48	興業基金	251.86	9	0只	3只	0只	0只	2013/4/17	國有企業
49	浦銀安盛	219.01	28	0只	18只	1只	7只	2007/8/5	中外合資企業
50	長信基金	218.04	27	0只	13只	2只	9只	2003/5/9	中資企業
51	鑫元基金	183.2	14	0只	14只	0只	0只	2013/8/29	中資企業
52	摩根士丹利華鑫	169.3	22	0只	10只	0只	11只	2003/3/14	中外合資企業
53	國海富蘭克林	147.72	27	0只	13只	1只	9只	2004/11/15	中外合資企業
54	華富基金	143.8	24	0只	13只	2只	7只	2004/4/19	中資企業
55	平安大華	126.58	9	0只	2只	3只	3只	2011/1/7	中外合資企業
56	匯豐晉信	114	18	0只	5只	5只	6只	2005/11/16	中外合資企業
57	華福基金	111.83	3	0只	2只	0只	0只	2013/10/25	中資企業
58	東方基金	108.42	26	0只	9只	2只	7只	2004/6/11	中資企業
59	泰信基金	102.33	19	0只	9只	0只	10只	2003/5/23	中資企業
60	安信基金	101.14	22	0只	11只	1只	1只	2011/12/6	中資企業
61	金鷹基金	99.2	23	0只	10只	0只	11只	2002/11/6	中外合資企業
62	東吳基金	92.85	25	0只	11只	2只	11只	2004/9/2	國有企業
63	德邦基金	85.65	10	0只	5只	0只	1只	2012/3/27	中資企業
64	中加基金	82.81	6	0只	6只	0只	0只	2013/3/27	中外合資企業
65	國金通用	74.3	13	1只	6只	1只	2只	2011/11/2	中資企業
66	信達澳銀	69.22	15	0只	8只	2只	4只	2006/6/5	中外合資企業
67	上銀基金	64.87	3	0只	2只	1只	0只	2013/8/30	中資企業
68	長安基金	45.18	6	0只	3只	0只	2只	2011/9/5	中資企業
69	益民基金	44.24	7	0只	2只	0只	4只	2005/12/12	國有相對控股企業
70	天治基金	40.18	11	0只	3只	1只	7只	2003/5/27	中資企業

表1-3(續)

序號	基金公司簡稱	管理資產總規模（億元）	旗下基金數（只）	0以下	0~20%	20%~50%	50%以上	成立時間	公司屬性
71	諾德基金	33.49	11	0只	3只	0只	8只	2006/6/8	中外合資企業
72	前海開源	25.33	24	0只	1只	1只	5只	2013/1/23	中資企業
73	國信永豐	24.43	4	0只	2只	0只	2只	2014/1/2	中外合資企業
74	華潤元大	24.16	7	0只	2只	1只	3只	2013/1/17	中外合資企業
75	金元順安	22.3	12	0只	5只	0只	5只	2006/11/13	中外合資企業
76	北信瑞豐	21.32	9	0只	4只	1只	0只	2014/3/17	國有企業
77	中金基金	19.95	5	0只	4只	0只	0只	2014/2/10	國有企業
78	中信建投基金	16.47	6	0只	3只	0只	0只	2013/9/9	國有企業
79	浙商證券資管	15.69	1	0只	0只	0只	1只	2013/4/18	民營企業
80	財通基金	12.7	8	0只	3只	1只	3只	2011/6/21	國有企業
81	東方紅資管	12.48	10	0只	2只	0只	3只	2010/6/8	
82	方正富邦	11.69	6	0只	4只	0只	2只	2011/7/8	中外合資企業
83	江信基金	8.93	1	0只	1只	0只	0只	2013/1/28	中資企業
84	國開泰富	8.42	4	0只	2只	0只	0只	2013/7/16	中外合資企業
85	富安達	7.87	9	0只	2只	3只	4只	2011/4/27	中資企業
86	浙商基金	7.58	8	0只	3只	1只	3只	2010/10/21	中資企業
87	華融證券	6.37	4	0只	3只	0只	0只	2007/9/7	國有企業
88	英大基金	5.09	6	0只	0只	0只	1只	2012/8/17	中資企業
89	永贏基金	3.65	1	0只	1只	0只	0只	2013/11/7	中外合資企業
90	西部利得基金	2.63	10	2只	2只	0只	2只	2010/7/20	中外合資企業
91	東海基金	2.02	1	0只	0只	0只	1只	2013/2/25	中資企業
92	中原英石	1.52	3	0只	2只	0只	0只	2013/1/23	中外合資企業
93	紅塔紅土	0.97	1	0只	1只	0只	0只	2012/6/12	中資企業
94	華宸未來	0.62	2	0只	1只	1只	0只	2012/6/20	中外合資企業
95	渤海證券	--	0	--	--	--	--	1988/3/1	
96	創金合信基金	--	2	0只	0只	0只	0只	2014/7/9	民營相對控股企業
97	東興證券	--	0	--	--	--	--	2008/5/28	國有企業
98	國都證券	--	0	--	--	--	--	2001/12/28	國有企業

2. 公募基金管理規模

金牛理財網初步統計，截至2014年年末，94家公募基金共計管理的1,800只公募基金的資產規模達到44,882.43億元（不包含QDII基金，含連結基金，截至年底合同已生效基金數量，A、B類基金和分級基金合併計算），其中前十家公司的公募資產規模已占據全行業半壁江山。2014年新發的347

只基金募集金額共計達4,074.01億元（含利息）。

從公司管理資金規模來看，「巨無霸」天弘基金以5,984億元的基金資產淨值規模雄踞第一，遠遠甩開第二名華夏基金，後者規模達4,177億元。緊隨其後的是嘉實基金、工銀瑞信基金和易方達基金，規模分別達到3,566億元、3,325億元和3,243億元。南方基金以2,216億元居榜單第六，中銀基金、廣發基金、建信基金、招商基金分列第七、八、九、十名，其規模均在千億元以上。這前十家基金公司的公募資產淨值總和，占全行業的資產淨值的52.87%。

不過，按股票方向基金資產來看，規模第一的仍是華夏基金，其股票方向的基金資產規模達到1,663.10億元，其次是嘉實基金和易方達基金，相關規模分別是1,608.40億元和995.91億元；按固定收益基金資產來算，規模第一的是天弘基金，其固定收益基金資產規模達到5,853.64億元，其次是工銀瑞信基金和華夏基金，相關規模分別為2,121.10億元和1,551.94億元。

3. 公募基金的發行結構

2014年年末分項數據顯示，4.49萬億元的公募基金資產規模中，股票型基金的規模達到13,248.71億元，資產淨值行業占比達29.52%；混合型基金6,288.57億元，行業占比達14.01%；債券型基金4,476.69億元，行業占比9.97%；貨幣型基金20,868.47億元，行業占比46.50%。

二、中國公募基金發展中的不足

1. 公募基金的數量較少

中國公募基金管理從最開始的中資公司開始，到後面的中外合資，然後從2014開始民營化，公募基金公司的數量還是偏少，特別是民營性質的公司偏少。這和中國金融體制改革的思路和步伐是吻合的。中國的股票市場從1990年開始發展，經過幾年的快速發展，1998年公募基金正式出現，這體現在國民收入不高的情況下需要大力發展機構投資者的必然要求，但金融體制的改革滯後，速度偏慢，導致公募基金管理公司發展偏慢。

2. 公募基金的管理規模偏小

2014年年末中國公募基金的總規模大約是4.5萬億元，占滬深總流通市值27萬億元（2015年1月12日統計）的16.7%。如果剔除債券或貨幣，股票和偏股票的基金大約只有1.9萬億元，占滬深總流通市值27萬億元（2015年1月12日統計）的7%。作為最重要的機構投資者，公募基金管理資金的規模占比偏低。

從單個基金管理公司來看，目前最大的基金管理公司是天弘基金，管理

5,984億元，但規模最主要是靠貨幣市場基金來支持，最大的股票方向管理基金華夏基金大約管理1,663億元，前十大基金的市場份額占比為52%，從行業的集中度看，和國際同行比也是偏低的。

3. 公募基金的投資範圍偏窄

公募基金的主要投資範圍是貨幣市場工具、債券、股票等基礎金融產品，期貨、期權、遠期、掉期等金融衍生品涉及極少，股權投資也很少參與。之所以投資範圍狹小，主要是因為中國的金融市場發展緩慢，基金發展歷史較短，改革的步伐相對較慢。

中央提出以市場作為資源的主要配置後，改革開始在金融體系加速，相信隨著混業趨勢的加速，公募基金的投資範圍會不斷擴大。

4. 公募基金的激勵機制有待完善

公募基金的收入主要來源於管理費用，業績的好壞與基金經理的收入並不產生直接的關係，公募基金經理的壓力和激勵是非常不成比例的，所以許多的公募基金經理組建或加入私募基金管理公司，因為後者的信息披露的私密性和激勵機制遠好於公募基金公司。2013年公募「一哥」王亞偉組建自己的私募公司，2014年公募「一姐」也離開自己工作的公募基金公司組建了自己的私募公司。這些「一哥一姐」的「奔私」就是明證。

第三節 中國私募基金的發展歷史

私募基金是私下或直接向特定群體募集的資金。在中國，私募基金萌芽於證券市場建立初期的1990年。早期的私募基金，常與莊家、市場操縱等緊密相連，是證券市場不規範性的集中體現。隨著監管的歸位與市場規範的建立，潛行的私募基金紛紛通過信託渠道發行，陽光化成為其發展的主要選擇，2003—2004年市場開始出現了真正意義上的陽光私募基金。據Wind資訊數據統計，兩年間共有84只產品成功發行，資產管理規模達16.7億元。正所謂時勢造英雄，伴隨著股權分置改革的成功推進，陽光私募基金進入了快速發展的軌道，2006—2013年陽光私募產品的發行數量出現井噴，分別達129、425、310、568、775、1004、1082與1343只，基金發行規模分別為65.6億元、451.9億元、262.2億元、252.9億元、337.9億元、492.3億元、717.1億元與437.3億元。截至2013年年底，中國陽光私募基金的資產管理規模超2,000億元，約為公募基金資產管理規模的十分之一。如圖1-1所示，我們相應地給出

了 2003—2013 年陽光私募基金產品數量與發行規模的變化。

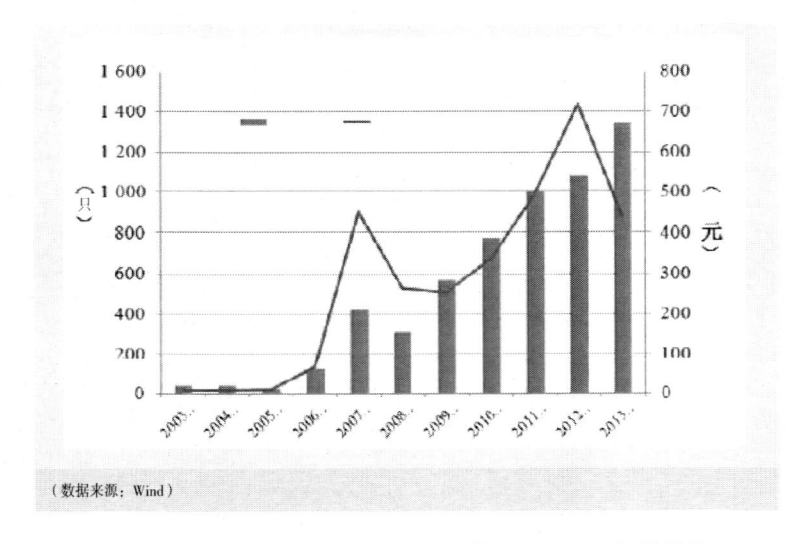

（數據來源：Wind）

圖 1-1　2003—2013 年中國陽光私募產品與發行規模變化

其中，2006—2013 年股票型基金的發行規模分別為 2.5 億元、35.8 億元、20.7 億元、73.3 億元、133.1 億元、199.7 億元、204.4 億元和 287.8 億元，保持著逐年大幅增長的態勢。同時，單只產品的平均發行規模也不斷擴大，由初期的 6,000 餘萬元發展到 2012—2013 年的 1.32 億元。而考慮到私募基金較低的透明度，上述基於公開數據的統計並不完全，勢必低於實際值。尤其是 2012 年以來新一輪的管制放鬆，引領著中國資產管理行業進入了完全競爭的「大資管」時代，陽光私募基金的發展取得了長足的進步。根據 Wind 諮詢數據，截至 2013 年年底，全國共有超過 610 家陽光私募基金管理公司，而前十大公司管理的資產規模約占行業的 37%，上海重陽投資、上海澤熙投資等公司的資產管理規模居前，突破了百億量級；而以信託計劃方式發行的結構化與非結構化產品則分別有 367 個和 1,880 個，股票型產品超九成。同時，隨著股指期貨、國債期貨等金融工具的推出，融資融券交易業務的開展，陽光私募基金的產品也逐漸多元化，市場湧現出「市場中性」「多空對沖」和量化策略等產品。早期，陽光私募基金受限於信託公司的渠道，投資範圍狹窄，不能進行股指期貨、商品期貨等產品的交易；而 2012 年以來，隨著期貨資管（CTA）業務的開展，多只陽光私募基金能夠通過公募基金專戶、公募基金子公司發行產品，擴展了對金融與商品期貨的交易，真正實現了多空對沖交易策略的部署，如 2012 年年末上海重陽投資與國泰君安證券公司發行了一只多空對沖的限定

集合資管計劃「君享重陽一號」，並在 2013 年取得了 66.60%的絕對收益。在業績上，陽光私募基金普遍要好於公募基金。據晨星（Morningstar）統計，在 1 年、3 年與 5 年期限下，分別有 88%、84%和 85%的私募基金產品跑贏滬深 300 指數，並有 80%、52%和 77%的產品取得了累積正收益，與之對應的則分別僅有 79%、8%和 1%的公募基金取得了累積正收益。然而，各私募基金產品在業績表現上則出現了較大的分化。以 2013 年為例，整個陽光私募基金行業取得了 13%~15%的平均收益，有不少基金公司或產品獲得了 30%以上的高收益，也有部分產品整體業績回落遠超大盤指數，跌幅高達 30%以上。如表 1-4 所示，我們統計了 2013 年度陽光私募基金產品的業績表現，其中年化收益大於 30%的基金產品有 140 只，取得正收益的基金產品為 732 只，年化收益低於 −20%的產品則有 20 只，而年化波動率則普遍高於 10%以上。

表 1-4　2013 年度陽光私募基金非結構化產品業績收益表現的統計特徵

統計量	年化收益率				年化波動率			
	中位數	均值	最小值	最大值	中位數	均值	最小值	最大值
	12.53	13.34	−62.26	125.55	19.10	19.00	0.30	89.37
	年化收益率				年化波动率			
	>=30.0	>=0.0	<0.0	<=−20.0	>=40.0	>=30.0	>=20.0	>=10.0
基金數	140	732	183	20	16	76	412	769

注：其中剔除了 6 个月内无净值公布的产品，共計 915 只产品（数据来源：Wind）

第四節　中國私募基金的發展現狀

中國私募基金經過二十多年的發展，終於在 2014 年從地下走出來，發展形態也開始多樣化，現狀呈現出如下特徵：

一、私募基金的發展終於有了正式的法律法規來規範

私募基金設立的動機就是追逐高額利潤，所以將基金資金投資於高收益的領域就成了其必然選擇。而高收益必然伴隨著高風險，高風險會給投資者與市場健康帶來雙重的挑戰，理應嚴格監管，但私募基金的特性決定了監管的寬松

性。所以，法律監管要在兩者之間找到一個平衡點，只有找到平衡所在，才能達到利益最大化局面。2014年是私募基金立法的重要年份，《私募投資基金管理人登記和基金備案辦法》和《私募投資基金監督管理暫行辦法》將私募基金納入正式監管，從此私募基金就可以依據法規規範發展。目前，中國對於私募基金運作監管的法律法規主要有：

1. 《中華人民共和國公司法》（以下簡稱《公司法》）

例如《公司法》第十二條規定：「公司的經營範圍由公司章程規定，並依法登記。公司可以修改公司章程，改變經營範圍，但是應當辦理變更登記。公司的經營範圍中屬於法律、行政法規規定須經批准的項目，應當依法經過批准。」

2. 《證券投資基金法》

例如《證券投資基金法》第八十九條規定：「除基金合同另有約定外，非公開募集基金應當由基金託管人託管。」第九十四條規定：「按照基金合同約定，非公開募集基金可以由部分基金份額持有人作為基金管理人負責基金的投資管理活動，並在基金財產不足以清償其債務時對基金財產的債務承擔無限連帶責任。」第九十五條規定：「……非公開募集基金財產的證券投資，包括買賣公開發行的股份有限公司股票、債券、基金份額，以及國務院證券監督管理機構規定的其他證券及其衍生品種。」

3. 《信託公司集合資金信託計劃管理辦法》

例如《信託公司集合資金信託計劃管理辦法》第二十三條規定：「信託公司管理信託計劃，應設立為信託計劃服務的信託資金運用、信息處理等部門，並指定信託經理及其相關的工作人員。每個信託計劃至少配備一名信託經理。擔任信託經理的人員，應當符合中國銀行業監督管理委員會規定的條件。」第二十四條規定：「信託公司對不同的信託計劃，應當建立單獨的會計帳戶分別核算、分別管理。」第二十五條規定：「信託資金可以進行組合運用，組合運用應有明確的運用範圍和投資比例。信託公司運用信託資金進行證券投資，應當採用資產組合的方式，事先制定投資比例和投資策略，採取有效措施防範風險。」第二十六條規定：「信託公司可以運用債權、股權、物權及其他可行方式運用信託資金。信託公司運用信託資金，應當與信託計劃文件約定的投資方向和投資策略相一致。」

4. 《私募投資基金管理人登記和基金備案辦法》

2014年1月17日，為規範私募投資基金業務，保護投資者合法權益，促進私募投資基金行業健康發展，根據《證券投資基金法》《中央編辦關於私募

股權基金管理職責分工的通知》和中國證券監督管理委員會（以下簡稱中國證監會）有關規定，中國制定《私募投資基金管理人登記和基金備案辦法》並試行。該規章對私募基金管理人登記、私募基金備案、人員管理、信息報送、自律管理做了規定。例如總則第二條對私募基金做了界定：本辦法所稱私募投資基金（以下簡稱私募基金），系指以非公開方式向合格投資者募集資金設立的投資基金，包括資產由基金管理人或者普通合夥人管理的以投資活動為目的設立的公司或者合夥企業。總則第三條制定自律管理部門：中國證券投資基金業協會（以下簡稱基金業協會）按照本辦法規定辦理私募基金管理人登記及私募基金備案，對私募基金業務活動進行自律管理。

5.《私募投資基金監督管理暫行辦法》

《私募投資基金監督管理暫行辦法》已於 2014 年 6 月 30 日中國證券監督管理委員會第五十一次主席辦公會議審議通過。由於是部門規章，《私募投資基金監督管理暫行辦法》主要規範的是證券公司、基金管理公司、期貨公司及其子公司以及非特別審批的私募基金管理機構的行為，組織形式上包括契約型、公司型和合夥型。其實大範圍上講，目前銀行、信託、保險等很多機構也以私募的方式籌集了大量的投資基金，本辦法並未囊括。相對於其他類型的行政監管法規，本辦法最大的看點在於「設立私募基金管理機構和發行私募基金不設行政審批，允許各類發行主體在依法合規的基礎上，向累計不超過法律規定數量的投資者發行私募基金」，同時強調「強化事中事後監管」。

二、私募基金管理公司數量激增

截至 2015 年 1 月 13 日，在中國基金業協會登記備案的私募基金公司有 5,237 家，而 2014 年 4 月 22 日才 720 家，2014 年 10 月才 4,000 家，短短 1 年時間，登記備案的私募基金公司出現了井噴之勢。私募基金管理公司的數量出現激增，是出於以下幾個原因：

1. 優秀的基金管理公司迫切希望陽光化

二十幾年的證券市場培育出一些優秀的私募基金管理人，這些基金管理人的技術水平比較過硬，他們迫切希望外界投資者瞭解他們，而基金業協會的私募基金管理備案制度，讓他們從地下走出來。

2. 登記不屬於行政許可

私募投資基金管理人登記和私募基金備案不屬於行政許可事項。根據《證券投資基金法》《中央編辦關於私募股權基金管理職責分工的通知》、中國證監會授權以及《私募投資基金管理人登記和基金備案辦法（試行）》有關

規定，由基金業協會負責私募投資基金管理人登記和私募基金備案，並履行行業自律監管職能。私募基金自律管理以信息披露為核心，以誠實守信為基礎。私募基金管理人承諾對所提供信息的真實性、準確性和完整性承擔法律責任。基金業協會對於私募投資基金管理人提供的登記備案信息不進行實質性事前審查。投資者進行私募基金投資時須謹慎判斷和識別風險。

三、私募投資方向多樣化，但以股票和股權投資為主

目前私募投資的投資標的，最大類的是私募股權投資，其次是證券投資，最小的是期貨投資。2014 年 7 月 4 日，在基金業協會已完成登記的私募基金管理人有 3,563 家，管理私募基金有 5,232 只，管理規模為 1.98 萬億元。其中，私募證券基金管理人 1,036 家，管理基金 1,903 只，管理規模 0.27 萬億元；股權基金管理人 2,080 家，管理基金 2,688 只，管理規模 1.51 萬億元；創業投資基金管理人 421 家，管理基金 604 只，管理規模 0.18 萬億元；其他類型基金管理人 26 家，管理基金 37 只，管理規模 150 億元。

四、私募基金管理規模偏小

中國的私募基金規模偏小，包括私募股權投資基金的總管理規模只有 1.98 萬億元，和總的投資規模 30 萬億元相比這只是很小的一個比例。最大的景林資產管理公司大約管理 250 億元，這樣的管理規模與發達國家相距甚遠。但考慮中國的私募發展的政策鬆綁是在 2014 年 2 月，所以這樣的發展速度和管理規模還是值得讚許的。

五、私募公司的運作規範不夠

1. 組織形式不規範

大量的地下私募基金公司既不是公司制，又不是信託制，更不是有限合夥制，委託成立的基金不建立託管制度，結構形式也不能界定，就以簡單的投資協議籌集款項，然後「假投資」或者用於非法目的。

2. 募集不規範

中國私募基金的募集存在很大的不規範操作問題。私募基金由於其特性對募集對象、募集方式都會有一定限制，但實際對投資者人數控制不嚴格，甚至為了規避《公司法》關於股東人數的限制以及《中華人民共和國證券法》（以下簡稱《證券法》）關於公開發行證券人數的限制，將兩三個股東並作一個出資人來進行操作。這都典型地代表了當下中國私募基金在募集過程中的大部

分情況，如果國家對此沒有強有力的監管，那麼將會給投資者利益的保護與市場穩定埋下隱患。

3. 監管不規範

中國私募基金運作缺乏必要的約束。一般來說，由於私募基金最大的特性就是運作方式多樣化、投資對象多樣化以及管理方式多樣化，所以，只有給予基金管理人以最大的自由，其才會發揮專業投資、降低風險、獲取利潤的功效，因而國家一般不會對私募基金的運作進行監管和監督。但是，法律監管不能毫無底線。如果建立完善的信息披露制度和託管制約制度，這些風險都有可能盡早被規避。而中國法律在這方面的規制還沒有到位，所以不斷有投資者受損的案例以及對金融市場穩定產生衝擊的事件發生。

第五節　中國公私募基金的對比研究

一、規模對比

截至 2014 年 11 月底，中國境內共有公募基金管理公司 98 家，管理資產合計 6.09 萬億元；在基金業協會登記備案的私募基金管理公司 4,158 家，管理非公開募集資產 1.98 萬億元。公募基金和私募基金管理規模創歷史新高。

1. 公募基金管理規模

從 1998 年第一只現代意義上的封閉式基金算起，公募基金經過 16 年的發展，截至 2014 年 11 月底，中國境內共有公募基金管理公司 98 家，管理資產合計 6.09 萬億元。基金管理公司基本上是由大的國有或國有控股金融機構直接設立或作為主要基金發起人，這些金融機構在社會上享有廣泛的信任度，所以公募基金的管理規模總體持續增加，公募基金的規模增加有兩個特點：

第一個特點是和股票行情密切相關，股市行情好，公募基金的發行就比較多；行情不好公募基金的發行規模就比較小。而且公募基金發行規模和行情有明顯的滯後性。中國股票和偏股型基金發行最多的年份是 2007 年，其前面兩年是一個快速的牛市行情。

第二個特點是在 2013 年以餘額寶為代表的互聯網金融異軍突起，帶動貨幣市場基金的快速增長。截至 2013 年年底，餘額寶的客戶數達 4,303 萬人，基金規模為 1,853 億元，對接的增利寶貨幣基金穩居國內最大基金的寶座，也把大量 85 後、90 後草根用戶帶入基金理財大門。2015 年 1 月 14 日，天弘增利寶數量達到 5,789 億元，蟬聯規模第一的基金寶座。

2. 私募基金管理規模

截至 2014 年 11 月底，中國在基金業協會登記備案的私募基金管理公司有 4,158 家，管理著非公開募集資產 1.98 萬億元。

私募前十年發展較快的是私募股權方向，由於政策扶持沒有跟上，法律法規沒有明確私募關係，所以證券投資方向發展一直較慢，前面的發展主要是經過信託渠道來發展陽光私募。2014 年 2 月的《私募投資基金管理人登記和基金備案辦法》允許私募基金管理公司以自己的名義發行私募產品，可以不借助信託、基金子公司的渠道，加上 2014 年下半年行情大幅上漲，2014 年全年私募規模擴大迅速。

3. 對比分析

公募基金由於發展時間更長，其基金類型比較齊全，特別是貨幣市場基金占到總規模的一半以上；私募基金 2014 年由於法律法規健全，發展迅速，但主導投資方向是股權投資，在目前 IPO 註冊制改革之前其規模不可能大幅增長，而證券投資方向主要以股票為主，追求相對較高的收益，專門投資貨幣市場工具的貨幣基金較少。所以私募基金的管理規模遠小於公募基金的狀況將會長期保持。

二、投資範圍對比

1. 公募基金的投資範圍

除傳統二級市場的上市股票、債券、貨幣市場工具以外，公募基金還可以投資於中小企業私募債券等非公開發行的在證券交易所轉讓的債券、股指期貨、國債期貨等證券衍生品以及黃金合約等商品合約。

2. 私募基金的投資範圍

私募證券基金主要以二級市場上市股票、債券和個股或 ETF 期權為主，但較少交易貨幣市場工具；私募期貨基金主要以期貨為主要交易對象，包括商品期貨和金融期貨和期權；私募股權投資以非上市股權為投資對象；私募創投基金對高科技公司的股權進行投資。

3. 投資範圍對比

私募基金由於投資者數量較少和風險承受能力很強，所以可投資的範圍比公募基金要廣得多。但對於流動性非常好但收益不高的貨幣市場有較高的進入門檻，私募基金進入此範圍的數量較少。

三、激勵機制對比

1. 公募基金

公募基金對基金經理的激勵機制相對落後，採用股權激勵的基金公司很少，基金經理的投資業績沒有很好地和基金經理的收入形成聯動。公募基金經理的年收入為30萬~300萬元，但每週、每月、每季度、每年的業績比拼讓許多基金經理有很大的壓力。投資者和基金管理公司的短期評價讓基金經理只能關注短期收益。這些都是公募基金的弊端。

2. 私募基金

私募基金除了對基金收取比公募基金高得多的管理費外，其最主要的收入來源是業績提成，一般是盈利的20%。一個中等規模的私募基金管理公司，一般有20~50人，管理50億元資金，收2%的年管理費，對年平均30%的收入部分再提20%，毛收入為$50×2\%+50×0.3×0.2=4$（億元），扣除不多的成本，私募基金公司的從業人員特別是其核心人物收入遠高於公募基金公司的從業人員，而且私募的業績排名壓力不大，許多基金的業績披露期間是月或季度，這也少了很多短視行為。

3. 激勵機制比較

私募基金的激勵機制遠遠好於公募基金，私募基金經理的個人收入也遠高於公募基金經理，許多私募基金公司就是由原來的公募基金經理組建的。比如，基金經理以前在公募基金工作的時候，只是一個打工的，工作多少、提成多少由公司高層或董事會決定；而自己組建私募公司，總收入扣除成本後全部歸自己。所以有相當部分的公募基金經理在獲得「明星基金經理」後都選擇組建自己的私募公司。

四、操作水平對比

1. 公募基金

公募基金的總體操作水平一般，平均收益跑不過大盤指數，許多基金管理公司在挑選基金經理時太注重學歷或者想通過自己公司進行培養，有很多基金經理的實際操盤時間和經驗都明顯不足，再加上公募基金的激勵機制不好，許多優秀的公募基金經理都會出來單干，所以剩下的公募基金經理的操作水平就很一般了。

2. 私募基金

私募基金由於生存壓力巨大，如果不能賺取正的收益，不但面臨客戶流失

的風險，還會沒有業績提成，所以私募基金經理的操作水平一般較高，平均而言是高於公募基金經理的。

3. 操作水平比較

格上理財的統計顯示，2014年傳統股票類投資策略陽光私募基金平均收益29.02%。目前有數據的984只私募產品中945只私募產品收益率為正，127只私募產品跑贏大盤指數，占比為12.9%；而在2014年業績翻倍的私募產品有12只。在公募基金方面，548只偏股型基金平均收益率為25.74%，取得正收益的股基高達534只，其中40只跑贏大盤指數，占比7.48%，僅1只基金年內淨值收益率翻番。不管是平均收益、跑贏大盤產品數、還是高收益產品數，私募基金都力壓公募基金。

表1-5是2014年陽光私募排行榜（股票型）（註：參與年度排名的基金為成立時間長於1年且有明確投資顧問的非結構化陽光私募基金）。

表1-5　　　　　　　　　2014年陽光私募排行榜

排行	私募基金	私募公司	基金經理	2014年收益
1	創勢翔1號	創勢翔投資	黃平	300.80%
2	福建滾雪球	滾雪球投資	林波、林軍、林濤	267.25%
3	澤熙3期（山東）	澤熙投資	徐翔	216.38%
4	澤熙3期	澤熙投資	徐翔	209.08%
5	蘊澤1號	西藏信託	王晶、陶鶩	153.29%
6	澤熙1期（華潤）	澤熙投資	徐翔	139.28%
7	金鷹-創贏5期	創贏投資	崔軍	135.01%
8	清水源1號	清水源	張小川	122.31%
9	天乙1期	天乙合資本	彭乃順	117.43%
10	證大穩健增長	證大投資	姜榕	115.21%

五、目標客戶對比

1. 公募基金

公募基金的目標客戶主要是普通老百姓。

2. 私募基金客戶

在證監會制定合格投資者認定標準規定出抬之前，基金業協會建議私募基金合格投資者認定的三點標準具體為：一是個人投資者的金融資產不低於300

萬元人民幣或者最近3年年均收入不低於50萬元,機構投資者的淨資產不低於1,000萬元人民幣;二是人數少於200人;三是投資於單只私募基金的金額不低於100萬元人民幣。

3. 目標客戶比較

從上面所述看,公募基金的目標客戶是普通家庭和個人,而私募基金的目標客戶是高淨值家庭和機構。兩者的目標客戶完全不一樣。

六、信息披露對比

1. 公募基金

《中華人民共和國證券投資基金法》第七十五條規定:基金管理人、基金託管人和其他基金信息披露義務人應當依法披露基金信息,並保證所披露信息的真實性、準確性和完整性。

《中華人民共和國證券投資基金法》第七十六條規定:基金信息披露義務人應當確保應予披露的基金信息在國務院證券監督管理機構規定時間內披露,並保證投資人能夠按照基金合同約定的時間和方式查閱或者複製公開披露的信息資料。

《中華人民共和國證券投資基金法》第七十七條規定:公開披露的基金信息包括:基金招募說明書、基金合同、基金託管協議;基金募集情況;基金份額上市交易公告書;基金資產淨值、基金份額淨值;基金份額申購、贖回價格;基金財產的資產組合季度報告、財務會計報告及中期和年度基金報告;臨時報告;基金份額持有人大會決議;基金管理人、基金託管人的專門基金託管部門的重大人事變動;涉及基金財產、基金管理業務、基金託管業務的訴訟或者仲裁;國務院證券監督管理機構規定應予披露的其他信息。

《中華人民共和國證券投資基金法》第七十八條規定:公開披露基金信息,不得有下列行為:虛假記載、誤導性陳述或者重大遺漏;對證券投資業績進行預測;違規承諾收益或者承擔損失;詆毀其他基金管理人、基金託管人或者基金銷售機構;法律、行政法規和國務院證券監督管理機構規定禁止的其他行為。

2. 私募基金

《私募投資基金管理人登記和基金備案辦法》對信息報送的要求規定有下面幾條:

第十九條 私募基金管理人應當在每月結束之日起5個工作日內,更新所管理的私募證券投資基金相關信息,包括基金規模、單位淨值、投資者數量等。

第二十條　私募基金管理人應當在每季度結束之日起10個工作日內，更新所管理的私募股權投資基金等非證券類私募基金的相關信息，包括認繳規模、實繳規模、投資者數量、主要投資方向等。

第二十一條　私募基金管理人應當於每年度結束之日起20個工作日內，更新私募基金管理人、股東或合夥人、高級管理人員及其他從業人員、所管理的私募基金等基本信息。

私募基金管理人應當於每年度四月底之前，通過私募基金登記備案系統填報經會計師事務所審計的年度財務報告。

受託管理享受國家財稅政策扶持的創業投資基金的基金管理人，還應當報送所受託管理創業投資基金投資中小微企業情況及社會經濟貢獻情況等報告。

第二十二條　私募基金管理人發生以下重大事項的，應當在10個工作日內向基金業協會報告：私募基金管理人的名稱、高級管理人員發生變更；私募基金管理人的控股股東、實際控制人或者執行事務合夥人發生變更；私募基金管理人分立或者合併；私募基金管理人或高級管理人員存在重大違法違規行為；依法解散、被依法撤銷或者被依法宣告破產；可能損害投資者利益的其他重大事項。

第二十三條　私募基金運行期間，發生以下重大事項的，私募基金管理人應當在5個工作日內向基金業協會報告：基金合同發生重大變化；投資者數量超過法律法規規定；基金發生清盤或清算；私募基金管理人、基金託管人發生變更；對基金持續運行、投資者利益、資產淨值產生重大影響的其他事件。

私募基金向投資人的信息披露主要依據基金合同來進行。

3. 比較

私募基金的投資人相對較少，其資產較多；而公募基金的投資人相對較多，其資產相對較少，所以法律法規對公募基金的信息披露要求較高。

第六節　中國公私募基金的發展趨勢研究

一、公募基金的發展趨勢

1. 公募投資範圍得以擴充

2014年9月末，嘉實元和成立，該基金募集規模達到其上限100億元，相對於其他公募基金產品，嘉實元和的特殊之處在於，其專注於中石化銷售公司這一單一、確定、未上市的股份投資，具有與PE基金類似的特質。嘉實元和

對公募基金創立 16 年以來的投資範圍進行了重大突破，首開公募基金投資非上市股權先河，同時還突破了「基金投資單一證券不得超過資產淨值的 10%」的上限。

目前，在傳統二級市場以外，公募基金可以投資於中小企業私募債券等非公開發行在證券交易所轉讓的債券、股指期貨、國債期貨等證券衍生品以及黃金合約等商品合約。

公募基金已參與新三板的技術系統測試。此前，全國中小企業股份轉讓系統監事長鄧映翎公開表示，轉讓系統正在研究鼓勵公募基金發行跨市場的產品，同時研究投資者適當性管理制度與市場發展的匹配，要適當降低相關標準。預計 2015 年公募基金或將可以投資新三板。

2. 互聯網金融方興未艾

2014 年，隨著互聯網金融駛入發展快車道，各類「寶寶」相繼湧現，並持續發酵升級。繼去年推出的餘額寶、百度百賺之後，騰訊也在年初上線了理財通互聯網理財產品。在互聯網巨頭們大肆搶奪活期存款時，銀行也加大了反擊力度，銀行系「寶寶」——民生「如意寶」、中銀「活期寶」、興業「掌櫃錢包」等相繼上線。隨後，保險、票據、混合基金這些相對「寶類」產品收益更高、風險抬升的產品也相繼投入市場。低風險產品是互聯網金融主攻方向，未來隨著無風險收益率的降低，此類產品的吸引力將降低，但在這一過程中，此類產品還是具有吸引力的，存款向低風險互聯網產品騰挪的趨勢不會變。隨著權益市場的升溫，互聯網金融產品可能會向股票、股權眾籌等方向轉移。

3.「奔私」潮將持續

Wind 數據顯示（2014 年 12 月 21 日統計），2014 年以來，基金經理年內離職人數已經達到了 200 人，而 2012 年、2013 年全年分別有 111 位和 136 位基金經理離職，2014 年創出了基金業年離職人數的歷史新高。離職基金經理最多的是華夏基金公司，共有 10 位基金經理離職。2014 年 10 月，寶盈基金經理王茹遠離職，其曾因業績優秀被業內冠以「公募一姐」的頭銜。基金經理變更原因諸多，如公司股權更換，導致公司領導層更換，基金經理也隨之離職。再例如，基金經理因個人原因，轉而投奔其他公司或者直接「奔私」。此外，部分基金經理因為考核壓力大，未能完成任務最後不得不離職等。新基金法的實施，私募爆發式增長，加之目前股市回升，導致優秀的基金經理「奔私」增加。基金經理離職是近年來「困擾」公募基金的頑疾。不過，公募業內也在積極應對，如中歐基金的平臺制股權激勵、九鼎基金籌劃中的事業部制

等，隨著公募各種限制的打開，有望形成均衡。

4. 競爭加劇，創新求存

繼 2013 年後公募基金公司數量在 2014 年再次快速增長，目前已達 98 家，較 2013 年年末增長 8 家。「60 後」基金公司基本上是在 2010 年後成立的。不幸的是，行業已經強者林立，市場版圖劃分比較清晰，前十大基金公司管理的公募規模已經超過行業的一半。幸運的是，市場處於資產管理業的寒武紀，產品形態大爆發，公募處於管制放鬆期。新公司在業務發展上最好有自己的亮點。亮點的設計思路之一是單點突破，做精品店。如鑫元基金公司，在固定收益類市場上迅速建立優勢，產品規模超常規發展；再如財通基金公司，在定增這一細分市場上發力，打出了「定增王」的品牌。商品的設計思路之二是產品設計與投研一體化，讓產品的設計與投研更緊密地結合，設計出能夠賺錢的產品。如前海開源基金，他們發行的可轉債基金、軍工基金業績表現可圈可點，就是因為把握了市場風向。

二、私募基金的發展趨勢

1. 總體管理資金增速會快於公募基金

目前私募基金雖然在管理資金規模上遠遠比不上公募基金，但隨著中國進入發達國家進程的開始，主要服務於高淨值家庭的私募基金將迎來爆炸式增長。2013 年年底個人資產超過 600 萬元的人數已達到 290 萬人。由於近十年財富向富人集中，所以服務於富人的私募基金的增長速度會遠高於公募基金。

2. 行業集中度會急遽提升

私募基金良好的激勵機制，使得優秀的私募基金管理者充分發揮其管理能力，可以憑藉其過人的管理業績快速累積大量的資金和客戶，所以行業集中度會快速提升。目前的私募管理公司數量眾多，管理水平良莠不齊，但可以斷言的是隨著機構時代的到來，那些管理水平低下的私募基金管理公司會被逐漸淘汰，而管理水平較高的私募基金管理公司則會累積大量的資金和人才。

3. 大的私募公司的公募化趨勢

誠然，公募基金在中國作為一種較為成熟的資產管理公司模式，有著不少私募基金要學習的地方。例如，先進的管理經驗、更為嚴格的風控措施、更為詳盡的交易管理、對於「老鼠倉」更為嚴格的監管等。這些對於從事資金管理的私募而言，無不是需要仔細從公募老大哥身上學習的。

一些快速發展的私募基金的管理規模超過了 200 億元，超過了一部分公募基金管理公司的管理規模，而且目前政策法規允許私募基金公司發行公募產

品。2013年2月《資產管理機構開展公募證券投資基金管理業務暫行規定》規定私募基金公司在滿足一定條件下可以開展公募基金業務。其需要滿足的條件是：3年以上證券資產管理經驗；治理內控完善；經營狀況良好，連續3年盈利；沒有違法違規行為；成為基金業協會會員；實繳資本不低於1,000萬元；最近3年資產管理規模均不低於30億元。

對於私募基金公司來說，開展公募基金業務帶來了機遇：一是可以降低投資門檻，擴大資管規模。目前，信託類的私募基金門檻大部分還是100萬元。這樣一種目標門檻，表明私募基金主要還是面對高淨值客戶。而公募基金的門檻是1,000元，相對來說目標人群就廣多了，中小投資者都可以參與。二是可以擴大私募基金公司的知名度。三是可以增加業務收入。目前私募基金公司的主要收入來源是私募基金的管理費和業績報酬的按成提取。對於發行公募產品，雖然沒有業績報酬的提取，但是可以帶來一定的管理費收入。

4. 對沖基金會快速發展

對沖（Hedging）是一種旨在降低風險的行為或策略。套期保值常見的形式是在一個市場或資產上做交易，以對沖在另一個市場或資產上的風險，例如，某公司購買一份外匯期權以對沖即期匯率的波動對其經營帶來的風險。進行套期保值的人被稱為套期者或對沖者（Hedger）。對沖基金起源於20世紀50年代初的美國。當時的操作宗旨在於利用期貨、期權等金融衍生產品以及對相關聯的不同股票進行空買空賣、風險對沖的操作技巧，這在一定程度上可規避和化解投資風險。1949年世界上誕生了第一個有限合作制的瓊斯對沖基金。雖然對沖基金在20世紀50年代已經出現，但是，它在接下來的三十年間並未引起人們的太多關注，直到20世紀80年代，隨著金融自由化的發展，對沖基金才有了更廣闊的投資機會，從此進入了快速發展的階段。20世紀90年代，世界通貨膨脹的威脅逐漸減少，同時金融工具日趨成熟和多樣化，對沖基金進入了蓬勃發展的階段。隨著2010年股指期貨上市以及2015年期權交易的推行，中國私募基金的風險對沖工具開始出現，這對追求絕對收益的對沖基金來說是一個非常好的發展機會。

5. 私募基金形態升級

私募基金除了傳統的形式外，一些新的形態也開始走進中國私募市場，最常見的是基金中的基金（FOF）和管理人的管理人基金（MOM）。

FOF（Fund of Fund）是一種專門投資於其他證券投資基金的基金。FOF並不直接投資股票或債券，其投資範圍僅限於其他基金，通過持有其他證券投資基金而間接持有股票、債券等證券資產，它是結合基金產品創新和銷售渠道創新的基金新品種。一方面，FOF將多只基金捆綁在一起，投資FOF等於同時

投資多只基金，但比分別投資的成本低得多；另一方面，與基金超市和基金捆綁銷售等純銷售計劃不同的是，FOF完全採用基金的法律形式，按照基金的運作模式進行操作；FOF中包含對基金市場的長期投資策略，與其他基金一樣，是一種可長期投資的金融工具。

所謂的MOM模式，即管理人的管理人基金（Manager of Mangers）模式，由MOM基金管理人通過長期跟蹤研究，挑選投資風格穩定並取得超額回報的基金經理，讓這些最頂尖的專業人士來管理資產。而自身則通過動態的跟蹤、監督來管理他們，及時調整資產配置方案。傳統的基金業務是把眾多客戶的錢聚起來給一個公司或基金經理管理，MOM模式則是把資金分散給多個優秀基金管理人。也就是說由選公司轉變成選人，相比變幻莫測的股票市場，基金經理的業績和能力要顯得更加穩定且有跡可循。從統計數據來看，MOM模式也確實顯示出了長期穩定、高於平均投資回報水平的優勢。MOM模式為普通投資者提供了一種全新的投資視角，同時也為有能力的投資管理人提供了一個迅速成長的機會。市場上有不少盈利穩定的投資顧問或成熟散戶，但由於資金量有限很難發展壯大。對於這些人而言，MOM模式提供了一個良好的業績展示平臺和資金融入機會。

第二章　基金操作實力的評價方法

第一節　基金的分類

不同的基金操作對象不一樣，不同類別的基金有不同的風險收益特性，科學的分類是進行操作實力評價的基礎。

一、一級分類標準

中國先進行一級分類，然後再根據情況進行二級或三級分類。一級分類以中國證監會頒布並於 2004 年 7 月 1 日起開始施行的《證券投資基金運作管理辦法》為準，該辦法第二十九條規定：基金合同和基金招募說明書應當按照下列規定載明基金的類別：

（1）百分之六十以上的基金資產投資於股票的，為股票基金。
（2）百分之八十以上的基金資產投資於債券的，為債券基金。
（3）僅投資於貨幣市場工具的，為貨幣市場基金。
（4）投資於股票、債券和貨幣市場工具，並且股票投資和債券投資的比例不符合第一項、第二項規定的，為混合基金。
（5）中國證監會規定的其他基金類別。

二、二級分類標準

（1）股票型基金：以股票投資為主，百分之六十以上的基金資產投資於股票的基金。
（2）指數型基金：以某種指數的成份股為主要投資對象的基金。
（3）偏股型基金：以股票投資為主，股票投資配置比例的中值大於債券資產的配置比例的中值，兩者之間的差距一般在 10% 以上。差異在 5%～10%

之間者輔之以業績比較基準等情況決定歸屬。

（4）股債平衡型基金：股票資產與債券資產的配置比例可視市場情況靈活配置，股票投資配置比例的中值與債券資產的配置比例的中值之間的差異一般不超過5%。

（5）偏債型基金：以債券投資為主，債券投資配置比例的中值大於股票資產的配置比例的中值，兩者之間的差距一般在10%以上。差異在5%～10%之間者輔之以業績比較基準等情況決定歸屬。

（6）債券型基金：包括兩類基金。一種是不進行股票投資的純債券基金，另一種是只進行新股認購，但不進行積極股票投資的基金。

（7）保本型基金：保證投資者在投資到期時至少能夠獲得全部或部分投資本金，或承諾一定比例回報的基金。

（8）貨幣型基金：主要以貨幣市場工具為投資對象的基金。

三、其他分類

（1）按照規模是否可以變動及交易方式，基金可以分為封閉式基金、開放式基金。開放式基金在國外又稱共同基金，它和封閉式基金共同構成了基金的兩種基本運作方式。封閉式基金有固定的存續期，存續期間基金規模固定，一般在證券交易場所上市交易，投資者通過二級市場買賣基金單位。而開放式基金是指基金規模不固定，基金單位可隨時向投資者出售，也可應投資者要求買回的運作方式。

（2）按照投資對象的不同，基金可以分為股票基金、債券基金、貨幣市場基金、衍生證券基金四類。股票基金以上市交易的股票為主要投資對象；債券基金以國債、企業債等固定收益類證券為主要投資對象；貨幣市場基金以短期國債、銀行票據、商業票據等貨幣市場工具為主要投資對象；衍生證券基金以期貨、期權等金融衍生證券為主要投資對象。

（3）按照投資方式的不同，基金可以分為積極投資型基金和消極投資型基金。積極投資型基金積極投資，以獲取超越業績基準的超額收益為目標；消極投資型基金又稱為指數基金，是指被動跟蹤某一市場指數，以獲取一個市場平均收益為目標。

（4）在股票基金中，按照投資對象的規模，基金又可以分為大盤股基金、中盤股基金、小盤股基金。對於這三類基金的分類，在不同的市場有不同的分類標準。在美國市場，大盤股基金主要投資於總市值大於50億美元的上市公司；中盤股基金主要投資於總市值在10億～50億美元的上市公司；小盤股基

金主要投資於總市值小於 10 億美元的上市公司。在國內證券市場，有一種比較通用的分類方法，該方法對於大盤股、中盤股、小盤股的界定是：將股票按照流通市值排序，累計流通市值前 30% 的股票為大盤股；累計流通市值中間 40% 的股票為中盤股；累計流通市值後 30% 的股票為小盤股。

第二節　基金的操作策略分類

　　基金的操作策略按照主流的劃分可以分為全球宏觀策略、股票策略、相對價值策略、債券策略、事件驅動策略、管理期貨策略。由於貨幣市場基金主要是投資於短期貨幣市場工具，策略的重要性不大，所以這裡不討論貨幣市場基金的操作策略。

一、全球宏觀策略

　　全球宏觀策略主要是通過對股票、貨幣、利率以及商品市場的價格波動進行槓桿押註，來嘗試獲得盡可能高的正投資收益。這個術語中的「宏觀」一詞，來源於基金經理試圖利用宏觀經濟的基本原理來識別金融資產價格的失衡錯配現象，而「全球」則是指可以在全世界的範圍內尋找這種價格錯配的現象。

　　全球宏觀對沖基金交易可被分為兩大類：直接的定向型交易和相對價值型交易。定向型交易指經理們對一種資產的離散價格的波動情況下註，比如做多美元指數或做空日本債券；而相對價值型交易指通過同時持有一對兩類類似資產的多頭和空頭，以期利用一種已被發現的相對價格錯位來盈利，比如在持有新興歐洲股票多頭的同時做空美國股票，或者在做多 29 年期德國債券的同時做空 30 年期德國債券。此外，從發現有利可圖的交易來說，全球宏觀對沖基金可被分為自主發揮型和系統型。自主發揮型的市場交易，經理們主要依據自身的主觀感受對市場形勢進行定性分析來投資下註；而系統型的交易，經理們則採用一種基於規則的量化分析方法。基金經理的主要任務，就是通過正確地預見價格趨勢以及捕捉差價波動來獲取投資收益。

　　總的來說，全球宏觀投資策略的交易者通常都在尋找那些罕見的、可被稱作「遠離均衡」狀態的價格波動。如果價格波動符合「鐘形曲線」的分佈，那麼只有當價格波動超過平均值一個標準差時，交易者才可以認為市場中出現了投資機會。通常在市場參與者的感覺與實際的基本經濟狀況存在較大偏差

時，這種情況才會發生，此時會產生持續的價格趨勢或是價差波動。通過正確地識別在何時、何地市場將偏離其均衡狀態最遠，全球宏觀投資策略的交易者就可以投資於價格偏差的市場，直到失衡現象得到糾正時再退出市場，從而獲取超額風險的溢價回報。通俗地說，時機選擇對全球宏觀投資策略的交易者意味著一切。因為交易者採用財務槓桿，其可能存在的收益與損失都被顯著地放大了，所以他們通常被媒體描繪成「純粹的投機者」。

許多全球宏觀投資策略的交易者都認為，全球宏觀經濟將影響所有的投資策略。從那種意義上來說，全球宏觀策略的基金經理能夠利用他們寬廣的操作空間和投資風格優勢，靈活地從一個市場移向另一個市場，從一個機會轉移到另一個機會，並利用其投資者的委託資產來產生盡可能高的收益。不少全球宏觀經理們認為，利潤能夠而且應該來源於許多看上去似乎不相關的投資策略，比如持有股票的多頭或空頭，投資於價值已被低估的證券和其他各種形式的套利市場。全球宏觀策略的交易者認為，某些投資風格在一定的宏觀環境下有利可圖，而在其他宏觀環境下則不能獲利。當許多專家的策略因巨額資產受到了嚴格限制，而出現流動性不足的時候，全球宏觀經理們卻可以因為有寬泛的授權，以及利用這些偶然出現的機會將資金源源不斷地投向各種不同的投資策略中，從而獲取巨額的投資回報。著名的全球宏觀對沖基金經理人喬治·索羅斯曾經說過：「我不會以一套特定的規則來玩遊戲，我會努力去尋找遊戲中規則的變化。」

二、股票策略

股票策略主要是以股票為主要投資對象的策略，通過各種分析手段判斷股票要上漲就做多，判斷股票要下跌就做空的策略。股票策略按照交易方向分為股票多頭策略、股票空頭策略；按照分析方法可以分為基本分析策略、技術分析策略、另類分析策略；按照交易原理可分為趨勢交易策略和震盪交易策略。

三、相對價值策略

相對價值策略是利用關聯證券之間的定價誤差來獲利的策略。交易者通過買入價值相對偏低的證券同時賣出價值相對偏高的證券，當兩者價格收斂的時候平倉獲利。相對價值策略不做證券價格的方向性判斷而專注於關聯證券的價差走勢，而且是同時做多和做空；由於相對價值的獲勝概率較高，許多交易者使用槓桿交易。相對價值策略可以分為股票市場中性、可轉換套利和固定收益套利。

1. 股票市場中性

股票市場中性策略是指同時構建多頭和空頭頭寸以對沖市場風險，在任何市場環境下均能獲得穩定收益。

股票市場中性策略包括統計套利和基本面套利兩個基本類型。統計套利是一種基於模型的中短期投資策略，使用量化分析和技術分析方法挖掘投資機會，該策略又分為成對交易、母子公司交易和多類型交易；基本面套利主要是在某一行業內構建投資組合：買入行業內龍頭企業、同時賣出行業內有衰退跡象的企業。

股票市場中性策略依靠選股能力賺錢，其核心是投資者的選股能力。整體目標是不論市場走勢如何，投資組合多頭的表現始終強於空頭。具體講，股票市場中性策略的收益來自於三塊：投資組合的多頭、投資組合的空頭和賣空股票產生的現金流。

股票市場中性策略的優勢在於能夠獲得雙阿爾法、組合構建不受權重的限制以及較低的波動率；其風險包括選股能力、模型風險、調整風險、賣空風險以及多頭和空頭頭寸的不匹配。

基於成對交易的統計套利，其基本理念是均值回復，而均值回復的產生是由於市場的過度反應：某只股票相對於可比的其他公司股票或者指數出現了短期的高估（低估），通過構建成對組合，能夠利用這種短期的定價偏差獲得收益。

通過構建統計套利模型我們能夠計算信號指數，用以捕捉市場出現的統計套利機會，當信號指數超出我們設定的臨界值時，可以使用成對交易進行統計套利。

2. 可轉換套利

可轉換套利是指持有債券的多頭，同時持有可轉為的股票來對沖特定風險。除了股票以外，投資者同樣可以利用期權來實現對沖的目的。

3. 固定收益套利

該策略尋找所有固定收益證券之間的微弱價差。這種策略中經常使用的固定收益工具包括國債、公司債、市政債券、抵押貸款支持證券和其他資產支持證券、利率互換、利率遠期、新興市場債券、擔保債務憑證、信用違約互換。由於中國做空產品比較缺乏，相對價值策略主要集中在兩類，一類主要以套利為主，比如跨期限套利、跨品種套利和跨市場套利；另外一類是買入有正阿爾法的一組股票，同時賣出股指期貨。

四、債券交易策略

債券交易策略是指主要對債券進行交易的策略。債券投資策略分為被動投資策略和主動投資策略兩大類。

1. 被動投資策略

被動投資策略的基本思想是相信市場是有效率的，投資者並未主動尋找所謂好的投資機會以求獲得超額投資收益。當然，被動投資策略並不意味著投資者可以完全不理會自己的債券投資組合，他們仍然需要對債券投資組合的構成和狀態進行監督和調整，以適應自身對投資風險和投資目標的要求。常用的被動投資策略有購買和持有策略（Buy and Hold）、免疫策略。

（1）購買和持有策略的特點是投資者在買入這組債券後將較長時間地持有這組債券，而不是頻繁交易以謀求高額投資收益。

（2）免疫策略。採用這一策略的投資者試圖完全避免債券的利率風險，即構造一個債券組合，使市場利率變化時上述兩種因素對債券價值的影響正好相互抵消。

2. 主動投資策略

許多債券投資者的投資目的並不僅僅是保值，而是希望利用債券投資獲取超額投資利潤。這些投資者所採用的投資策略多為主動投資策略。

主動投資策略的基本出發點有二：一是設法預測市場利率的變化趨勢，利用債券價格隨市場利率變化的規律謀利；二是設法在債券市場上的各種投資工具中尋找那些定價失誤的投資工具作為投資對象。

五、事件驅動交易策略

事件驅動交易策略（Even-driven Strategy）是在提前挖掘和深入分析可能造成股價異常波動的事件的基礎上，通過充分把握交易時機獲取超額投資回報的交易策略。「事件驅動交易策略」的「事件」是指具有較為明確的時間和內容，能夠對部分投資者的投資行為產生一定的影響，從而決定股價短期波動的因素。這些事件包括 ST 類個股摘帽事件、年報潛在高送轉事件、資產重組、重大政策發布事件、定向增發等。

個股由於某類事件的發生導致股價出現異常波動，其股價實際漲幅扣減同期大盤漲幅之後的部分稱為「超額收益」。比如說某股公告重組後，股價最大上漲 30%，同期大盤上漲 5%。由此可以得出，該股由於「重組事件」帶來的超額收益是 30%−5%＝25%。

2014 年 A 股共 351 家公司實施 445 份定增，累計融資 6,269.71 億元，即月均有 29 家公司實施定增，月均融資 522.48 億元。截至 2015 年 1 月 17 日，已有 29 家上市公司實施 31 份定增，共計募集 517.24 億元，今年首月前半個月的定增規模已經接近去年的月平均值。數據顯示，去年同期，僅 17 家公司實施定增，累計融資 278.67 億元。

　　2014 年年初已經公布定增配售結果的 29 家上市公司中，有 19 家上市公司的定增對象涉及機構投資者，占比高達 65.52%。其中，基金公司現身的有 10 家。數據顯示，去年共有 65 家基金公司斥資逾 1,700 億元「淘金」定增市場。而年初已經參與定增的基金公司為 19 家，基金公司出資額共計 55.03 億元。

　　值得注意的是，2014 年年初公布的基金參與申購的定增項目中，基金公司往往成為獲配的絕對主力。上述 10 家上市公司中，雙塔食品最終宣布的 5 家獲配對象均是基金公司，共計獲配 12.48 億元。此外，金鴻能源的 6 家獲配對象分別為 5 家基金公司和 1 家基金子公司；神州能源的 5 家獲配對象中，4 家為基金公司，1 家為基金子公司；運行能源的 4 家獲配對象中，3 家為基金公司，1 家為基金子公司。

　　從具體的基金公司看，財通基金依舊是「定增王」。10 家有基金公司參與的定增中，財通基金獲配 8 家，獲配金額累計 17.18 億元。據財通基金官網數據顯示，2014 年全年，財通基金參與了國內股市 108 個定增項目，12 月份單月中標 20 個項目，全年新增定增規模 260 億元，總浮盈 130 億元，各項指標均在業內居首。

　　定增的熱鬧還遠未結束，上市公司定向增發依舊呈現井噴之勢。數據顯示，2014 年全年 623 家公司共發布 808 份定增預案，累計 375 家公司實施 472 份定增方案，即還有近一半的定增方案有待落實。特別是去年 12 月份就有 92 家公司發布 126 份定增預案。2015 年以來，已有 24 家 A 股公司發布 42 份定增預案。

　　一般而言，定增參與價格較二級市場有 10%～30% 的折價，具有一定的「安全墊」。統計顯示，2006—2013 年定增項目平均收益率達到 77%。所以基金公司願意為此冒險。

六、管理期貨

　　管理期貨指的是由專業的基金經理所組成的一個行業，這些基金經理被稱為商品交易顧問，他們使用全球期貨和期權市場作為投資媒介，向那些想要參與「商品」市場的投資者提供專業的資金管理，交易對象包括實物商品和金

融產品的期貨、遠期、期權合約。狹義上的期貨投資基金主要是指公募期貨基金，這是一種用於期貨專業投資的新型基金，其具體運作與共同基金相類似。期貨投資基金於 1949 年出現在美國，經過幾十年的發展，已經初具規模，特別是近十幾年，發展尤為迅猛。

第三節　權益類基金的評價方法

相對於固定收益證券，以股票和期貨基金為代表的權益類基金的投資具有更大的風險和收益，相應就更考驗基金管理人的管理水平，所以本節主要探討股票、期貨基金的評價方法。全球對基金的評價基本上都要經過風險調整，所以本節並不討論不經風險調整的評價方法，而且基金的評價最好經過較長時間的考量。

一、風險調整績效評價方法

資本資產定價模型（CAPM）使得風險水平得以衡量，奠定了基金績效評價的基礎。經風險調整的績效評價方法比較經典的是特雷諾（Treynor）指數、夏普（Sharp）指數和詹森（Jensen）指數。利用相關市場風險對投資組合的收益率加以調整，在同等的風險水平下對基金的績效進行評價，比傳統的績效評價方法更具科學性和現實意義。

1. 特雷諾（Treynor）指數

特雷諾指數是特雷諾於 1965 年提出的基金績效度量指標，它以資本資產定價（CAPM）模型為基礎，以單位系統風險所帶來的收益作為基金績效評價的指標。特雷諾認為在有效金融市場中，異質型風險可以用資產組合的方式進行分散，投資者承擔風險僅限於金融資產的系統性風險，因此使用總風險 σ 來對超額收益進行調整後的指標存在較大的度量誤差，基金績效度量指標應以系統性風險 β 來對超額收益進行調整，公式如下：

$$TR_p = \frac{r_p - r_f}{\beta_p}$$

其中，TR_p 為基金 p 的 Treynor 指數，r_p 為基金 p 的平均收益，r_f 為樣本期內無風險利率的平均值，β_p 為基金 p 的系統性風險大小，TR_p 值越大，基金績效越好。

特雷諾指數測度的是每單位的系統風險所帶來的超額回報，該指數基於資

本資產定價模型（CAPM），用 β_p 係數作為風險水平的衡量標準，如果 CAPM 真實有效，那麼計算出基金的特雷諾指數值，並將其與市場基準組合相比較，若特雷諾值越大，表明基金績效越優秀，反之則基金績效較差。

2. 夏普（Sharp）指數

夏普指數是夏普1966年提出的，Sharp 認為開放式基金的超額收益是基金承擔總風險而獲得的回報，而承擔單位總風險所獲得的回報就是基金經理投資才能的綜合反應，可以單位總風險的超額收益率來評價基金績效。其計算公式如下：

$$SR_p = \frac{r_p - r_f}{\alpha_p}$$

SR_p 為第 p 只基金的 Sharp 比，r_p 為基金 p 的平均收益，r_f 為樣本期內無風險利率，σ_p 是基金收益的標準差，表示基金收益隱含的總風險。計算公式如下：

$$2\alpha_p = \sqrt{\frac{\sum_{i=1}^{n}[r_{pt} = E(r_{pt})]^2}{n=1}}$$

夏普比的實質是用總風險調整後的超額收益來對基金績效進行度量，其結果代表基金每單位總風險所帶來的超額收益。若夏普指數為正，說明基金的平均淨值增長率超過了無風險收益率，夏普指數越大，說明基金單位風險所獲得的風險回報就越高，基金的績效也就越好。

3. 詹森（Jensen）指數

根據資本資產定價模型（CAPM），市場均衡時，證券或組合的期望收益取決於其系統性風險大小。若資產組合的收益率高於系統性風險所決定的預期收益，表明獲得超額收益，其收益越高，投資組合的績效就越好。詹森指數是把各期投資組合的收益與無風險的收益率的淨差額（$R_p - R_f$）和各期市場組合收益率與無風險收益率的淨差額（$R_m - R_f$）進行時間序列一元迴歸得到的，迴歸方程如下：

$$R_{pt} - R_{ft} = \alpha + \beta_p(R_{mt} - R_{ft}) + \varepsilon_{pt}$$

R_{pt} 表示基金 p 在 t 期的收益率，R_{ft} 表示 t 時期的市場無風險收益率，R_{mt} 表示市場組合在 t 期的收益率，α 表示超額收益率，即詹森指數，β_p 表示基金 p 所承擔的系統性風險，ε_{pt} 表示殘差項。詹森指數是通過基金的超額收益來衡量基金的投資績效的。若 $\alpha>0$，說明該基金的投資績效優於市場；若 $\alpha<0$，說明該基金的表現不如市場。α 的取值大小是基金績效評價的指標。

上述評價基金的指標方法廣泛應用於實際研究中，但是對其的質疑也沒有停止過，集中體現在市場基準組合如何選取和 CAPM 模型是否行之有效。學者們在研究基金績效評價時，開始思考基金超額收益的來源，他們把注意力集中到對基金經理選擇證券的能力和把握市場時機的能力。具有代表性的是 1996 年特雷諾和瑪澤（Mazuy）提出的 T-M 模型、1981 年亨里克森（Henriksson）和默頓（Merton）提出的 H-M 模型、1984 年張（Chang）和盧埃林（Lewellen）提出的 C-L 模型。

二、改進的風險調整績效評價方法

1. T-M（二次型）模型

基金能否通過專業理財的優勢戰勝市場，很大程度上取決於基金經理的資產管理能力——擇時選股能力。詹森指數只單純刻畫了收益率和系統風險的關係，並未考慮基金組合期望收益和風險的時變性。若基金經理具備市場擇時能力，他們在市場行情利好前，通過提高基金投資組合的風險水平來獲取較高的收益，反之，在市場利空前降低基金投資組合的風險水平以減少投資損失。這樣 β 值會產生時變性，基金收益和市場收益將呈現出一種非線性的函數關係。對基金經理這種投資管理能力的分析最先是由特雷諾和瑪澤提出，並建立了基於弧線調整的二項式模型 T-M 模型。特雷諾和瑪澤（1966）認為，一個具有擇時能力的基金經理人應在市場行情好時，通過增持 β 值大的股票，來提高投資組合的風險水平從而獲得高收益，反之則應減持 β 值大的股票來降低風險。因此特徵線不再是固定斜率的直線，而是一條斜率會隨市場狀況改變的曲線，其二次項迴歸模型為：

$$R_{pt} - R_{ft} = \alpha + \beta_1(R_{mt} - R_{ft}) + \beta_2(R_{mt} - R_{ft})^2 + \varepsilon_{pt}$$

α 為選股能力指標，β_1 為基金 p 所承擔的系統風險，β_2 為擇時能力指標，R_{pt} 為基金 p 在 t 時期的收益率，R_{ft} 為 t 時期的無風險收益率，R_{mt} 為市場組合在 t 時期的收益率，eε_{pt} 為誤差項。β_2 大於零表示基金經理具有擇時能力；α 與市場走勢無關，它代表基金收益與系統風險相等的投資組合收益率差異，若 α 大於零，表示基金經理具有選股能力，α 值越大，基金經理的選股能力越強。

2. H-M（雙貝塔）模型

Henriksson 和 Merton 於 1981 年提出了另一個測度基金選股擇時能力的模型——H-M 模型，該模型相對於 Treynor 和 Mazuy 的 T-M 模型更為簡單。首先假定 β 系數只取兩值：股市行情好時 β 取值較大，股市行情差時 β 取值較小。據此把基金的擇時能力和選股能力分解——在單指數 CAPM 中引入虛擬變量，

從而得到了 H-M 雙貝塔模型，對基金經理的選股擇時能力進行評價。該模型迴歸模型為：

$$R_{pt} - R_{ft} = \alpha_p + \beta_1(R_{mt} - R_{ft}) + \beta_2(R_{mt} - R_{ft})D + \varepsilon_{pt}$$

D 為虛擬變量，市場處於牛市時 $R_{mt} > R_{ft}$，則 D 取 1，反之熊市時 $R_{mt} < R_{ft}$，D 取 0，因此，市場走勢為多頭走勢時：

$$R_{pt} - R_{ft} = \alpha_p + (\beta_1 + \beta_2)(R_{mt} - R_{ft}) + \varepsilon_{pt}$$

市場為空頭走勢時：

$$R_{pt} - R_{ft} = \alpha_p + \beta_1(R_{mt} - R_{ft}) + \varepsilon_{pt}$$

在這兩種不同市場走勢下，模型中的 β 值發生了變化（表現為特徵線的斜率發生變化），特徵線的變化反應出基金經理成功預測到市場的變化，並使資金在市場組合資產與無風險收益資產之間合理分配。這樣，β_2 就成為衡量基金擇時能力的指標，若 $\beta_2 > 0$ 表明基金經理具備時機選擇能力，若迴歸得到的 β_2 值顯著大於 0，則說明具有強市場時機選擇能力；如果 $\beta_2 = 0$，表示基金經理人沒有擇時能力，基金 p 的 β 值仍是維持不變的 β_1。若 $\beta_2 < 0$，表示基金經理人錯誤地預測了市場變動的方向，以至於採取了錯誤的組合策略。如果 α>0 且統計上顯著表明基金經理具備良好的選股能力。

3. C-L 模型

Chang 和 Lewellen1984 年提出的 C-L 模型是 H-M 模型進一步發展的結果，其簡化了對基金經理擇時能力的評價，其表達式為：

$$r_i - r_f = \alpha_i + \beta_1 \min[0, (r_m - r_f)] + \beta_2 \max[0, (r_m - r_f)] + \varepsilon_i$$

β_1 代表空頭市場時的系統性風險，β_2 代表多頭市場時的系統性風險。若 $\beta_2 - \beta_1 > 0$ 且顯著，表明基金經理具有擇時能力，α 同樣也是基金經理選股能力評價的指標，取值顯著大於 0 表明具有選股能力。

第四節　晨星關於中國基金的分類和評級

一、晨星關於中國基金的分類和評級的背景

晨星公司（Morningstar, Inc.）於 1985 年首次推出基金評級（Morningstar Rating），借助星級評價的方式，協助投資人更加簡便地分析每只基金在同類基金中的過往業績表現。隨著市場的發展，投資人由最初僅投資一兩只基金到構建由多只基金形成的投資組合，意味著基金評級需要在更加細化的分類中進行，這樣投資人在構建基金組合時，同一類型的基金彼此可相互替代。為此，

1996 年，晨星公司引入分類星級評價方法（Category Rating），對基金進一步細分。2002 年，晨星公司在原有基礎上進行改良，啟用新的星級評價方法（New Morningstar Rating）。與最初基金按照資產分佈分為四類（美國股票基金、國際股票基金、應稅債券基金、免稅債券基金）相比，新的評價體系在原先分類的基礎上進一步細分，基金的類型有七十多種。新的評價體系以期望效用理論為基礎衡量基金的風險調整後收益，體現基金各月度業績表現的波動變化，並更加注重反應基金資產的下行波動風險。晨星在前期推出對中國基金業績排名的基礎上，首次公布對中國基金業績評級結果，並將定期更新，旨在將晨星在全球二十年基金評價的成熟理念、方法和經驗引入新興的中國市場，為市場提供獨立第三方的評價，參與推動中國基金業的成長。晨星的基金評價體系涵蓋定量分析和定性分析，其中晨星星級評價是以基金以往業績為基礎的定量評價。

二、分類是評級的基礎

晨星的基金評級，是將基金歷史的風險調整後收益進行比較，以此反應基金經理的投資管理能力。而把哪些基金放在一起比較將直接影響評級的有效性。因此，對基金進行分類是晨星評級的基礎，從而協助投資人對基金進行「蘋果與蘋果」式的同類比較。一般地，從長期看，不同類型資產的風險和收益是成比例的。但是，對於普通投資人的投資週期而言，資產的收益並不一定能反應相應的風險。例如，當市場處於降息的環境，國債的收益將超過股票的收益，儘管後者的長期風險比較高。在此背景下，許多債券基金的業績將超過股票基金的業績，但其中主要原因與基金經理的管理能力是無關的。因此需要強調的是，晨星評級的結果更多是反應基金經理的投資管理能力，並且要避免受到市場環境或其他基金經理控制能力以外因素的影響。在晨星分類中，由於同一類型的基金資產分佈的風險特徵是相似的，所以基金之間收益的差異主要與基金經理投資管理能力直接相關，包括選股能力（Security Selection）、選時操作（Variation in Timing）和具體的資產配置權重（Asset Weighting）等。

評級對象是截至計算時點具備三年或三年以上業績數據的開放式基金，其中貨幣市場基金和保本基金除外。

三、分類方法

晨星基金分類方法（Morningstar Category）以分析基金的投資組合為基礎，而不是僅僅按照基金名稱或招募說明書關於投資範圍和投資比例的描述進行分

類。該方法多年來不斷發展完善，為投資人挑選基金、認識基金的風險並構造自己的基金組合提供了支持，並成為行業的標準。晨星對於國內的封閉式基金不做分類；對於國內的開放式基金，根據基金的資產類型，分為以下七類，見表2-1。

表2-1　　　　　　　　晨星中國開放式基金分類標準

大類	基金類型	說明
股票型基金	股票型基金	主要投資於股票的基金，其股票投資占資產淨值的比例≥70%
配置型基金	積極配置型基金	投資於股票、債券以及貨幣市場工具的基金，且不符合股票型基金和債券型基金的分類標準；且固定收益類資產占資產淨值的比例<50%
	保守配置型基金	投資於股票、債券以及貨幣市場工具的基金，且不符合股票型基金和債券型基金的分類標準；且固定收益類資產占資產淨值的比例≥50%
債券型基金	普通債券基金	主要投資於債券的基金，其債券投資占資產淨值的比例≥70%，純股票投資占資產淨值的比例不超過20%；且不符合短債基金的標準
	短債基金	主要投資於債券的基金，其債券投資占資產淨值的比例≥70%，純股票投資占資產淨值的比例不超過20%；且債券組合久期不超過3年
貨幣市場基金	貨幣市場基金	主要投資於貨幣市場工具的基金，貨幣市場工具包括短期債券、央行票據、回購、同業存款、大額存單、商業票據等
保本基金	保本基金	基金招募說明書中明確規定相關的擔保條款，即在滿足一定的持有期限後，為投資人提供本金或收益的保障

最新的分類標準對配置型基金作了調整，見表2-2。

表2-2　　　　　　　　混合型基金的調整

	激進配置型基金	投資於股票、債券以及貨幣市場工具的基金，且不符合股票型基金和債券型基金的分類標準；其股票類資產占資產淨值的比例≥70%
混合型基金	標準混合型基金	投資於股票、債券以及貨幣市場工具的基金，且不符合股票型基金和債券型基金的分類標準；其股票類投資占資產淨值的比例<70%，其固定收益類資產占資產淨值的比例<50%
	保守混合型基金	投資於股票、債券以及貨幣市場工具的基金，且不符合股票型基金和債券型基金的分類標準；其固定收益類資產占資產淨值的比例≥50%

四、晨星對基金分類建立在定量分析和定性分析的基礎上

定量分析的數據來源是基金的投資組合數據，但是建倉期內的新基金則暫時根據其招募說明書中關於投資範圍和投資比例的規定進行分類。而對於至檢測時點已結束建倉期的基金，我們根據投資組合的數據，對該基金的資產構成（包括現金、股票、債券和其他資產）進行分析，並統計最近兩年各項資產的平均分佈比例。其中，我們不考慮該基金建倉期的數據點。上述投資組合的統計結果並不決定最終分類，還需結合相應的定性分析。例如，當投資組合的統計結果與招募說明書中的規定出現偏離，需要分析偏離的原因，再決定最終的分類。又如，晨星在分類過程中將充分考慮基金使用融資槓桿而帶來的風險。當基金股票投資和債券投資的合計超過基金的資產淨值，意味著該基金可能使用了融資槓桿，提高收益能力的同時也放大了風險，晨星將對其做進一步考察和分析。目前晨星對基金的分類檢測在基金披露季度報告後定期進行，當基金的投資策略發生重大改變時，需要重新檢測。需要說明的是，封閉式基金、貨幣市場基金和保本基金不參與評級。

五、收益計算與風險調整

1. 月度回報率

晨星用月度回報率（Monthly Total Return）來衡量基金的收益。月度回報率反應在既定的月度內，投資人持有基金所獲得的收益。晨星假設投資人將所得分紅均用於再投資，不考慮稅收、交易費用。計算公式為：

$$TR = \left\{ \frac{N_e}{N_b} \times \prod_{j=1}^{m} Ratio_j \times \prod_{i=1}^{n} \left(1 + \frac{D_i}{N_i}\right) \right\} - 1$$

其中，TR 表示月度回報率，N_e 表示當月末基金單位淨值，N_b 表示上月末基金單位淨值，D_i 表示在計算期時點單位基金分紅金額，N_i 表示時點分紅再投資所依照的基金單位淨值，n 表示計算期內的分紅次數，m 表示計算期內的份額調整次數，$Ratio_j$ 表示計算期期間時點 j 的份額調整的比例。

上述公式也適用於計算以往期間的回報率，例如最近一月、最近三月、最近六月、今年以來、最近一年、最近兩年、最近三年、最近五年、最近十年。

2. 晨星風險調整後收益（MRAR）

晨星評級是建立在風險調整後收益的基礎上。基金的投資是有風險的，風險是指收益的不確定性。兩只收益情況相同的基金，可能具有迥然不同的風險程度。因此，評價基金業績時不能僅僅看回報率，還必須考察風險因素。晨星

将每只基金的收益进行风险调整，然后再与同类基金进行比较，给予评级。但是，不同的理论体系对「风险调整后收益」的理解是不同的。一种通常的方法是，先通过杠杆的调整作用使得两只基金的风险水平相等，再对其进行比较。

这样，基金的评级就不会过多地受到风险资产数量或者杠杆作用的影响。经典的夏普比率就是这样的调整方式。另一种风险调整的方法是建立在投资人风险偏好的基础上，该方法认为投资人喜欢高的收益而厌恶风险，而不考虑风险和收益是如何结合的。因此，这种方法在评级时候，奖励收益而惩罚风险。晨星基金星级评价方法就是建立在投资人风险偏好的基础上。晨星考察的风险，主要体现在基金月度回报率的波动，尤其是下行波动（Downward Variation）。那么，晨星如何衡量基金的风险调整后收益呢？「晨星风险调整后收益」（Morningstar Risk-Adjusted Return）是晨星星级评价的核心指标，又称MRAR。MRAR的衡量具有以下特点：

（1）未规定超额收益是服从特定分布的。
（2）在所有情况下，承担风险要受到惩罚。
（3）其理论基础——期望效用理论被专业投资人和分析师所接受。

MRAR的衡量以期望效用理论（Expected Utility Theory）为基础，该理论认为投资人：比起无法预期的高收益，更倾向于可预见的低收益；愿意放弃一部分预期收益来换取确定性较强的收益。在此前提下，晨星根据每个投资组合的期末价值构造效用函数，然后计算期望效用并按照其数值高低对所有的投资组合进行排名。晨星根据每只基金计算期间月度回报率的波动程度尤其是下行波动的情况，以「惩罚风险」的方式对该基金的回报率进行调整，波动越大，惩罚越多。如果有两只基金回报率相近，晨星对其中回报波动较大者给予更多的风险惩罚。上述方法，体现基金各月度业绩表现的波动变化，并更加注重反应基金资产的下行波动风险，从而奖励业绩持续稳定者，并减少由于基金短期业绩突出而掩盖内在风险的可能性。如果纯粹按表现来评级而不考虑风险调整，则可依据MRAR（0）。如果评级方法对风险给予较多的惩罚，则要求$\gamma > 0$。依据晨星评级的全球标准，我们取$\gamma = 2$。MRAR是以年度化收益来表示的，其可以分解成两部分：一部分为收益部分，即MRAR（0）；另一部分为风险部分，即MRAR（0）- MRAR（2）。

六、晨星星级评价

以下是晨星进行星级评价所需要的资料：

（1）基金分類方法和分類名單（略）

（2）基金數據庫

基金數據庫包括每只基金的類別、單位資產淨值、分紅、月度回報率。晨星現階段為具備三年或三年以上業績數據的國內開放式基金提供評級，而且同類基金必須不少於 5 只才具有評級資格。需要說明的是，貨幣市場基金和保本基金不參與評級。對於同類基金少於 10 只的類別，其評級結果在國內市場並不公開發布。給予某類基金三年評級時，晨星會根據各基金截至當月末的過去 36 個月回報率，計算出風險調整後收益 MRAR（2）。各基金按照 MRAR（2）由大到小進行排序：前 10% 被評為 5 星；接下來的 22.5% 被評為 4 星；中間的 35% 被評為 3 星；隨後的 22.5% 被評為 2 星；最後的 10% 被評為 1 星。在具體確定每個星級的基金數量時，採用四捨五入的方法。

七、如何使用晨星星級評價

晨星星級評價是以基金以往業績為基礎的定量評價，旨在為投資人提供一個簡化篩選基金過程的工具，是對基金進一步研究的起點，而不應視作買賣基金的建議。基金具有高的星級，並不等於該基金未來就能繼續取得良好的業績，基金未來表現仍然受到多項因素如基金經理更換、投資組合變動等影響。基金具有高的星級，也不等於其就適用於每個投資人的基金組合，因為由於每個投資人的投資目標、投資週期和風險承受能力有所不同。投資人在挑選基金的時候，應注意以下事項：

（1）如果基金經理有變動，晨星星級評價不會隨之改變。因此，評級結果可能只反應了前任基金經理管理該基金的業績。

（2）晨星星級評價是把同類基金進行比較。每類基金中，有 10% 具有三年及三年以上業績表現的基金會獲得 5 星級。但投資人需要注意的是，如果某類基金在計算期內的風險調整後收益均為負數，則該類基金中的 5 星級基金風險調整後收益也可能是負數。

（3）晨星星級評價結果每月定期更新。投資人不應以星級下降作為拋售基金的指引。晨星星級評價結果的變化，並不一定表示基金業績表現的回落，也可能只是其他同類基金表現轉好所致。

第五節　基金評價原則和考慮因素

一、簡易基金評價的原則

1. 同類比較原則

不同類的基金投資對象完全不同，主要的股票、債券、貨幣、期貨及衍生品的風險收益特性完全不同，這些投資標的在不同的經濟運行週期的表現迥異，所以理想的評價應該是對同類型的基金才可以進行。

2. 長期原則

同一只基金在不同的時間段的表現可能非常不一致，一些風格激進的基金可能在其順風期內表現優異，但也有可能在其倒霉時間段一蹶不振。只有長期綜合表現才可能更接近真實水平。

3. 大量原則

參與比較的同類基金的數量要大，如果數量較小，比較結果的重要性就會降低，越是數量龐大的基金排名越是反應充分競爭的結果。

二、簡易基金評價考慮的因素

1. 基金所屬的基金管理公司

基金所屬的基金管理公司從以下幾個方面影響基金的績效：

（1）公司的公私募性質。公募公司相對於私募公司的激勵制度不足，公募基金經理更關注的是不犯大錯誤，而私募基金經理更希望最求更高的回報；相對於公募基金，有部分私募基金經理自己也投一部分資金到基金裡面，所以比公募基金更在乎聲譽，更有勤勉激勵工作的動力。

（2）基金管理公司的管理規模

基金公司的管理規模主要決定於歷史的操作業績，規模越大一方面表明其歷史操作較好，得到廣大投資者的青睞，另一方面也帶來挑戰，越是大型的基金其未來業績偏向於變差，變差的原因是以前成功的因素被競爭對手複製，超大的規模導致進場出場更大的滑點。

管理規模較大也不全然是負影響，更大規模的基金公司往往行業地位較高，員工的收入較高，人員充足，比較容易建立優秀的專業團隊。

2. 基金的主要交易策略

基金的主要交易策略導致不同的收益曲線，所以要認真考慮，出於好評價

的目的，可以將策略從兩個維度進行劃分：

（1）對沖和單邊

對沖是依據其經濟關聯性或邏輯關聯性，對相關的投資標的基金多空的同時操作，目的是大幅減低系統性風險。如股票多空策略，做多強勢股、做空弱勢股就是典型的股票對沖策略。又如期貨中廣泛使用的月間套利、跨市套利都屬於對沖策略。單邊就是依據各種分析技術對標的未來的方向性漲跌下註。從對沖和單邊的定義來推，對沖的風險平均來說小於單邊，但收益率也相應降低；單邊屬於大起大落的交易策略，做對收益上升很快，做錯收益下降很快。

（2）震盪和趨勢

震盪的交易原理是物極必反，採取的方式是高拋低吸；趨勢的交易原理是慣性，採取的方法是追漲殺跌。對於絕大多數交易標的，趨勢運行的時間一般比震盪運行的時間短，所以震盪策略一般而言的勝率較高，如果出錯可能虧損比較嚴重；而作為對偶操作策略，趨勢交易的正確率一般較低，但做對一次就會賺得較多。

3. 基金的長期經風險調整後的收益

這是基金評價的最重要的基礎數據，如果自己不想去做這方面繁瑣的工作，可以使用評級機構的評級數據。

第三章　中國公募基金股票投資方向實力研究

　　本章主要對股票投資方向的中國公募基金管理公司和具體的基金進行實力排名，這樣，投資者想要通過股票基金來實現投資目標，就可以依據本章排名來篩選自己中意的公募基金管理公司和具體的基金。之所以只對股票方向基金排名，是因為從長期看股票投資能給投資者帶來最大的回報，而且股票投資方向也是私募基金的重要領域，投資者還可以對照下一章私募基金的表現來擴大自己的選擇範圍。本章共三節，第一節主要對公募基金在股票投資方向的管理規模進行排名，如果說管理規模代表過去的操作實力，那本節就是研究過去16年那些在股票投資方向做得較好的基金管理公司；第二節以基金管理公司旗下所有的主動型股票基金的綜合評級來評價基金管理公司的股票操作實力，這樣得出的排名和按管理規模的排名相當不一致；第三節從評選出未來最具發展力的優秀基金的角度對目前的基金進行仔細篩選，最後選出4只潛力基金，可以為投資者選擇具體公募股票型基金提供思路。

　　由於指數型基金是一種被動投資方法，而本書主要研究主動型基金，所以本書在進行排名統計分析時會排除指數型股票基金。

第一節　中國公募基金管理公司在股票投資方向的管理規模排名

　　本節對中國公募基金在股票型投資方向的管理規模進行研究，研究的對象是基金管理公司發行超過三年的股票型基金。首先根據晨星網對所有股票型基金進行評級查看，管理規模數據時通過好買基金網查找時間節點為2015年2月3日的數據。

1. 管理規模和評級基礎數據（見表3-1）

表 3-1　　　　　　　　　管理規模和評級基礎表

基金代碼	名稱	基金管理公司	管理規模	規模占比	三年晨星評級
213003	寶盈策略增長股票	寶盈	49.15	0.78%	★★★★
213002	寶盈泛沿海增長股票	寶盈	19.7	0.31%	★★
213008	寶盈資源優選股票	寶盈	39.16	0.62%	★★★★★
		寶盈 匯總	108.01	1.71%	
050014	博時創業成長股票	博時	2.86	0.05%	★★★
050008	博時第三產業股票	博時	48.93	0.77%	★★★
050018	博時行業輪動股票	博時	3.06	0.05%	★★
050010	博時特許價值股票	博時	5.75	0.09%	★★★
050009	博時新興成長股票	博時	88.57	1.40%	★
160505	博時主題行業股票（LOF）	博時	133.89	2.11%	★★★★★
160512	博時卓越品牌股票（LOF）	博時	1.83	0.03%	★★★★
		博時 匯總	284.89	4.50%	
090007	大成策略回報股票	大成	6.14	0.10%	★★★★
090009	大成行業輪動股票	大成	2.06	0.03%	★★★
090011	大成核心雙動力股票	大成	0.91	0.01%	★★★
519017	大成積極成長股票	大成	15.75	0.25%	★★
519019	大成景陽領先股票	大成	20.25	0.32%	★
090015	大成內需增長股票	大成	3.07	0.05%	★★★★★
160916	大成優選股票（LOF）	大成	13.15	0.21%	★★★
		大成 匯總	61.33	0.97%	
233009	大摩多因子策略股票	大摩	29.08	0.46%	★★★★
233006	大摩領先優勢股票	大摩	7.74	0.12%	★★
233007	大摩卓越成長股票	大摩	5.68	0.09%	★★★★
		大摩 匯總	42.5	0.67%	
400007	東方策略成長股票	東方	0.97	0.02%	★★★★
400011	東方核心動力股票	東方	0.97	0.02%	★★
		東方 匯總	1.94	0.03%	
580003	東吳行業輪動股票	東吳	11.99	0.19%	★
580002	東吳雙動力股票	東吳	13.31	0.21%	★★

表3-1(續)

基金代碼	名稱	基金管理公司	管理規模	規模占比	三年晨星評級
580008	東吳新產業精選股票	東吳	1.22	0.02%	★★★★
580007	東吳新創業股票	東吳	0.45	0.01%	★★★
580006	東吳新經濟	東吳	1.48	0.02%	★★
585001	東吳中證新興	東吳	6.51	0.10%	★★★
		東吳 匯總	34.96	0.55%	
730001	方正富邦創新動力股票	方正富邦	0.39	0.01%	★★★
		方正富邦 匯總	0.39	0.01%	
710001	富安達優勢成長股票	富安達	2.2	0.03%	★
		富安達 匯總	2.2	0.03%	
519035	富國天博創新股票	富國	50.39	0.80%	★★
100026	富國天合穩健股票	富國	27.84	0.44%	★★★★
100039	富國通脹通縮主題股票	富國	6.12	0.10%	★★★
		富國 匯總	84.35	1.33%	
481008	工銀大盤藍籌股票	工銀瑞信	4.41	0.07%	★★★
481001	工銀核心價值股票	工銀瑞信	62.76	0.99%	★★★
481006	工銀紅利股票	工銀瑞信	17.27	0.27%	★
481010	工銀瑞信中小盤股票	工銀瑞信	4.24	0.07%	★★★
481004	工銀穩健成長股票	工銀瑞信	40.97	0.65%	★★
481013	工銀消費服務股票	工銀瑞信	4.22	0.07%	★★★
481015	工銀主題策略股票	工銀瑞信	2.82	0.04%	★★★★
		工銀瑞信 匯總	136.69	2.16%	
360005	光大保德信紅利股票	光大保德信	25.2	0.40%	★★★
360010	光大保德信均衡精選股票	光大保德信	0.79	0.01%	★
360001	光大保德信量化股票	光大保德信	81.17	1.28%	★★★
360006	光大保德信新增長股票	光大保德信	8.89	0.14%	★★★
360007	光大保德信優勢配置股票	光大保德信	93.12	1.47%	★★★★
360012	光大保德信中小盤股票	光大保德信	4.49	0.07%	★
		光大保德信 匯總	213.66	3.37%	
270025	廣發行業領先股票	廣發	17.74	0.28%	★★★★★
270008	廣發核心精選股票	廣發	16.51	0.26%	★★★
270005	廣發聚豐股票	廣發	144.11	2.28%	★

表3-1(續)

基金代碼	名稱	基金管理公司	管理規模	規模占比	三年晨星評級
270021	廣發聚瑞股票	廣發	28.16	0.44%	★★★★
162703	廣發小盤成長股票（LOF）	廣發	53.53	0.85%	★★
270028	廣發製造業精選股票	廣發	2.35	0.04%	★★★★
		廣發 匯總	262.4	4.14%	
450007	國富成長動力股票	國富	1.37	0.02%	★★★★
450002	國富彈性市值股票	國富	25.98	0.41%	★★
450003	國富潛力組合股票	國富	33.43	0.53%	★★★
450004	國富深化價值股票	國富	4.28	0.07%	★★
450009	國富中小盤股票	國富	4.35	0.07%	★★★
		國富 匯總	69.41	1.10%	
257040	國聯安紅利股票	國聯	0.32	0.01%	★★★★★
257020	國聯安精選股票	國聯	21.45	0.34%	★★★★
257030	國聯安優勢股票	國聯	7.69	0.12%	★★★★
257050	國聯安主題驅動股票	國聯	0.83	0.01%	★★★★
		國聯 匯總	30.29	0.48%	
160212	國泰估值優勢股票（LOF）	國泰	0.88	0.01%	★★
160215	國泰價值經典股票（LOF）	國泰	5.49	0.09%	★★★
020010	國泰金牛創新股票	國泰	39.92	0.63%	★★★★
020001	國泰金鷹增長股票	國泰	19.23	0.30%	★★
020015	國泰區位優勢股票	國泰	3.25	0.05%	★★★
020023	國泰事件驅動股票	國泰	1.76	0.03%	★★★★
160211	國泰中小盤成長股票（LOF）	國泰	6.27	0.10%	★★★★
		國泰 匯總	76.8	1.21%	
121008	國投瑞銀成長優選股票	國投瑞銀	11.95	0.19%	★★★
121005	國投瑞銀創新動力股票	國投瑞銀	18.04	0.28%	★★
121003	國投瑞銀核心企業股票	國投瑞銀	45	0.71%	★★
		國投瑞銀 匯總	74.99	1.18%	
519013	海富通風格優勢股票	海富通	16.8	0.27%	★★
519005	海富通股票	海富通	27.41	0.43%	★★

表3-1(續)

基金代碼	名稱	基金管理公司	管理規模	規模占比	三年晨星評級
519033	海富通國策導向股票	海富通	5.4	0.09%	★★★★★
519025	海富通領先成長股票	海富通	4.91	0.08%	★★
519032	海富通上證非週期ETF聯接	海富通	0.78	0.01%	★★★
		海富通 匯總	55.3	0.87%	
040008	華安策略優選股票	華安	83.54	1.32%	★★
040016	華安行業輪動股票	華安	3.69	0.06%	★★★
040011	華安核心股票	華安	1.49	0.02%	★★★★
040005	華安宏利股票	華安	39.61	0.63%	★★★
040025	華安科技動力股票	華安	9.21	0.15%	★★★★★
040020	華安升級主題股票	華安	3.15	0.05%	★★★
040007	華安中小盤成長股票	華安	50.06	0.79%	★★
		華安 匯總	190.75	3.01%	
240011	華寶興業大盤精選股票	華寶興業	2.64	0.04%	★★
240004	華寶興業動力組合股票	華寶興業	21.5	0.34%	★★★
240010	華寶興業行業精選股票	華寶興業	81.47	1.29%	★★★★
240017	華寶興業新興產業	華寶興業	39.48	0.62%	★★★★★
		華寶興業 匯總	145.09	2.29%	
410003	華富成長趨勢股票	華富	15.35	0.24%	★★★
410009	華富量子生命力股票	華富	0.67	0.01%	★
		華富 匯總	16.02	0.25%	
630006	華商產業升級股票	華商	2.44	0.04%	★★★
630010	華商價值精選股票	華商	23.94	0.38%	★★★★★
630002	華商盛世成長股票	華商	43.7	0.69%	★★★
		華商 匯總	70.08	1.11%	
460007	華泰柏瑞行業領先股票	華泰柏瑞	8.38	0.13%	★★★★
460005	華泰柏瑞價值增長股票	華泰柏瑞	2.42	0.04%	★★★★
460009	華泰柏瑞量化先行股票	華泰柏瑞	0.68	0.01%	★★
460001	華泰柏瑞盛世中國股票	華泰柏瑞	48.86	0.77%	★★★
		華泰柏瑞 匯總	60.34	0.95%	
000031	華夏復興股票	華夏	36.25	0.57%	★★★
160314	華夏行業股票（LOF）	華夏	54.99	0.87%	★★★★

表3-1(續)

基金代碼	名稱	基金管理公司	管理規模	規模占比	三年晨星評級
000061	華夏盛世股票	華夏	50.44	0.80%	★★
288002	華夏收入股票	華夏	34.57	0.55%	★★★★
000021	華夏優勢增長股票	華夏	108.15	1.71%	★★
		華夏 匯總	284.4	4.49%	
540006	匯豐晉信大盤股票	匯豐晉信	15.13	0.24%	★★★★
540008	匯豐晉信低碳先鋒股票	匯豐晉信	6.37	0.10%	★★★
540002	匯豐晉信龍騰股票	匯豐晉信	9.55	0.15%	★★★★★
540009	匯豐晉信消費紅利股票	匯豐晉信	6.2	0.10%	★
540007	匯豐晉信中小盤股票	匯豐晉信	2.82	0.04%	★★★★
		匯豐晉信 匯總	40.07	0.63%	
470008	匯添富策略回報股票	匯富添	3.37	0.05%	★★★
519068	匯添富成長焦點股票	匯富添	58.41	0.92%	★★★
519069	匯添富價值精選股票	匯富添	34.08	0.54%	★★★★★
519018	匯添富均衡增長股票	匯富添	118.97	1.88%	★★
470009	匯添富民營活力股票	匯富添	22.06	0.35%	★★★★★
470006	匯添富醫藥保健股票	匯富添	52.69	0.83%	★★★★★
		匯富添 匯總	289.58	4.57%	
70019	嘉實價值優勢股票	嘉實	14.7	0.23%	★★★
070017	嘉實量化阿爾法股票	嘉實	4.75	0.08%	★★
070022	嘉實領先成長股票	嘉實	5.52	0.09%	★★★★
070013	嘉實研究精選股票	嘉實	95.71	1.51%	★★★★★
070099	嘉實優質企業股票	嘉實	30.05	0.47%	★★
070027	嘉實週期優選股票	嘉實	48.7	0.77%	★★★★★
070021	嘉實主題新動力股票	嘉實	13.56	0.21%	★★★
		嘉實 匯總	212.99	3.36%	
530006	建信核心精選股票	建信	18.08	0.29%	★★★★
530001	建信恆久價值股票	建信	18.57	0.29%	★★
530011	建信內生動力股票	建信	11.62	0.18%	★★★★
165313	建信優勢動力股票（LOF）	建信	14.38	0.23%	★★★★
530003	建信優選成長股票	建信	23.33	0.37%	★★★★
		建信 匯總	85.98	1.36%	

表3-1(續)

基金代碼	名稱	基金管理公司	管理規模	規模占比	三年晨星評級
519692	交銀成長股票	交銀施羅德	46.74	0.74%	★★★
519688	交銀精選股票	交銀施羅德	37.91	0.60%	★
519694	交銀藍籌股票	交銀施羅德	66.13	1.04%	★★
519702	交銀趨勢股票	交銀施羅德	7.44	0.12%	★★
519698	交銀先鋒股票	交銀施羅德	7.65	0.12%	★★★
519704	交銀先進製造股票	交銀施羅德	5.39	0.09%	★★★★
		交銀施羅德 匯總	171.26	2.70%	
210008	金鷹策略配置股票	金鷹	1.18	0.02%	★★
210003	金鷹行業優勢股票	金鷹	5.21	0.08%	★★
210004	金鷹穩健成長股票	金鷹	1.8	0.03%	★★★★
210005	金鷹主題優勢股票	金鷹	4.06	0.06%	★
		金鷹 匯總	12.25	0.19%	
620005	金元惠理核心動力股票	金元惠理	0.84	0.01%	★★★
620004	金元惠理價值增長股票	金元惠理	0.62	0.01%	★★
620006	金元惠理消費主題股票	金元惠理	0.45	0.01%	★★★
		金元惠理 匯總	1.91	0.03%	
162605	景順長城鼎益股票(LOF)	景順長城	40.54	0.64%	★★★
260111	景順長城公司治理股票	景順長城	1.17	0.02%	★★
260116	景順長城核心競爭力股票	景順長城	26.77	0.42%	★★★★★
260110	景順長城精選藍籌股票	景順長城	101.71	1.61%	★★★★
260109	景順長城內需貳號股票	景順長城	56.36	0.89%	★★★★
260104	景順長城內需增長股票	景順長城	41.21	0.65%	★★★★
260108	景順長城新興成長股票	景順長城	17	0.27%	★
260101	景順長城優選股票	景順長城	21.04	0.33%	★★★★★
260115	景順長城中小盤股票	景順長城	2.84	0.04%	★★★
162607	景順長城資源壟斷股票(LOF)	景順長城	51.21	0.81%	★★
		景順長城 匯總	359.85	5.68%	
690003	民生加銀精選股票	民生加銀	4.63	0.07%	★
690007	民生加銀景氣行業股票	民生加銀	1.08	0.02%	★★
690005	民生加銀內需增長股票	民生加銀	2.36	0.04%	★★

表3-1(續)

基金代碼	名稱	基金管理公司	管理規模	規模占比	三年晨星評級
690004	民生加銀穩健成長股票	民生加銀	1.03	0.02%	★★★
		民生加銀 匯總	9.1	0.14%	
202019	南方策略優化股票	南方	6.85	0.11%	★★
202005	南方成份精選股票	南方	102.54	1.62%	★★★★
160106	南方高增長股票（LOF）	南方	30.5	0.48%	★★★★
202003	南方績優成長股票	南方	64.78	1.02%	★★★
202007	南方隆元產業主題股票	南方	32.91	0.52%	★
202009	南方盛元紅利股票	南方	14.29	0.23%	★★
202011	南方優選價值股票	南方	14.45	0.23%	★★★★
		南方 匯總	266.32	4.21%	
660004	農銀策略價值股票	農銀匯理	6.21	0.10%	★★
660006	農銀大盤藍籌股票	農銀匯理	9.89	0.16%	★★
660001	農銀行業成長股票	農銀匯理	24.92	0.39%	★★★
660005	農銀中小盤股票	農銀匯理	10.15	0.16%	★★★★
		農銀匯理 匯總	51.17	0.81%	
320007	諾安成長股票	諾安	2.21	0.03%	★
320016	諾安多策略股票	諾安	2.07	0.03%	★★★★
320003	諾安股票	諾安	106.14	1.68%	★★
320005	諾安價值增長股票	諾安	56.64	0.89%	★★
320011	諾安中小盤精選股票	諾安	8.32	0.13%	★★★★
320012	諾安主題精選股票	諾安	26.26	0.41%	★★★★★
		諾安 匯總	201.64	3.18%	
570007	諾德30股票	諾德	2.58	0.04%	★
570005	諾德成長優勢股票	諾德	0.58	0.01%	★★★★
570001	諾德價值優勢股票	諾德	19.73	0.31%	★★
570006	諾德中小盤股票	諾德	0.92	0.01%	★★★★
		諾德 匯總	23.81	0.38%	
160607	鵬華價值優勢股票（LOF）	鵬華	95.01	1.50%	★★★★
206002	鵬華精選成長股票	鵬華	4.4	0.07%	★★★
160613	鵬華盛世創新股票（LOF）	鵬華	2.12	0.03%	★★★★

表3-1(續)

基金代碼	名稱	基金管理公司	管理規模	規模占比	三年晨星評級
206007	鵬華消費優選股票	鵬華	2.13	0.03%	★★★★
206009	鵬華新興產業股票	鵬華	3.5	0.06%	★★★
160611	鵬華優質治理股票（LOF）	鵬華	32.57	0.51%	★
		鵬華 匯總	139.73	2.21%	
700001	平安大華行業先鋒股票	平安大華	7.24	0.11%	★★★★
		平安大華 匯總	7.24	0.11%	
519115	浦銀安盛紅利精選股票	浦銀安盛	1.07	0.02%	★★
		浦銀安盛 匯總	1.07	0.02%	
161609	融通動力先鋒股票	融通	27.18	0.43%	★★★★
161610	融通領先成長股票（LOF）	融通	17.7	0.28%	★
161611	融通內需驅動股票	融通	3.81	0.06%	★★★
		融通 匯總	48.69	0.77%	
377010	上投摩根阿爾法股票	上投摩根	15.46	0.24%	★
378010	上投摩根成長先鋒股票	上投摩根	20.57	0.32%	★★
376510	上投摩根大盤藍籌股票	上投摩根	2.75	0.04%	★★★★
377530	上投摩根行業輪動股票	上投摩根	19.74	0.31%	★★★★★
377020	上投摩根內需動力股票	上投摩根	47.63	0.75%	★★
379010	上投摩根中小盤股票	上投摩根	6.71	0.11%	★★★
		上投摩根 匯總	112.86	1.78%	
310368	申萬菱信競爭優勢股票	申萬菱信	0.64	0.01%	★★★
163110	申萬菱信量化小盤股票（LOF）	申萬菱信	1.63	0.03%	★★★★
310388	申萬菱信消費增長股票	申萬菱信	4.08	0.06%	★★
310328	申萬菱信新動力股票	申萬菱信	32.41	0.51%	★★★★
		申萬菱信 匯總	38.76	0.61%	
162212	泰達宏利紅利先鋒股票	泰達宏利	7.96	0.13%	★★★
162204	泰達宏利精選股票	泰達宏利	18.86	0.30%	★★
162209	泰達宏利市值優選股票	泰達宏利	43.4	0.69%	★★★
162208	泰達宏利首選企業股票	泰達宏利	9.49	0.15%	★★★★
162214	泰達宏利中小盤股票	泰達宏利	2.63	0.04%	★★

表3-1(續)

基金代碼	名稱	基金管理公司	管理規模	規模占比	三年晨星評級
		泰達宏利 匯總	82.34	1.30%	
290008	泰信發展主題股票基金	泰信	2.13	0.03%	★★★★★
290006	泰信藍籌精選股票	泰信	14.11	0.22%	★★★★
290004	泰信優質生活股票	泰信	10.86	0.17%	★★
290011	泰信中小盤精選	泰信	5.76	0.09%	★★★★
		泰信 匯總	32.86	0.52%	
420003	天弘永定價值成長股票	天弘	1.43	0.02%	★★★
420005	天弘週期策略股票	天弘	6.98	0.11%	★★★★
350008	天治成長精選股票	天弘	0.47	0.01%	★★★★★
350005	天治創新先鋒股票	天弘	1.06	0.02%	★★★
163503	天治核心成長股票（LOF）	天弘	21.97	0.35%	★★★
		天弘 匯總	31.91	0.50%	
519185	萬家精選股票	萬家	1.55	0.02%	★★★
		萬家 匯總	1.55	0.02%	
671010	西部利得策略優選股票	西部利得	1.92	0.03%	★★
		西部利得 匯總	1.92	0.03%	
519095	新華行業週期輪換股票	新華	2.06	0.03%	★★★★★
519099	新華靈活主題股票	新華	0.64	0.01%	★★★★★
519089	新華優選成長股票	新華	8.55	0.14%	★★
519097	新華中小市值優選股票	新華	1.14	0.02%	★★★★
519093	新華鑽石品質企業股票	新華	17.26	0.27%	★★★★★
		新華 匯總	29.65	0.47%	
550002	信誠精萃成長股票	信誠	11.74	0.19%	★★★★
165508	信誠深度價值股票（LOF）	信誠	1.47	0.02%	★★★★★
550003	信誠盛世藍籌股票	信誠	3.34	0.05%	★★
165512	信誠新機遇股票（LOF）	信誠	0.56	0.01%	★★★★★
550008	信誠優勝精選股票	信誠	4.69	0.07%	★★★★★
550009	信誠中小盤股票	信誠	0.97	0.02%	★★★★★
		信誠 匯總	22.77	0.36%	
610006	信達澳銀產業升級股票	信達	1.41	0.02%	★★★★

表3-1(續)

基金代碼	名稱	基金管理公司	管理規模	規模占比	三年晨星評級
610005	信達澳銀紅利回報	信達	2.33	0.04%	★★★
610001	信達澳銀領先增長股票	信達	37.06	0.59%	★★
610004	信達澳銀中小盤股票	信達	3.13	0.05%	★★
		信達 匯總	43.93	0.69%	
163406	興全合潤分級股票	興業全球	15.9	0.25%	★★★★★
163409	興全綠色投資股票（LOF）	興業全球	33.2	0.52%	★★★★★
340006	興全全球視野股票	興業全球	44.14	0.70%	★★★★
340007	興全社會責任股票	興業全球	42.25	0.67%	★★★
		興業全球 匯總	135.49	2.14%	
110015	易方達行業領先股票	易方達	6.43	0.10%	★★★
110009	易方達價值精選股票	易方達	34.93	0.55%	★
110013	易方達科翔股票	易方達	8.79	0.14%	★★★
110022	易方達消費行業股票	易方達	13.45	0.21%	★★
110023	易方達醫療行業股票	易方達	13.22	0.21%	★★★
110011	易方達中小盤股票	易方達	15.27	0.24%	★★★
110025	易方達資源行業股票	易方達	3.31	0.05%	★
		易方達 匯總	95.4	1.51%	
519668	銀河成長股票	銀河	6.1	0.10%	★★★★
519674	銀河創新股票	銀河	7.48	0.12%	★★★★★
519672	銀河藍籌股票	銀河	1.52	0.02%	★★★★
519678	銀河消費股票	銀河	1.4	0.02%	★★★
		銀河 匯總	16.5	0.26%	
180012	銀華富裕主題股票	銀華	47.88	0.76%	★★
519001	銀華價值優選股票	銀華	85.74	1.35%	★★★
180013	銀華領先策略股票	銀華	8.71	0.14%	★★★
161810	銀華內需精選股票（LOF）	銀華	10.38	0.16%	★★★
161818	銀華消費主題——銀華消費	銀華	1.86	0.03%	★★★
180010	銀華優質增長股票	銀華	45.06	0.71%	★★★
		銀華 匯總	199.63	3.15%	

表3-1(續)

基金代碼	名稱	基金管理公司	管理規模	規模占比	三年晨星評級
162006	長城久富股票（LOF）	長城	17.38	0.27%	★★
200008	長城品牌優選股票	長城	146.77	2.32%	★★
200006	長城消費增值股票	長城	26.53	0.42%	★
200012	長城中小盤股票	長城	2.22	0.04%	★★★
		長城 匯總	192.9	3.05%	
080005	長盛量化紅利股票	長盛	7.01	0.11%	★★★★
519039	長盛同德主題股票	長盛	47.3	0.75%	★★★★
		長盛 匯總	54.31	0.86%	
519987	長信恒利優勢股票	長信	1.53	0.02%	★★★★
519994	長信金利趨勢股票	長信	60.66	0.96%	★★
519983	長信量化先鋒股票	長信	18	0.28%	★★★★★
519979	長信內需成長股票	長信	4.72	0.07%	★★★
519996	長信銀利精選股票	長信	13.9	0.22%	★
519993	長信增利動態策略股票	長信	19.69	0.31%	★★★
		長信 匯總	118.5	1.87%	
217010	招商大盤藍籌股票	招商	17.73	0.28%	★★★★★
217012	招商行業領先股票	招商	20.53	0.32%	★★★
161706	招商優質成長股票（LOF）	招商	26.85	0.42%	★★
217013	招商中小盤股票	招商	2.48	0.04%	★★★★
		招商 匯總	67.59	1.07%	
688888	浙商聚潮產業成長股票	浙商	3.05	0.05%	★★
		浙商 匯總	3.05	0.05%	
398041	中海量化策略股票	中海	1.39	0.02%	★
398061	中海消費股票	中海	1.01	0.02%	★★★★★
		中海 匯總	2.4	0.04%	
166005	中歐價值發現股票	中歐	16.88	0.27%	★★★★
166009	中歐新動力股票（LOF）	中歐	29.38	0.46%	★★★★★
166009	中歐新動力股票（LOF）	中歐	29.38	0.46%	★★★★★
166001	中歐新趨勢股票（LOF）	中歐	24.65	0.39%	★★★
166001	中歐新趨勢股票（LOF）	中歐	24.65	0.39%	★★★
166006	中歐中小盤股票（LOF）	中歐	22.4	0.35%	★

表3-1(續)

基金代碼	名稱	基金管理公司	管理規模	規模占比	三年晨星評級
166006	中歐中小盤股票（LOF）	中歐	22.4	0.35%	★
		中歐 匯總	169.74	2.68%	
163805	中銀策略股票	中銀	11.27	0.18%	★★★★
163803	中銀持續增長股票	中銀	66.33	1.05%	★★★★
163803	中銀持續增長股票	中銀	66.33	1.05%	★★★★
163818	中銀中小盤成長股票	中銀	0.86	0.01%	★★
163818	中銀中小盤成長股票	中銀	0.86	0.01%	★★
		中銀 匯總	145.65	2.30%	
590002	中郵核心成長股票	中郵	146.07	2.31%	★★
590002	中郵核心成長股票	中郵	146.07	2.31%	★★
590001	中郵核心優選股票	中郵	70.36	1.11%	★★
590001	中郵核心優選股票	中郵	70.36	1.11%	★★
590005	中郵核心主題股票	中郵	35.63	0.56%	★★★★★
590005	中郵核心主題股票	中郵	35.63	0.56%	★★★★★
		中郵 匯總	504.12	7.96%	
		總計	6333.28	100.00%	

2. 基金管理公司在主動型股票基金的管理規模排名（見表3-2）

表3-2　　基金管理公司在主動型股票基金的管理規模排名

規模排名	基金管理公司	管理規模	規模占比
1	中郵 匯總	398.11	5.82%
2	景順長城 匯總	358.05	5.79%
3	匯富添 匯總	289.58	4.68%
4	博時 匯總	284.89	4.60%
5	華夏 匯總	284.4	4.60%
6	南方 匯總	266.32	4.30%
7	廣發 匯總	262.4	4.24%
8	光大保德信 匯總	213.66	3.45%
9	嘉實 匯總	212.99	3.44%
10	諾安 匯總	201.64	3.26%

表3-2(續)

規模排名	基金管理公司	管理規模	規模占比
11	銀華 匯總	199.63	3.23%
12	長城 匯總	192.9	3.12%
13	華安 匯總	190.75	3.08%
14	交銀施羅德 匯總	171.26	2.77%
15	中歐 匯總	169.74	2.74%
16	中銀 匯總	145.65	2.35%
17	華寶興業 匯總	145.09	2.34%
18	鵬華 匯總	139.73	2.26%
19	工銀瑞信 匯總	136.69	2.21%
20	興業全球 匯總	135.49	2.19%
21	長信 匯總	118.5	1.92%
22	上投摩根 匯總	112.86	1.82%
23	寶盈 匯總	108.01	1.75%
24	易方達 匯總	95.4	1.54%
25	建信 匯總	85.98	1.39%
26	富國 匯總	84.35	1.36%
27	泰達宏利 匯總	82.34	1.33%
28	國泰 匯總	76.8	1.24%
39	國投瑞銀 匯總	74.99	1.21%
30	華商 匯總	70.08	1.13%
31	國富 匯總	69.41	1.12%
32	招商 匯總	67.59	1.09%
33	大成 匯總	61.33	0.99%
34	華泰柏瑞 匯總	60.34	0.98%
35	海富通 匯總	55.3	0.89%
36	長盛 匯總	54.31	0.88%
37	農銀匯理 匯總	51.17	0.83%
38	融通 匯總	48.69	0.79%
39	信達 匯總	43.93	0.71%
40	大摩 匯總	42.5	0.69%

表3-2(續)

規模排名	基金管理公司	管理規模	規模占比
41	匯豐晉信 匯總	40.07	0.65%
42	申萬菱信 匯總	38.76	0.63%
43	東吳 匯總	34.96	0.57%
44	泰信 匯總	32.86	0.53%
45	天弘 匯總	31.91	0.52%
46	國聯 匯總	30.29	0.49%
47	新華 匯總	29.65	0.48%
48	諾德 匯總	23.81	0.38%
49	信誠 匯總	22.77	0.37%
50	銀河 匯總	16.5	0.27%
51	華富 匯總	16.02	0.26%
52	金鷹 匯總	12.25	0.20%
53	民生加銀 匯總	9.1	0.15%
54	平安大華 匯總	7.24	0.12%
55	浙商 匯總	3.05	0.05%
56	中海 匯總	2.4	0.04%
57	富安達 匯總	2.2	0.04%
58	東方 匯總	1.94	0.03%
59	西部利得 匯總	1.92	0.03%
60	金元惠理 匯總	1.91	0.03%
61	萬家 匯總	1.55	0.03%
62	浦銀安盛 匯總	1.07	0.02%
63	方正富邦 匯總	0.39	0.01%
	總計	6,187.21	199.99%

　　主動型股票基金的管理規模排名前三甲為中郵、景順長城和富匯添三家基金管理公司，管理規模超過200億元的有11家公司，管理規模超過100億元的有24家公司，還有11家的管理規模不超過10億元。

第二節 中國公募基金管理公司在主動股票型方向的操作實力研究

本節主要在操作實力上對基金公司進行排名，排名所依據的方法是基金管理公司旗下的主動型股票基金的三年晨星評級依據規模的加權平均評級。例如寶盈基金管理公司的綜合評級得分為（49.05×4+19.7×2+39.16×5）÷108.01=3.5，其中49.05是寶盈策略增長的管理規模，4是晨星評級為4星，19.7是寶盈沿海增長的管理規模，2是晨星評級，39.16是寶盈資源優選的管理規模，5是晨星評級為五星，108.01為寶盈基金管理公司的總管理規模。表3-3是計算好的基金管理公司的綜合評級。

表 3-3　　　　　基金管理公司的綜合評級

綜合評級排名	基金管理公司	管理規模	規模占比	綜合評級
1	銀河 匯總	16.5	0.27%	4.37
2	嘉實 匯總	212.99	3.44%	4.22
3	新華 匯總	29.65	0.48%	4.10
4	華寶興業 匯總	145.09	2.34%	4.09
5	興業全球 匯總	135.49	2.19%	4.05
6	信誠 匯總	22.77	0.37%	4.04
7	國聯 匯總	30.29	0.49%	4.01
8	長盛 匯總	54.31	0.88%	4.00
9	平安大華 匯總	7.24	0.12%	4.00
10	中銀 匯總	145.65	2.35%	3.98
11	申萬菱信 匯總	38.76	0.63%	3.77
12	華商 匯總	70.08	1.13%	3.68
13	大摩 匯總	42.5	0.69%	3.64
14	匯豐晉信 匯總	40.07	0.65%	3.62
15	景順長城 匯總	359.85	5.82%	3.58
16	建信 匯總	85.98	1.39%	3.57

表3-3(續)

綜合評級排名	基金管理公司	管理規模	規模占比	綜合評級
17	寶盈 匯總	108.01	1.75%	3.50
18	泰信 匯總	32.86	0.53%	3.40
19	光大保德信 匯總	213.66	3.45%	3.39
20	農銀匯理 匯總	51.17	0.83%	3.37
21	匯富添 匯總	289.58	4.68%	3.34
22	博時 匯總	284.89	4.60%	3.30
23	國泰 匯總	76.8	1.24%	3.29
24	中歐 匯總	169.74	2.74%	3.26
25	天弘 匯總	31.91	0.52%	3.25
26	鵬華 匯總	139.73	2.26%	3.24
27	南方 匯總	266.32	4.30%	3.23
28	華泰柏瑞 匯總	60.34	0.98%	3.17
29	招商 匯總	67.59	1.09%	3.16
30	東方 匯總	1.94	0.03%	3.00
31	萬家 匯總	1.55	0.03%	3.00
32	方正富邦 匯總	0.39	0.01%	3.00
33	華富 匯總	16.02	0.26%	2.92
34	泰達宏利 匯總	82.34	1.33%	2.85
35	融通 匯總	48.69	0.79%	2.83
36	銀華 匯總	199.63	3.23%	2.76
37	華夏 匯總	284.4	4.60%	2.76
38	富國 匯總	84.35	1.36%	2.73
39	金元惠理 匯總	1.91	0.03%	2.68
40	中郵 匯總	358.05	4.65%	2.74
41	國富 匯總	69.41	1.12%	2.58
42	長信 匯總	118.5	1.92%	2.57
43	上投摩根 匯總	112.86	1.82%	2.50

表3-3(續)

綜合評級排名	基金管理公司	管理規模	規模占比	綜合評級
44	諾安 匯總	201.64	3.26%	2.48
45	工銀瑞信 匯總	136.69	2.21%	2.47
46	華安 匯總	190.75	3.08%	2.40
47	海富通 匯總	55.3	0.89%	2.31
48	大成 匯總	61.33	0.99%	2.28
49	中海 匯總	2.4	0.04%	2.26
50	信達 匯總	43.93	0.71%	2.12
51	交銀施羅德 匯總	171.26	2.77%	2.07
52	易方達 匯總	95.4	1.54%	2.06
53	諾德 匯總	23.81	0.38%	2.02
54	浙商 匯總	3.05	0.05%	2.00
55	西部利得 匯總	1.92	0.03%	2.00
56	浦銀安盛 匯總	1.07	0.02%	2.00
57	金鷹 匯總	12.25	0.20%	1.96
58	廣發 匯總	262.4	4.24%	1.95
59	東吳 匯總	34.96	0.57%	1.93
60	長城 匯總	192.9	3.12%	1.87
61	民生加銀 匯總	9.1	0.15%	1.60
62	國投瑞銀 匯總	74.99	1.21%	0.60
63	富安達 匯總	2.2	0.04%	1.00
	總計	6,404.54	197.69%	

　　從綜合評級得分看，基金管理水平最高的前五名為銀河、嘉實、新華、華寶興業、興業全球基金管理公司，注意一個特別現象，管理規模前十位中能進入綜合評級前十位的只有嘉實基金，而規模最大的中郵綜合評級排第40位，第2位的景順長城綜合評級為第15位、第3位的富匯添綜合評級為第21位。該數據說明基金規模越大，未來的表現可能越不如人意。這和理論分析相符合，也提醒投資者不要去買規模巨大的基金。

下面對排名前五的基金公司的基本情況做一個簡介。

一、銀河基金管理公司

1. 銀河基金介紹（見表3-4）

表3-4　　　　　　　　　　銀河基金介紹

公司名稱	銀河基金管理有限公司	組織形式	中資企業
註冊資本	1.50（億元）	總經理	尤象都
法定代表人	許國平	董事長	許國平
辦公地址	上海市浦東新區世紀大道1568號中建大廈15樓		
註冊地址	上海市浦東新區世紀大道1568號中建大廈15樓		
公司電話	021-38568888	公司傳真	021-38568800
公司電子郵箱	callcenter@galaxyasset.com	公司網址	www.galaxyasset.com
客服電話	400-820-0860		
公司旗下產品數	33只	旗下基金經理數	13名
公司資產規模	480.79（億元）	資產規模排名	34/98 查看所有公司排名>>

2. 基金資產規模（見圖3-1）

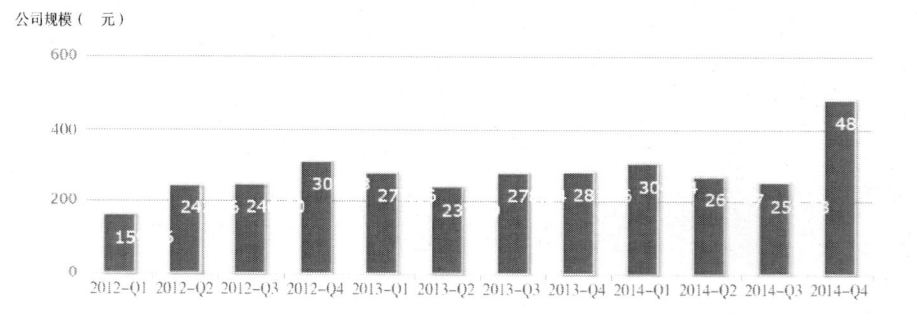

圖3-1　基金資產規模

3. 旗下基金排名（見表 3-5）

表 3-5　　　　　　　　　旗下基金排名

排名位置/統計周期	今年以來	2014年	2014年	2014年
同类排名前1/4	10只	10只	10只	10只
同类排名前1/2	4只	8只	8只	8只
同类排名后1/2	5只	7只	7只	7只
同类排名后1/4	12只	1只	1只	1只

4. 基金經理年限（見圖 3-2、表 3-6）

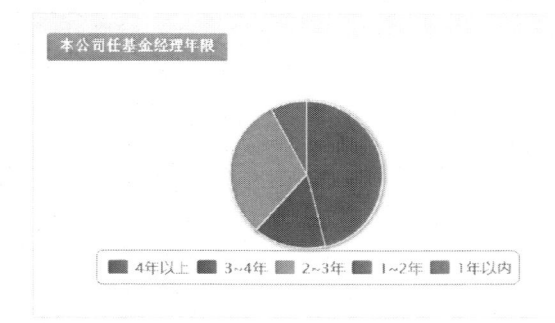

圖 3-2　基金經理年限

表 3-6　　　　　　　　　團隊指標

指标名称	当前经理数	平均任职年限	最高任职年限	团队稳定性	区间新聘	区间离职	经理变动率
指标数值	13位	4年又97天	10年又54天（索峰）	0	0位	1位	0
同类公司排名	30/98	1/98	--	21/98	--	--	1/98

团队稳定性的计算方法：Max（期间新经理数，期间离任经理人数）/期间平均在任经理数
经理变动率的计算方法：Max（新聘基金经理数，离职基金经理数）/区间期始日在任的基金经理数*100%

二、嘉實基金管理公司

1. 公司介紹（見表 3-7）

表 3-7　　　　　　　　　公司介紹

公司名稱	嘉實基金管理有限公司	組織形式	中外合資企業
註冊資本	1.50（億元）	總經理	趙學軍
法定代表人	鄧紅國	董事長	鄧紅國
辦公地址	北京市建國門北大街8號華潤大廈16層		
註冊地址	上海市浦東新區世紀大道8號上海國金中心2期23樓01-03單元		

表3-7(續)

公司電話	010-65215588	公司傳真	010-65185678
公司電子郵箱	service@jsfund.cn	公司網址	www.jsfund.cn
客服電話	400-600-8800		
公司旗下產品數	86只	旗下基金經理數	36名
公司資產規模	3,243.48（億元）	資產規模排名	5/98 查看所有公司排名>>

2. 規模變動（見圖3-3）

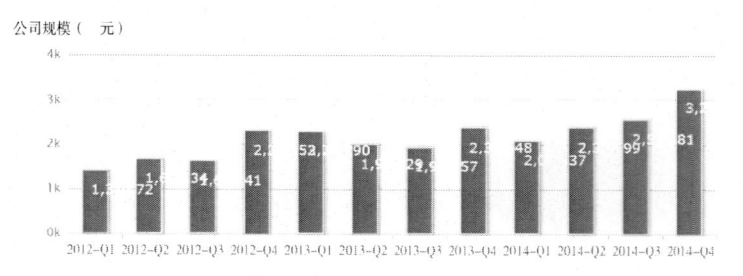

圖3-3　規模變動

3. 旗下基金排名（見表3-8）

表3-8　　　　　　旗下基金排名

排名位置/統計周期	今年以來	2014年	2014年	2014年
同類排名前1/4	13只	13只	13只	13只
同類排名前1/2	22只	13只	13只	13只
同類排名後1/2	18只	24只	24只	24只
同類排名後1/4	8只	19只	19只	19只

4. 基金經理年限（見圖3-4、表3-9）

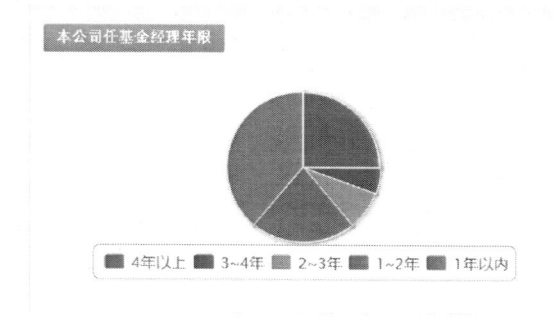

截止日期：2015-02-03

任職年限	經理數
4年以上	9位
3~4年	2位
2~3年	3位
1~2年	8位
1年以內	14位
合計	36位

圖3-4　基金經理年限

66　中國主要公募基金和私募基金的操作實力研究

表 3-9　　　　　　　　　　團隊指標

指標名稱	當前經理數	平均任職年限	最高任職年限	團隊穩定性	區間新聘	區間離職	經理變動率
指標數值	36位	2年又266天	10年又356天(邵健)	0.67	14位	5位	1
同類公司排名	1/98	31/98	--	17/98	--	--	2/98

團隊穩定性的計算方法：Max（期間新經理數，期間離任經理人數）/期間平均在任經理數
經理變動率的計算方法：Max（新聘基金經理數，離職基金經理數）/區間起始日在任的基金經理數×100%

三、新華基金管理公司

1. 公司介紹（見表 3-10）

表 3-10　　　　　　　　　　公司介紹

公司名稱	新華基金管理有限公司	組織形式	中資企業
註冊資本	1.60（億元）	總經理	張宗友
法定代表人	陳重	董事長	陳重
辦公地址	北京市海澱區西三環北路 11 號海通時代商務中心 C1 座		
註冊地址	重慶市江北區建新東路 85 號附 1 號 1 層 1-1		
公司電話	010-68726666	公司傳真	010-68731199
公司電子郵箱	service@ncfund.com.cn	公司網址	www.ncfund.com.cn
客服電話	400-819-8866		
公司旗下產品數	31 只	旗下基金經理數	9 名
公司資產規模	297.27（億元）	資產規模排名	45/98 查看所有公司排名>>

2. 規模變動（見圖 3-5）

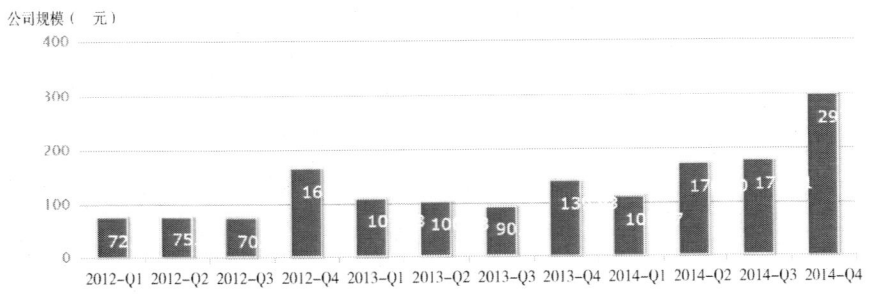

圖 3-5　規模變動

3. 旗下基金排名（見表 3-11）

表 3-11　　　　　　　　　旗下基金排名

排名位置/統計周期	今年以來	2014年	2014年	2014年
同類排名前1/4	5只	4只	4只	4只
同類排名前1/2	8只	9只	9只	9只
同類排名後1/2	13只	2只	2只	2只
同類排名後1/4	4只	2只	2只	2只

4. 基金經理年限（見圖 3-6、表 3-12）

任職年限	經理數
4年以上	3位
3~4年	1位
2~3年	2位
1~2年	1位
1年以內	2位
合計	9位

截止日期：2015-02-03

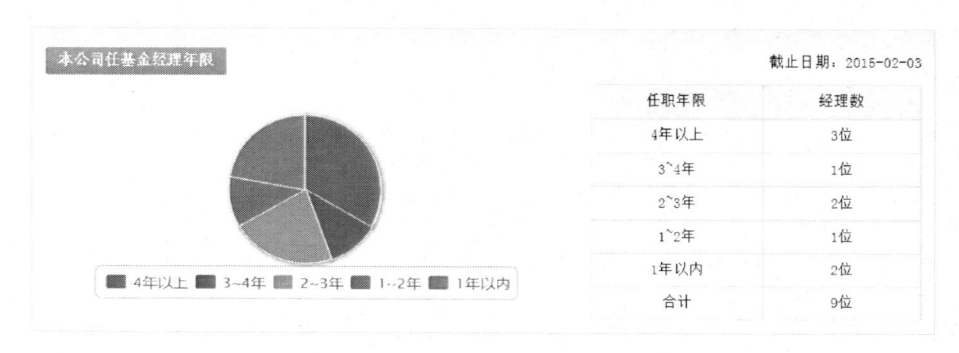

圖 3-6　基金經理年限

表 3-12　　　　　　　　　團隊指標

指標名稱	當前經理數	平均任職年限	最高任職年限	團隊穩定性	區間新聘	區間離職	經理變動率
指標數值	9位	3年又39天	8年又248天（曹名長）	1	2位	2位	1
同類公司排名	51/98	21/98	--	7/98	--	--	2/98

團隊穩定性的計算方法：Max｛期間新經理數，期間離任經理人數｝/期間平均在任經理數

經理異動率的計算方法：Max｛新聘基金經理數，離職基金經理數｝/區間起始日在任的基金經理數×100%

四、華寶興業基金管理公司

1. 公司介紹（見表 3-13）

表 3-13　　　　　　　　　公司介紹

公司名稱	華寶興業基金管理有限公司	組織形式	中外合資企業
註冊資本	1.50（億元）	總經理	黃小薏
法定代表人	鄭安國	董事長	鄭安國
辦公地址	上海市浦東新區世紀大道 100 號上海環球金融中心 58 樓		
註冊地址	上海市浦東新區世紀大道 100 號上海環球金融中心 58 樓		

表3-13(續)

公司電話	021-38505888	公司傳真	021-38505777
公司電子郵箱	fsf@fsfund.com	公司網址	www.fsfund.com
客服電話		400-700-5588，021-38924558
公司旗下產品數	36 只	旗下基金經理數	22 名
公司資產規模	669.48（億元）	資產規模排名	27/98 查看所有公司排名>>

2. 規模變動（見圖3-7）

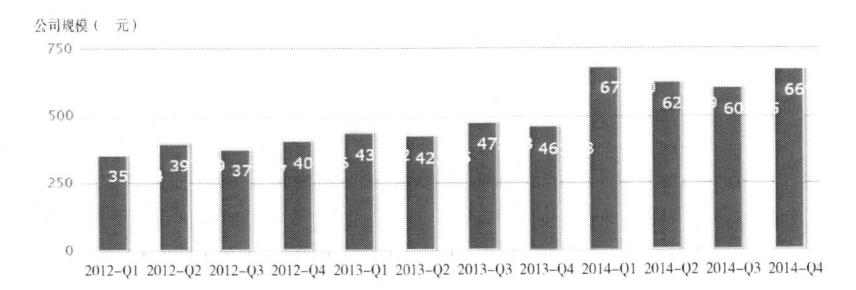

圖 3-7　規模變動

3. 旗下基金排名（見表3-14）

表 3-14　　　　　　　旗下基金排名

排名位置/統計周期	今年以來	2014年	2014年	2014年
同類排名前1/4	10只	6只	6只	6只
同類排名前1/2	4只	5只	5只	5只
同類排名後1/2	9只	7只	7只	7只
同類排名後1/4	2只	9只	9只	9只

4. 基金經理年限（見圖3-8、表3-15）

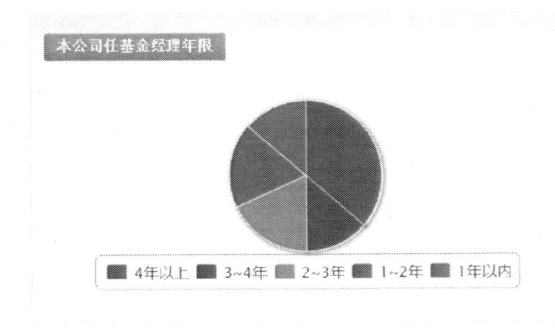

截止日期：2015-02-03

任職年限	經理數
4年以上	8位
3~4年	3位
2~3年	4位
1~2年	4位
1年以內	3位
合計	22位

圖 3-8　基金經理年限

表 3-15　　　　　　　　　團隊指標

指標名稱	当前经理数	平均任职年限	最高任职年限	团队稳定性	区间新聘	区间离职	经理变动率
指標數值	22位	3年又122天	7年又270天(同旭)	0.75	3位	3位	1
同类公司排名	15/98	11/98	--	11/98	--	--	2/98

团队稳定性的计算方法：Max（期间新经理数，期间离任经理人数）/期间平均在任经理数

经理变动率的计算方法：Max（新聘基金经理数，离职基金经理数）/区间起始日在任的基金经理数*100%

五、興業全球基金管理公司

1. 公司介紹（見表 3-16）

表 3-16　　　　　　　　　公司介紹

公司名稱	興業全球基金管理有限公司	組織形式	中外合資企業
註冊資本	1.50（億元）	總經理	楊東
法定代表人	蘭榮	董事長	蘭榮
辦公地址	上海市浦東新區張楊路 500 號時代廣場 19-20 樓		
註冊地址	上海市金陵東路 368 號		
公司電話	021-20398888，021-58368998	公司傳真	021-20398858
公司電子郵箱	service@ xyfunds. com. cn	公司網址	www. xyfunds. com. cn
客服電話	400-678-0099，021-38824536		
公司旗下產品數	16 只	旗下基金經理數	12 名
公司資產規模	945.77（億元）	資產規模排名	21/98 查看所有公司排名>>

2. 規模變動（見圖 3-9）

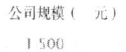

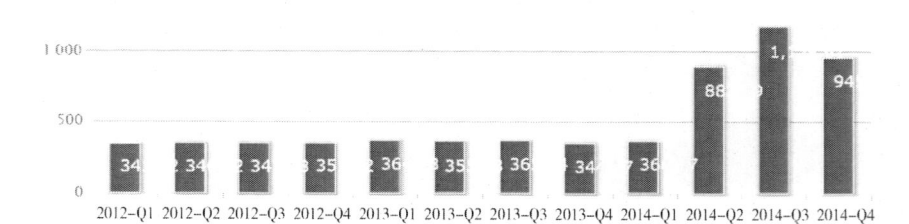

圖 3-9　規模變動

中國主要公募基金和私募基金的操作實力研究

3. 旗下基金排名（見表 3-17）

表 3-17　　　　　　　　旗下基金排名

排名位置/統計週期	今年以來	2014年	2014年	2014年
同類排名前1/4	2只	8只	8只	8只
同類排名前1/2	9只	3只	3只	3只
同類排名後1/2	3只	3只	3只	3只
同類排名後1/4	1只	1只	1只	1只

4. 基金經理年限（見圖 3-10、表 3-18）

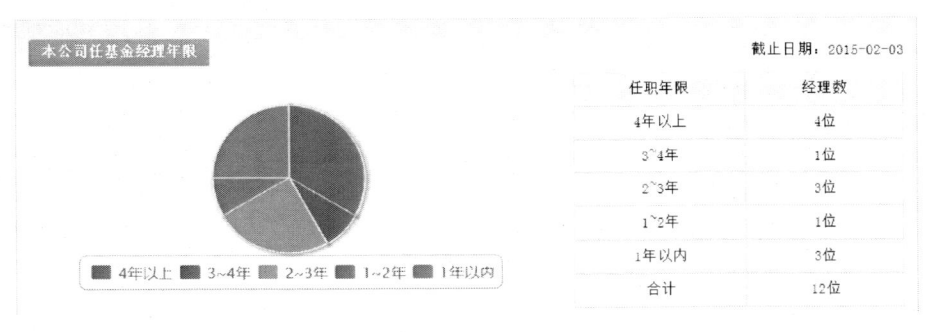

圖 3-10　基金經理年限

表 3-18　　　　　　　　團隊指標

指標名稱	當前經理數	平均任職年限	最高任職年限	團隊穩定性	區間新聘	區間離職	經理變動率
指標數值	12位	3年又90天	8年又14天（董承非）	0.75	3位	3位	1
同類公司排名	38/98	16/98	--	11/98	--	--	2/98

團隊穩定性的計算方法：Max（期間新經理數，期間離任經理人數）/期間平均在任經理數
經理變動率的計算方法：Max（新聘基金經理數，離職基金經理數）/區間起始日在任的基金經理數*100%

第三節　主動型股票基金的操作實力排名

　　本節主要通過如下篩選程序來對具體的主動型股票基金進行排名：首先對歷史操作業績進行篩選，篩選條件是過去三年得到晨星五星評級，但這只代表歷史業績；第二層篩選條件是目前管理規模20億元以下的基金，這樣設置過濾條件的考慮是基金規模越大，越不利於未來的業績增長；第三層就必須深入基金經理層面，如果經理穩定、從業時間較長、歷史管理基金業績優異，該基金是值得信賴的基金。這個流程也是如何選擇合意的主動型股票基金的一個標

準程序。

一、最近三年得到晨星五星評價的主動型股票基金

通過對上節基礎數據的篩選，我們得到如下結果，見表3-19。

表3-19　　最近三年得到晨星五星評價的主動型股票基金

個數	基金代碼	基金名稱	規模（億元）	規模占比	評級
1	160505	博時主題行業股票（LOF）	133.89	2.11%	★★★★★
2	070013	嘉實研究精選股票	95.71	1.51%	★★★★★
3	470006	匯添富醫藥保健股票	52.69	0.83%	★★★★★
4	070027	嘉實週期優選股票	48.7	0.77%	★★★★★
5	240017	華寶興業新興產業	39.48	0.62%	★★★★★
6	213008	寶盈資源優選股票	39.16	0.62%	★★★★★
7	590005	中郵核心主題股票	35.63	0.56%	★★★★★
8	590005	中郵核心主題股票	35.63	0.56%	★★★★★
9	519069	匯添富價值精選股票	34.08	0.54%	★★★★★
10	163409	興全綠色投資股票（LOF）	33.2	0.52%	★★★★★
11	166009	中歐新動力股票（LOF）	29.38	0.46%	★★★★★
12	166009	中歐新動力股票（LOF）	29.38	0.46%	★★★★★
13	260116	景順長城核心競爭力股票	26.77	0.42%	★★★★★
14	320012	諾安主題精選股票	26.26	0.41%	★★★★★
15	630010	華商價值精選股票	23.94	0.38%	★★★★★
16	470009	匯添富民營活力股票	22.06	0.35%	★★★★★
17	260101	景順長城優選股票	21.04	0.33%	★★★★★
18	377530	上投摩根行業輪動股票	19.74	0.31%	★★★★★
19	519983	長信量化先鋒股票	18	0.28%	★★★★★
20	270025	廣發行業領先股票	17.74	0.28%	★★★★★
21	217010	招商大盤藍籌股票	17.73	0.28%	★★★★★
22	519093	新華鑽石品質企業股票	17.26	0.27%	★★★★★
23	163406	興全合潤分級股票	15.9	0.25%	★★★★★
24	540002	匯豐晉信龍騰股票	9.55	0.15%	★★★★★
25	040025	華安科技動力股票	9.21	0.15%	★★★★★

表3-19(續)

個數	基金代碼	基金名稱	規模（億元）	規模占比	評級
26	519674	銀河創新股票	7.48	0.12%	★★★★★
27	519033	海富通國策導向股票	5.4	0.09%	★★★★★
28	550008	信誠優勝精選股票	4.69	0.07%	★★★★★
29	090015	大成內需增長股票	3.07	0.05%	★★★★★
30	290008	泰信發展主題股票基金	2.13	0.03%	★★★★★
31	519095	新華行業週期輪換股票	2.06	0.03%	★★★★★
32	165508	信誠深度價值股票（LOF）	1.47	0.02%	★★★★★
33	398061	中海消費股票	1.01	0.02%	★★★★★
34	550009	信誠中小盤股票	0.97	0.02%	★★★★★
35	519099	新華靈活主題股票	0.64	0.01%	★★★★★
36	165512	信誠新機遇股票（LOF）	0.56	0.01%	★★★★★
37	350008	天治成長精選股票	0.47	0.01%	★★★★★
38	257040	國聯安紅利股票	0.32	0.01%	★★★★★

從表3-19可以明顯發現100億元以上管理規模的只有1只，占比為1/38；50億元以上的只有3只，占比為3/38；而30億元以下管理規模的有28只，占比高達14/19。可見30億元以上規模的基金由於要配置太多的股票而降低了投資績效。另外，投資在考察基金經理的表現時，如果之前有過大規模資金取得晨星五星評級的應該加分。

二、從可持續發展角度，剔除管理規模在20億元以上的基金

從表3-19看20億元以下的規模基金數量為21只，見表3-20。

表3-20　　　　剔除管理規模在20億元以上的基金

個數	基金代碼	基金名稱	規模（億元）	規模占比	評級
1	377530	上投摩根行業輪動股票	19.74	0.31%	★★★★★
2	519983	長信量化先鋒股票	18	0.28%	★★★★★
3	270025	廣發行業領先股票	17.74	0.28%	★★★★★
4	217010	招商大盤藍籌股票	17.73	0.28%	★★★★★
5	519093	新華鑽石品質企業股票	17.26	0.27%	★★★★★

表 3-20(續)

個數	基金代碼	基金名稱	規模（億元）	規模占比	評級
6	163406	興全合潤分級股票	15.9	0.25%	★★★★★
7	540002	匯豐晉信龍騰股票	9.55	0.15%	★★★★★
8	040025	華安科技動力股票	9.21	0.15%	★★★★★
9	519674	銀河創新股票	7.48	0.12%	★★★★★
10	519033	海富通國策導向股票	5.4	0.09%	★★★★★
11	550008	信誠優勝精選股票	4.69	0.07%	★★★★★
12	090015	大成內需增長股票	3.07	0.05%	★★★★★
13	290008	泰信發展主題股票基金	2.13	0.03%	★★★★★
14	519095	新華行業週期輪換股票	2.06	0.03%	★★★★★
15	165508	信誠深度價值股票（LOF）	1.47	0.02%	★★★★★
16	398061	中海消費股票	1.01	0.02%	★★★★★
17	550009	信誠中小盤股票	0.97	0.02%	★★★★★
18	519099	新華靈活主題股票	0.64	0.01%	★★★★★
19	165512	信誠新機遇股票（LOF）	0.56	0.01%	★★★★★
20	350008	天治成長精選股票	0.47	0.01%	★★★★★
21	257040	國聯安紅利股票	0.32	0.01%	★★★★★

如果基金的管理規模在1億元以下，要麼是基金經理要麼是基金公司的問題導致基金業績好但沒有相應的規模增加，而且1億元資金很容易集中到一些表現較好的重倉股上，不確定因素較多，所以再次剔除管理規模在1億元以下的基金，結果剩下15家基金，見表3-21。

表 3-21　　　　剔除管理規模在1億元以下的基金

個數	基金代碼	基金名稱	規模（億元）	規模占比	評級
1	377530	上投摩根行業輪動股票	19.74	0.31%	★★★★★
2	519983	長信量化先鋒股票	18	0.28%	★★★★★
3	270025	廣發行業領先股票	17.74	0.28%	★★★★★
4	217010	招商大盤藍籌股票	17.73	0.28%	★★★★★
5	519093	新華鑽石品質企業股票	17.26	0.27%	★★★★★
6	163406	興全合潤分級股票	15.9	0.25%	★★★★★

表3-21(續)

個數	基金代碼	基金名稱	規模(億元)	規模占比	評級
7	540002	匯豐晉信龍騰股票	9.55	0.15%	★★★★★
8	040025	華安科技動力股票	9.21	0.15%	★★★★★
9	519674	銀河創新股票	7.48	0.12%	★★★★★
10	519033	海富通國策導向股票	5.4	0.09%	★★★★★
11	550008	信誠優勝精選股票	4.69	0.07%	★★★★★
12	090015	大成內需增長股票	3.07	0.05%	★★★★★
13	290008	泰信發展主題股票基金	2.13	0.03%	★★★★★
14	519095	新華行業週期輪換股票	2.06	0.03%	★★★★★
15	165508	信誠深度價值股票（LOF）	1.47	0.02%	★★★★★

三、第三層篩選——從基金經理角度

（一）初選

這一層篩選主要從基金經理角度進行。條件為兩個，第一是該基金經理至少管理該基金2年（最近2年），第二個條件該基金經理的從業時間不少於3年。第一個條件強調該經理是該基金評為五星的主要功臣，第二個條件強調該基金經理的實戰經驗比較豐富。從業時間太短的基金經理成績很容易不穩定。通過這兩個條件的篩選，只有6只基金剩下，見表3-22。

表3-22　　　　　規模在1億元以上20億元以下的基金

個數	基金代碼	基金名稱	規模(億元)	經理	最近的經理管理時間	從業時間(年)
1	519983	長信量化先鋒股票	18	胡倩	3年又295天	3.9
2	270025	廣發行業領先股票	17.74	劉曉龍	4年又72天	4.4
3	519093	新華鑽石品質企業股票	17.26	曹名長	5年	8.7
4	519674	銀河創新股票	7.48	王培	3年又245天	3.6
5	550008	信誠優勝精選股票	4.69	楊建標	3年又295天	3.9
6	165508	信誠深度價值股票（LOF）	1.47	譚鵬萬	3年又148天	3.4

初選完後對這6只基金再從基金經理的角度進行精選，選擇的標準參照其管理的其他基金的表現、最大回撤是否過大、平均收益是否出色。

(二) 精選

1. 胡倩管理的長信量化先鋒（見圖 3-11）

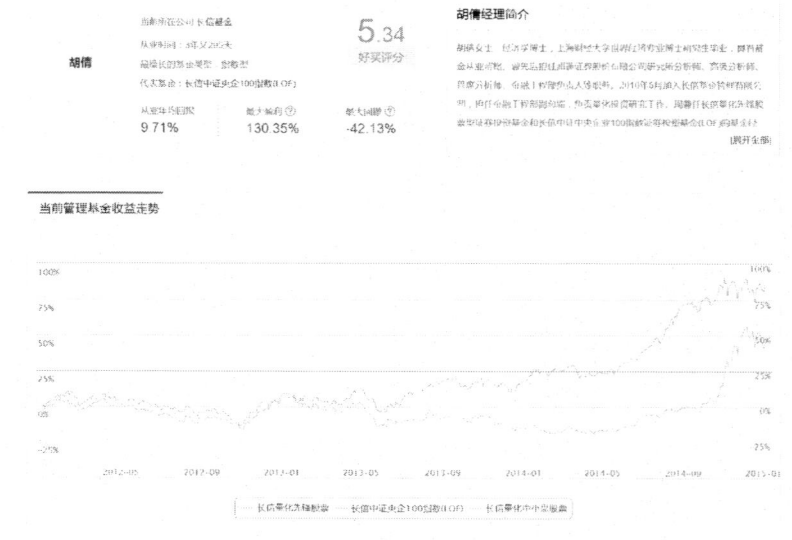

圖 3-11　胡倩管理的長信量化先鋒

由圖 3-11 可見，年均回報不高，回撤非常大，代表基金回撤偏大，從業時間偏短。所以我們應剔除胡倩管理的長信量化先鋒基金。

2. 劉曉龍管理的廣發行業領先股票基金（見圖 3-12）

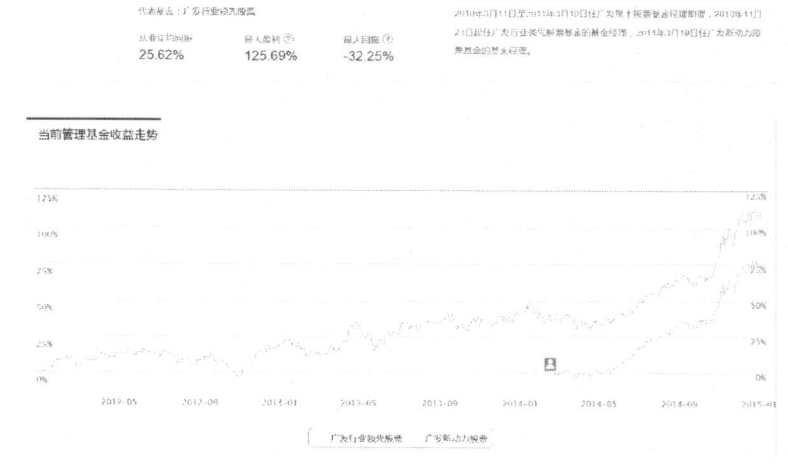

圖 3-12　劉曉龍管理的廣發行業領先股票基金

該基金經理的綜合表現優秀，入選。

3. 曹名長管理的新華鑽石企業股票基金（見圖3-13）

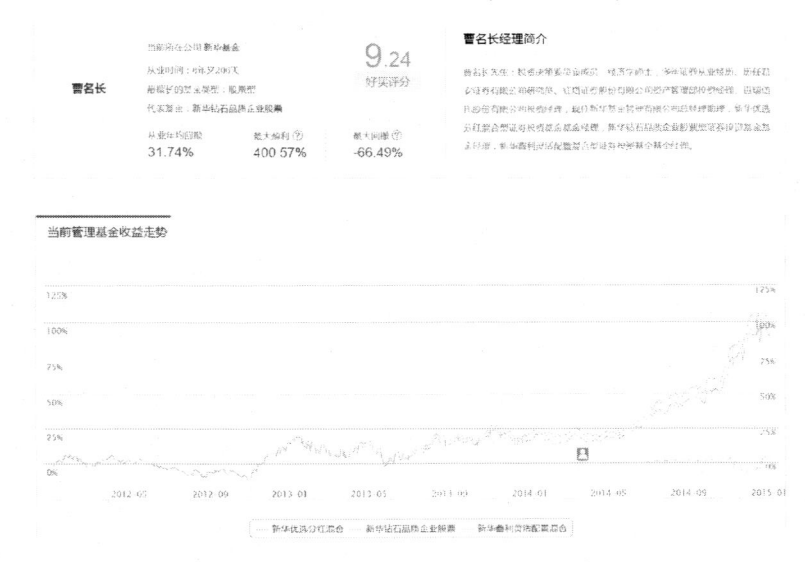

圖 3-13　曹名長管理的新華鑽石企業股票基金

該基金經理從業時間較長，盈利能力突出，近三年的表現非常優秀，值得信賴，入選。

4. 王培管理的銀河創新成長股票基金（見圖3-14）

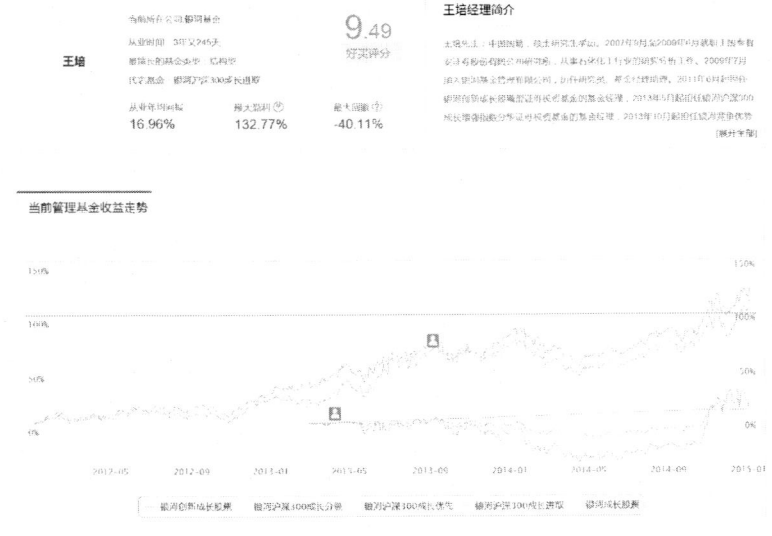

圖 3-14　王培管理的銀河創新成長股票基金

該經理從業時間不長，管理的本基金業績較好，但注意 2014 年的回撤有 20% 以上，但管理的其他產品收益不好，遠遠落後於大盤，管理能力不穩定，所以剔除。

5. 楊建標管理的誠信深度價值股票（見圖 3-15）

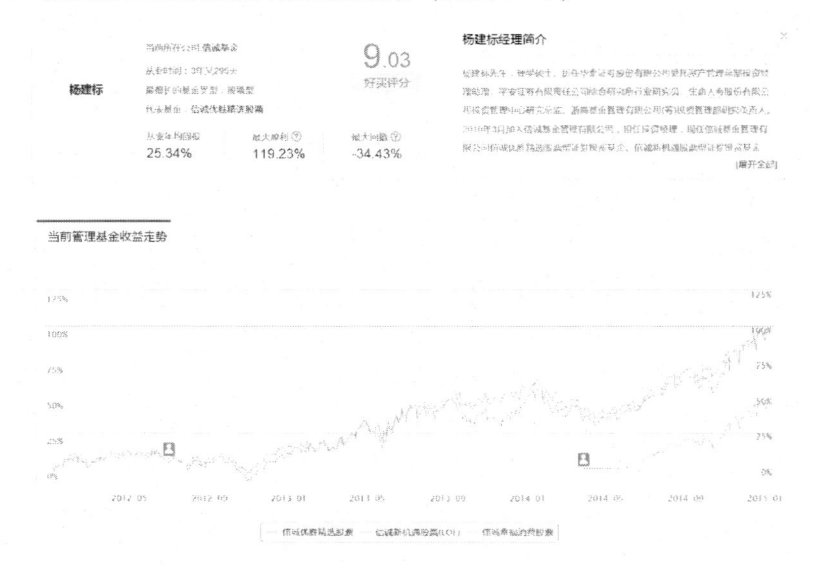

圖 3-15　楊建標管理的誠信深度價值股票

該經理的各項指標得分較高，入選。

6. 譚鵬萬管理的信誠新興產業股票基金（見圖 3-16）

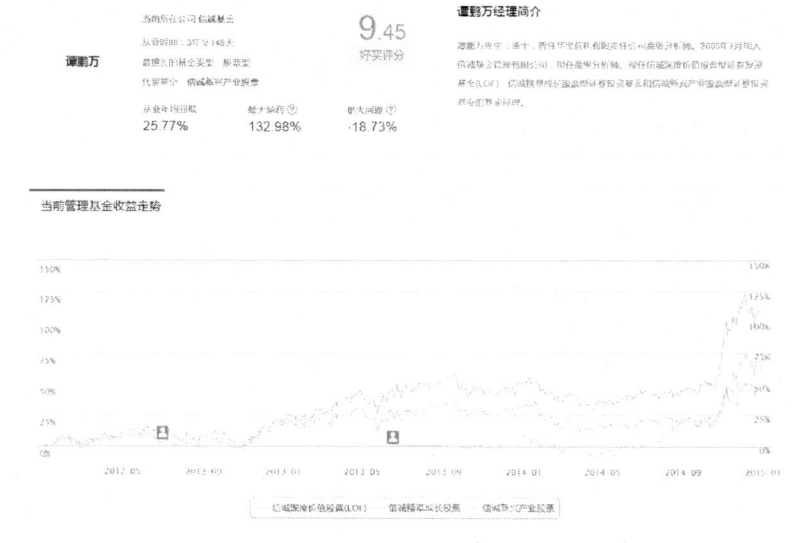

圖 3-11　譚鵬萬管理的信誠新興產業股票基金

各項指標較好，特別是最大回撤控制較好，入選。

四、最後精選結果

最後我們依據基金經理的平均年回報率和基金管理的規模對基金經理的操作實力做最後的排名。注意，2~4 名的年均回報差不多，但第二名的管理規模明顯大於第三名、第四名，管理規模越大操作越難所以排第二。第三名的平均年回報略小於第四名，但第三名的管理規模是第四名的三倍多，而且其從業時間略長，所以排名在第四名前。最終排名結果見表 3-23。

表 3-23　　　　　　　　　　最終排名

排名	基金代碼	基金名稱	規模（億元）	經理	經理管理時間	從業時間	平均年回報
1	519093	新華鑽石品質企業股票	17.26	曹名長	5 年	8.7	31.74%
2	270025	廣發行業領先股票	17.74	劉曉龍	4 年又 72 天	4.4	25.62%
3	550008	信誠優勝精選股票	4.69	楊建標	3 年又 295 天	3.9	25.34%
4	165508	信誠深度價值股票	1.47	譚鵬萬	3 年又 148 天	3.4	25.77%

第四章 中國股票類私募基金操作實力研究

本章主要研究股票類私募基金的操作實力，第一節先對陽光私募行業在2014年全年的表現做一個總結；第二節依據好買基金網的私募基金排行數據篩選出優秀的陽光私募基金產品，然後依據其他的篩選條件進一步篩選，最後選出優秀的私募基金產品；第三節對主要的管理規模較大的私募基金公司進行介紹。本章研究資料主要來自於格上理財、好買基金網和私募公司官網。

第一節 陽光私募基金2014年概況

一、總體概況

據格上理財統計，截至2014年12月31日，陽光私募行業運行的陽光私募基金數量共計4,796只，管理資產總規模3,855億元（不含證券及信託公司自營盤），完成備案的陽光私募管理人共計2,185家（不含VC、PE）；目前運行產品的陽光私募機構共計1,301家（不含銀行、券商、信託公司）；私募行業從業人數合計108,557人；近三年陽光私募基金平均年化收益率為14.36%；陽光私募管理人存活率僅為68%。

二、傳統股票策略：創勢翔蟬聯冠軍，前十收益集體破百

傳統股票策略的陽光私募基金通常以持有股票來實現盈利，其所持有股票組合的漲跌幅決定了基金的業績，部分基金會加入股指期貨擇時對沖系統性風險。代表機構有澤熙投資、重陽投資、景林資產、淡水泉投資等。據格上理財統計，傳統股票策略基金在2014年的平均收益為31.40%，其中行業前十收益均超過110%，創勢翔、滾雪球、澤熙位列行業前三。傳統股票策略2014年業

績排行榜見表 4-1。

表 4-1　　　　　　　傳統股票策略 2014 年業績排行榜

排行	私募基金	私募公司	基金經理	2014 年收益
1	創勢翔 1 號	創勢翔投資	黃平	300.80%
2	福建滾雪球	滾雪球投資	林波、林軍、林濤	267.25%
3	澤熙 3 期（山東）	澤熙投資	徐翔	216.38%
4	澤熙 3 期	澤熙投資	徐翔	209.08%
5	蘊澤 1 號	西藏信託	王晶、陶鶩	153.29%
6	澤熙 1 期（華潤）	澤熙投資	徐翔	139.28%
7	金鷹-創贏 5 期	創贏投資	崔軍	135.01%
8	清水源 1 號	清水源	張小川	122.31%
9	天乙 1 期	天乙合資本	彭乃順	117.43%
10	證大穩健增長	證大投資	姜榕	115.21%

來源：格上理財研究中心，截至 2014.12.31

三、股票量化策略：趨勢策略淘利稱王，阿爾法策略受考驗

相較於傳統股票策略，股票量化策略是借助數量化的方法輔助投資以獲得盈利，投資品種仍是股票與股指期貨。據格上理財統計，2014 年採用股票量化策略的基金平均收益為 19.26%。具體而言，按細分策略的不同，股票量化可分為兩類：趨勢策略與阿爾法策略。

1. 趨勢策略：淘利資產業績亮眼，包攬冠亞軍

趨勢策略涉及個股的多空投資以及股指期貨的雙向操作，目的是在個股或整個市場出現明顯趨勢的時候順勢而為以增大收益區間，該策略在 2014 年的平均收益為 57.16%。代表機構有淘利資產、高溪資產。股票量化趨勢策略 2014 年業績排行榜見表 4-2。

表 4-2　　　　　　　股票量化趨勢策略 2014 年業績排行榜

排名	基金名稱	基金公司	基金經理	2014 年收益
1	淘利策略指數進取 1 號	淘利資產	肖輝	258.97%
2	淘利策略指數穩健 1 號	淘利資產	肖輝	114.51%
3	尊嘉盈衝（東方）	尊嘉資產	宋炳山	94.80%

表4-2(續)

排名	基金名稱	基金公司	基金經理	2014年收益
4	天治高溪量化對沖1號	高溪資產	張海	63.75%
5	高溪量化對沖	高溪資產	張海	60.32%

來源：格上理財研究中心，截至2014.12.31

2. 阿爾法策略：單邊牛市受考驗

阿爾法策略通過持有股票組合多頭，同時做空股指期貨對沖掉股票組合的Beta暴露，而達到完全的市場中性，收益主要源於股票組合跑贏大盤的超額收益，該策略在2014年的平均收益為4.36%。代表機構有尊嘉資產、金錞資產。股票量化阿爾法策略2014年業績排行榜見表4-3。

表4-3 股票量化阿爾法策略2014年業績排行榜

排名	基金名稱	基金公司	基金經理	2014年收益
1	杉杉青雅量化對沖1期	青雅投資	郭強、劉磊	29.99%
2	第一創業大岩資本量化1期	大岩資本	汪義平	27.93%
3	盈融達量化對沖1期	盈融達投資	童健	19.51%
4	翼虎量化對沖2期	翼虎投資	餘定恒	16.48%
5	翼虎量化對沖	翼虎投資	餘定恒	14.94%

來源：格上理財研究中心，截至2014.12.31

策略點評：阿爾法策略在2014年遭遇了最嚴峻的考驗，即使是排名前五的基金，收益相較於傳統股票策略與股票量化趨勢策略也大顯遜色。阿爾法策略的基金在2014年年底大盤強勢的拉漲行情下受傷較重，由於其長期持有股指期貨空頭倉位，空倉虧損再加上個股的阿爾法效應較弱，導致多數阿爾法策略的基金在11月至12月以虧損收場。據格上理財統計，在11月以來的大盤藍籌行情中，多家私募機構的阿爾法策略基金遭遇了5%~10%的回撤，有些基金甚至創下了成立以來最大的回撤幅度。目前中國對沖工具單一，僅靠做空滬深300股指期貨實現市場中性會在股指上漲的行情中嚴重拖累業績，阿爾法策略的發展與完善還需要更多金融工具的支持與市場環境的驗證。

四、相對價值策略：收益穩定且分佈均勻

相對價值策略，指我們通常所指的套利策略。套利的核心是利用證券資產的錯誤定價，買入相對低估的品種、賣出相對高估的品種來獲取無風險的收

益。套利策略主要有期現套利、跨市場套利、跨品種套利、ETF 套利四種，投資品種包括股票、股指期貨、商品期貨等。

據格上理財統計，截至 2014 年 12 月 31 日，採用相對價值策略的陽光私募基金共有 249 只，涉及 76 家陽光私募管理人，占全部私募基金的 4.54%。該策略基金 2014 年的平均收益為 15.07%。代表機構有淘利資產、倚天閣投資、築金投資。相對價值策略 2014 年業績排行榜見表 4-4。

表 4-4　　　　　　　相對價值策略 2014 年業績排行榜

排名	基金名稱	基金公司	基金經理	2014 年收益
1	申毅量化套利	申毅投資	申毅	21.04%
2	光大陽光集結號套利寶 1 期	光大證券	李聚華	19.31%
3	禮一量化回報 1 期	禮一投資	林偉健	18.88%
4	棕石量化套利基金	棕石投資	黃曉舟	17.74%
5	寧聚量化對沖 1 期	寧聚投資	葛鵬、謝葉強	17.69%

來源：格上理財研究中心，截至 2014.12.31

策略點評：套利策略的優點是風險小，投資機會確定，淨值表現為波動小，收益穩定。不過，當市場品種出現較大波動時套利基金仍會出現虧損。目前國內採用套利策略的私募隊伍正在崛起，但更多的套利行為只會加快市場價格的糾正，且隨著市場越來越完善，套利的機會與空間也會逐漸縮小。

五、宏觀對沖策略：策略仍小眾，梵基領先

宏觀對沖策略主要是通過對國內以及全球宏觀經濟情況進行研究，當發現一國的宏觀經濟變量偏離均衡值，基金經理便集中資金對相關品種的預判趨勢進行操作。宏觀對沖策略是所有策略中涉及投資品種最多的策略之一，包括股票、債券、股指期貨、國債期貨、商品期貨、利率衍生品等。操作上為多空倉結合，並在確定的時機使用一定的槓桿增強收益。

據格上理財統計，截至 2014 年 12 月 31 日，採用宏觀對沖策略的陽光私募基金共有 40 只，涉及 27 家陽光私募管理人，該策略在 2014 年平均收益為 23.89%。代表機構有泓湖投資、梵基投資。宏觀對沖策略 2014 年業績排行榜見表 4-5。

表 4-5　　　　　　　　宏觀對沖策略 2014 年業績排行榜

排行	私募基金	私募公司	基金經理	2014 年收益
1	梵基 1 號	梵基投資	張巍	67.80%
2	從容全天侯基金 1 期	從容投資	呂俊	39.80%
3	泓湖重域	泓湖投資	李蓓，梁文濤	33.16%
4	圓喜 1 號	圓喜投資	宋易朋	26.49%
5	鴻道 1 期	梵基投資	孫建冬	22.01%

來源：格上理財研究中心，截至 2014.12.31

策略點評：宏觀對沖策略基金在 2011 年便嶄露頭角，到目前為止在私募行業的占比尚不足 1%。由於國內外匯、利率以及金融衍生品等市場的交易品種的極不完善，該策略的發展較為緩慢。不過，隨著國內金融市場的逐漸完善，宏觀對沖策略將迎來快速發展的時期。

六、債券策略：小牛市債基收益普遍上揚

該策略的基金主要以債券為投資對象，以絕對收益為目標。由於債券價格對利率變化較為敏感，基金經理需對債券組合的利率風險暴露進行調整，隨著國債期貨的推出，投資組合可結合國債期貨來減少淨值波動。

據格上理財統計，截至 2014 年 12 月 31 日，採用債券策略的陽光私募基金共有 382 只，涉及 72 家陽光私募管理人，在私募的占比仍相對較少。債券策略的基金由於槓桿設計，單只產品的管理規模相對較大，多家債券型私募機構的資產管理規模超過 30 億元。2014 年債券基金的平均收益為 15.40%（為保證業績的可比較性，對於結構化債券基金，以基金整體收益率為準）。代表機構有佑瑞持投資、鵬揚投資、樂瑞資產。債券策略 2014 年業績排行榜見表 4-6。

表 4-6　　　　　　　　債券策略 2014 年業績排行榜

排行	私募基金	私募公司	2014 年收益
1	華安理財安心收益	華安證券	27.10%
2	艾億新融證券投資 18 號	艾億新融資本	25.28%
3	暖流 18 期	暖流資產	24.09%
4	樂瑞強債 1 號	樂瑞資產	23.56%
5	樂瑞強債 2 號	樂瑞資產	21.06%

來源：格上理財研究中心，截至 2014.12.31

策略點評：2014 年，債券市場牛市來襲，債券型基金收益普遍上揚。利率下行的市場環境給債券策略的基金帶來了適合的投資環境。較股票策略的基金而言，債券基金通常波動較小、收益空間受限，需配合槓桿操作來增大收益區間。

七、組合基金

組合基金旨在通過專業的投資組合管理，分散投資風險，獲取穩定業績，投資標的主要為陽光私募基金。目前，組合基金多由信託、銀行、第三方理財等深入研究陽光私募基金行業的金融機構發行，產品形式主要為 FOF、MOM 兩種。據格上理財統計，截至 2014 年 12 月 31 日，陽光私募組合基金共有 173 只，涉及 33 家陽光私募管理人。組合基金在 2014 年實現了 17.37% 的平均收益（本策略主要指以陽光私募基金為主要投資標的的組合基金，主要投向公募基金及固定收益類信託等的基金，不在統計範圍內）。代表機構有格上理財、華潤信託（托付寶系列）、新方程、融智。組合基金 2014 年業績排行榜見表 4-7。

表 4-7　　　　組合基金 2014 年業績排行榜

排行	私募基金	私募公司	2014 年收益
1	極元私募優選 2 期	極元投資	46.05%
2	弘酬優選 3 期	弘酬投資	40.25%
3	格上創富 1 期	格上理財	35.82%
4	光大基金寶——積極成長	光大銀行	35.32%
5	光大基金寶——均衡價值	光大銀行	35.59%
6	格上創富 2 期	格上理財	31.65%
7	中銀成長組合	中國銀行	30.61%
8	工行專享陽光私募組合	工商銀行	30.24%
9	萬博宏觀策略 MOM	萬博兄弟	29.88%
10	黃金組合 1 期 3 號	平安信託	27.23%

來源：格上理財研究中心，截至 2014.12.31

策略點評：組合基金通過構造合理的基金組合而實現了基金間的配置，通過參與不同策略的多只基金獲得相對平穩的業績。組合基金在一定程度上解決了投資者在選擇基金時面臨的一些問題，且相較於個人投資者，組合基金的管

理人作為機構投資者有著更專業、更理性的優勢。不過，組合基金在 2014 年的業績表現參差不齊，不同基金的組合配置是決定其業績的關鍵性因素。目前，私募行業中組合基金憑藉著獨特的優勢越來越受到市場的歡迎。

八、其他策略

1. 事件驅動策略

事件驅動型的投資策略就是通過分析重大事件發生前後對投資標的影響不同而進行的套利。基金經理一般需要估算事件發生的概率及其對標的資產價格的影響，並提前介入等待事件的發生，然後擇機退出。該策略在中國目前有效性偏弱的 A 股市場中有一定的生存空間。事件驅動型策略的事件主要分為定向增發、併購重組、參與新股、熱點題材與特殊事件。

據格上理財統計，截至 2014 年 12 月 31 日，採用事件驅動策略的陽光私募基金共有 207 只，涉及 57 家陽光私募管理人，占全部私募基金的 3.58%。由於事件驅動策略基金淨值披露不完全，格上理財數據顯示，在已披露淨值的事件驅動類基金中，今年以來平均收益為 59.04%。其中，東源投資旗下定增基金以 126.48% 的收益率在該策略中脫穎而出，國富投資、證大投資以及澤熙投資旗下的定增系列產品也都在 2014 年取得了不錯的業績。

代表機構：

定向增發：博弘數君（後納入雙隆投資）、浙商控股、東源投資。

併購重組：千合資本（部分倉位採用此策略）。

參與新股：證大投資（新股申購基金）。

大宗交易：瑞安思考投資、世誠投資（大宗交易基金）。

2. 複合策略

隨著期貨品種的加入及對沖策略的普遍應用，很多陽光私募機構將多種投資策略結合使用，以期增加獲利空間。如同安投資將定向增發、商品期貨同時吸納，在兩個相關性極低的領域進行複合投資。具體而言，其採用多策略管理人模式，將基金資產分配給不同管理人打理，其中，同安投資自行負責選擇定向增發項目投資，並運用股指期貨對沖系統性風險；另選擇多家期貨公司，以其自營團隊進行商品期貨套利操作，獲取穩定收益；再另選基金經理進行現金管理。與 MOM 不同的是，同安投資並非獨立的第三方，而是在資產配置的同時，還負責部分資產的直接投資。

九、產品數量（見圖 4-1）

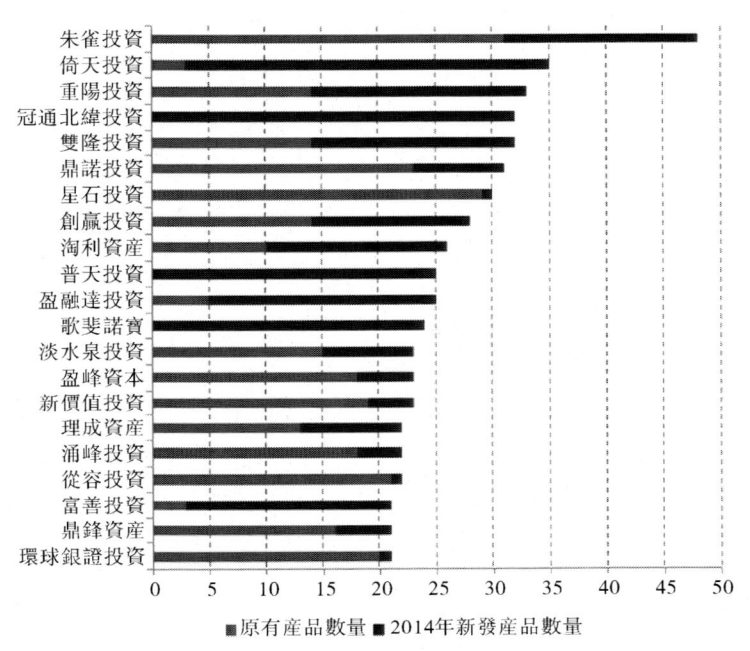

圖 4-1　產品數量

十、管理規模前 11 名

管理規模前 11 名統計時間為 2014 年 12 月，見圖 4-2。

管理規模超過 50 亿元的私募机构列表

序号	公司简称	公司成立时间	管理规模（亿元）	代表产品	累计收益率	今年以来收益率
1	景林资产	2004 年 6 月	250	景林丰收	265.27%	43.13%
2	重阳投资	2009 年 6 月	200	重阳 1 期	253.68%	2.73%
3	泽熙投资	2009 年 12 月	150	泽熙 1 期	645.41%	123.95%
4	乐瑞资产	2011 年 4 月	150	乐瑞强债 1 号	42.30%	19.97%
5	青骓投资	2009 年 4 月	110	青骓量化对冲 1 期	13.79%	6.61%
6	朱雀投资	2007 年 7 月	100	朱雀 1 期(深国投)	147.94%	30.45%
7	混沌投资	2005 年 6 月	100	混沌 1 号（中融）	178.70%	25.89%
8	淡水泉投资	2007 年 6 月	80	淡水泉成长 1 期	252.73%	58.87%
9	证大投资	1994 年 4 月	50	证大 1 期	104.28%	54.20%
10	宏流资产	2014 年 11 月	50	大浪潮 0 号	-	-
11	千合资本	2012 年 9 月	50	昀沣	-	-

净值截至 2014-12-12　　来源：格上理财

圖 4-2　管理規模前 11 名

第二節 中國股票類私募基金的排名研究

一、初步篩選

我們通過對存續期超過三年的基金產品進行統計，選出在最近三年得到好買基金五星評級，且最近兩年或一年的好買評級不低於四星的基金產品，得到初步的研究數據，見表4-8。

表4-8　　　　　　　　　初選結果

序號	產品名稱	基金經理	近一年收益率	近兩年收益率	近三年收益率
1	黃金優選1期6號	趙軍	69.74%	90.43%	119.88%
2	澤熙2期	徐翔	53.72%	143.07%	162.61%
3	揚子3號	陳家琳	38.10%	91.95%	115.12%
4	和聚4期	李澤剛	32.07%	64.26%	104.28%
5	黃金優選1期5號	趙軍	71.61%	92.64%	122.59%
6	黃金優選1期3號	趙軍	72.45%	93.77%	123.94%
7	黃金優選1期4號	趙軍	68.83%	89.27%	118.43%
8	黃金優選1期1號	趙軍	71.09%	92.03%	121.85%
9	淡水泉成長10期	趙軍	71.02%	93.84%	123.24%
10	黃金優選1期2號	趙軍	71.94%	92.89%	122.88%
11	海洋之星1號	周博勝	41.32%	97.00%	131.63%
12	嘉禾1號	洪濤	106.83%	133.65%	200.68%
13	呈瑞1期	陳欣添 沈守傳	33.11%	63.25%	136.35%
14	明達4期	劉明達	67.44%	69.62%	127.14%
15	澤熙1期	徐翔	173.72%	362.04%	403.90%
16	新價值15期	羅偉廣	42.80%	105.33%	136.87%
17	名禹穩健增長	王益聰	81.19%	112.95%	123.60%
18	沃勝1期	魏延軍	38.80%	129.53%	126.45%
19	恒德1期	王瑜	47.77%	80.32%	110.68%
20	澤熙5期	徐翔	51.09%	121.14%	163.88%

表4-8(續)

序號	產品名稱	基金經理	近一年收益率	近兩年收益率	近三年收益率
21	淡水泉精選1期	趙軍	69.50%	91.25%	118.89%
22	澤熙3期	徐翔	201.80%	538.92%	735.34%
23	澤熙4期	徐翔	70.20%	170.80%	228.45%
24	揚子2號	陳家琳	40.59%	96.81%	126.35%
25	民森B號	蔡明	42.37%	105.36%	125.60%
26	民森A號	蔡明	37.20%	88.82%	110.77%
27	睿信1期	李振寧	70.95%	98.11%	126.14%
28	民森E號	蔡明	33.50%	86.20%	119.20%
29	民森G號	蔡明	33.50%	81.93%	113.42%
30	民森F號	蔡明	36.92%	91.02%	126.08%
31	淡水泉成長9期	趙軍	66.41%	84.51%	112.01%
32	投資精英之淡水泉A	趙軍	73.35%	95.16%	126.01%
33	淡水泉成長4期	趙軍	70.20%	93.31%	124.56%
34	淡水泉成長5期	趙軍	68.20%	93.40%	125.56%
35	匯富4號匯利優選4期	何震	45.90%	109.43%	127.73%
36	淡水泉成長6期	趙軍	68.21%	91.16%	122.65%
37	淡水泉成長7期	趙軍	70.68%	93.59%	123.14%
38	菁英時代成長1號	陳宏超	45.93%	106.82%	128.62%
39	淡水泉成長3期	趙軍	69.50%	94.08%	126.07%
40	投資精英之淡水泉B	趙軍	73.50%	95.46%	126.66%
41	雙贏5期	蔡明	40.75%	96.20%	128.62%
42	證大1期	朱南松	92.35%	75.84%	133.94%
43	景林豐收	蔣彤	41.50%	78.39%	96.37%
44	景林穩健	蔣錦志	44.95%	62.66%	89.61%
45	淡水泉2008	趙軍	74.22%	97.49%	123.83%
46	淡水泉成長	趙軍	72.72%	98.53%	132.29%
47	雙贏（10期）	—	73.66%	108.67%	143.17%
48	天馬1期	馬列	83.46%	125.42%	160.58%
49	清水源1號	張小川	130.93%	219.17%	299.47%
50	智誠7期	盧偉強	88.82%	154.07%	170.35%

表4-8(續)

序號	產品名稱	基金經理	近一年收益率	近兩年收益率	近三年收益率
51	富恩德1期	孟力 吳金宮	75.64%	128.67%	182.48%
52	黃金優選1期7號	趙軍	66.47%	88.36%	116.57%
53	先機策略精選	謝勇	42.42%	88.87%	140.58%
54	黃金優選1期8號	趙軍	71.05%	92.09%	122.12%
55	黃金優選1期10號	趙軍	71.31%	92.42%	122.50%
56	黃金優選1期9號	趙軍	69.75%	90.58%	120.31%
57	黃金優選1期11號	趙軍	72.15%	93.59%	124.08%
58	和聚7期	李澤剛	39.49%	71.75%	111.39%
59	銀帆1期	王濤	73.57%	73.11%	124.51%

初選結果有59名私募基金入選，三年累積收益率均超過110%。

二、依據相對收益進一步篩選

對初步數據按照近三年、近兩年和近一年不能輸於上證指數回報的條件再次進行篩選得到表4-9。

表4-9　　　　　剔除相對收益跑輸大盤後的基金

排名	產品名稱	基金經理	近一年收益率 絕對%	近一年收益率 相對%	近兩年收益率 絕對%	近兩年收益率 相對%	近三年收益率 絕對%	近三年收益率 相對%
1	澤熙3期	徐翔	201.80%	145.87%	538.92%	513.73%	735.34%	698.30%
2	澤熙1期	徐翔	173.72%	117.78%	362.04%	336.85%	403.90%	366.86%
3	清水源1號	張小川	130.93%	71.88%	219.17%	180.28%	299.47%	256.83%
4	澤熙4期	徐翔	70.20%	14.27%	170.80%	142.98%	228.45%	189.08%
5	嘉禾1號	洪濤	106.83%	47.78%	133.65%	94.76%	200.68%	158.04%
6	富恩德1期	孟力、吳金宮	75.64%	11.68%	128.67%	89.78%	182.48%	139.84%
7	智誠7期	盧偉強	88.82%	29.77%	154.07%	115.18%	170.35%	127.71%
8	天馬一期	馬列	83.46%	19.61%	125.42%	88.69%	160.58%	118.86%
9	雙贏（10期）	—	73.66%	14.61%	108.67%	69.79%	143.17%	100.53%
10	證大一期	朱南松	92.35%	36.41%	75.84%	48.02%	133.94%	94.57%
11	淡水泉成長	趙軍	72.72%	16.79%	98.53%	70.71%	132.29%	92.92%
12	明達4期	劉明達	67.44%	8.39%	69.62%	30.73%	127.14%	84.50%
13	投資精英之淡水泉B	趙軍	73.50%	17.57%	95.46%	67.64%	126.66%	87.29%

表4-9(續)

排名	產品名稱	基金經理	近一年收益率 絕對%	近一年收益率 相對%	近兩年收益率 絕對%	近兩年收益率 相對%	近三年收益率 絕對%	近三年收益率 相對%
14	睿信1期	李振寧	70.95%	10.09%	98.11%	57.95%	126.14%	81.22%
15	淡水泉成長3期	趙軍	69.50%	13.57%	94.08%	66.26%	126.07%	86.70%
16	投資精英之淡水泉A	趙軍	73.35%	17.41%	95.16%	67.34%	126.01%	86.65%
17	淡水泉成長5期	趙軍	68.20%	12.27%	93.40%	65.58%	125.56%	86.19%
18	淡水泉成長4期	趙軍	70.20%	14.26%	93.31%	65.49%	124.56%	85.20%
19	銀帆1期	王濤	73.57%	14.52%	73.11%	34.23%	124.51%	81.87%
20	黃金優選1期11號	趙軍	72.15%	16.21%	93.59%	65.77%	124.08%	84.71%
21	黃金優選1期3號	趙軍	72.45%	16.52%	93.77%	65.94%	123.94%	84.58%
22	淡水泉2008	趙軍	74.22%	18.28%	97.49%	72.30%	123.83%	86.78%
23	名禹穩健增長	王益聰	81.19%	22.14%	112.95%	74.07%	123.60%	80.96%
24	淡水泉成長十期	趙軍	71.02%	15.08%	93.84%	66.02%	123.24%	83.87%
25	淡水泉成長七期	趙軍	70.68%	14.74%	93.59%	65.77%	123.14%	83.77%
26	黃金優選1期2號	趙軍	71.94%	16.01%	92.89%	65.07%	122.88%	83.52%
27	淡水泉成長六期	趙軍	68.21%	12.28%	91.16%	63.34%	122.65%	83.28%
28	黃金優選1期5號	趙軍	71.61%	15.68%	92.64%	64.82%	122.59%	83.22%
29	黃金優選1期10號	趙軍	71.31%	15.38%	92.42%	64.60%	122.50%	83.13%
30	黃金優選1期8號	趙軍	71.05%	15.11%	92.09%	64.26%	122.12%	82.75%
31	黃金優選1期1號	趙軍	71.09%	15.16%	92.03%	64.21%	121.85%	82.48%
32	黃金優選1期9號	趙軍	69.75%	13.81%	90.58%	62.76%	120.31%	80.94%
33	黃金優選1期6號	趙軍	69.74%	13.80%	90.43%	62.61%	119.88%	80.51%
34	淡水泉精選1期	趙軍	69.50%	13.56%	91.25%	63.43%	118.89%	79.53%
35	黃金優選1期4號	趙軍	68.83%	12.89%	89.27%	61.45%	118.43%	79.06%
36	黃金優選1期7號	趙軍	66.47%	10.54%	88.36%	60.54%	116.57%	77.21%
37	淡水泉成長9期	趙軍	66.41%	10.47%	84.51%	56.68%	112.01%	72.64%

通過相對業績比較，剩下37只私募基金入選。

三、依據歷史最大回撤進一步篩選

下面我們再依據歷史回撤來篩選，由於私募基金的倉位可以自由決定，所以好的私募基金在行情不好的時候應該可以將回撤控制得更好，這裡採用30%的最大回撤線作為是否入選的條件。

1. 澤熙3期（見圖4-3至圖4-5、表4-10至表4-13）

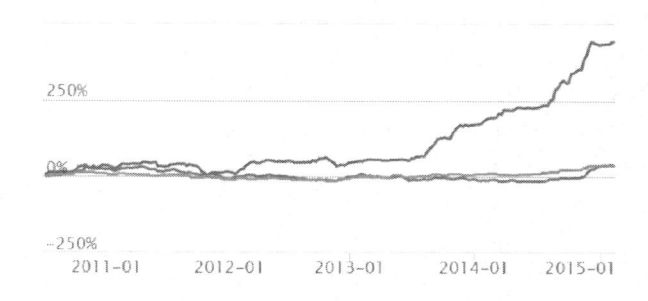

圖4-3　收益走勢圖

表4-10　　　　　　　　　　　歷史淨值表

截止日期：2015-02-03

淨值日期	單位淨值	累計淨值	漲跌幅
2015-01-30	0.9697	5.4700	1.21%
2015-01-23	0.9581	5.4584	9.17%
2015-01-16	0.8776	5.3779	0.45%
2015-01-13	0.8737	5.3740	0.67%
2015-01-09	0.8679	5.3682	0.51%
2014-12-31	0.8635	5.3638	1.41%

表4-11　　　　　　　　　　　歷史業績表

截止日期：2015-02-03

	今年以來	近一月	近三月	近六月	近一年	近二年	近三年	近五年	成立以來
收益率	12.30%	12.30%	41.05%	110.28%	201.80%	538.92%	735.34%	--	860.81%
同類平均	2.83%	2.45%	12.34%	24.78%	29.04%	44.91%	58.43%	45.22%	29.52%
滬深300	-2.81%	-0.67%	39.10%	47.91%	55.93%	27.73%	39.57%	7.19%	--
年份評級	--	--	--	--	★★★★★	★★★★★	★★★★★	★★★★	--
同類排名	162/2912	209/3012	157/2821	19/2004	3/1535	1/1014	1/817	--/299	--
四分位	優	優	優	優	優	優	優		

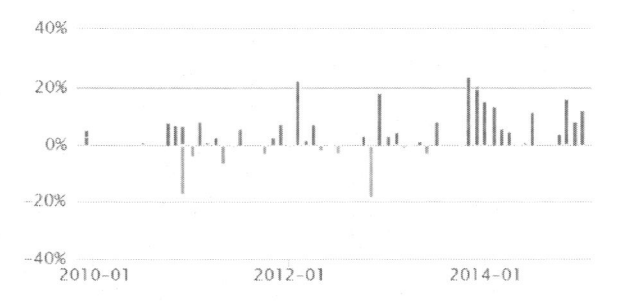

圖 4-4　月度回報圖

表 4-12　　　　　　　　　歷史月度回報表

截止日期：2015-02-03

净值日期	单位净值	累计净值	月涨跌幅
2015-01	0.9697	5.4700	12.30%
2014-12	0.8635	5.3638	8.56%
2014-11	3.5643	5.0071	15.70%
2014-10	3.0807	4.5235	3.63%
2014-09	2.9728	4.4156	19.54%
2014-08	2.4869	3.9297	20.34%

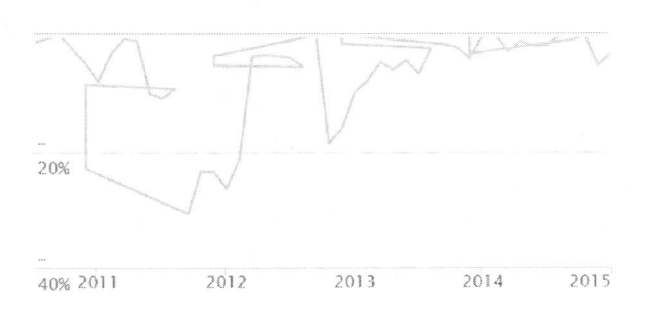

圖 4-5　回撤走勢圖

表 4-13　　　　　　　　　歷史月度回撤表

截止日期：2015-02-03

净值日期	单位净值	累计净值	月回撤
2015-01	0.9697	5.4700	-3.36%
2014-12	0.8635	5.3638	-5.19%
2014-11	3.5643	5.0071	0.00%
2014-10	3.0807	4.5235	-0.86%
2014-09	2.9728	4.4156	-3.27%
2014-08	2.4869	3.9297	0.00%

從基金走勢圖、同類排名、歷史回撤等指標看，該基金表現優異。

2. 澤熙 1 期（見圖 4-6 至圖 4-8、表 4-14 至表 4-17）

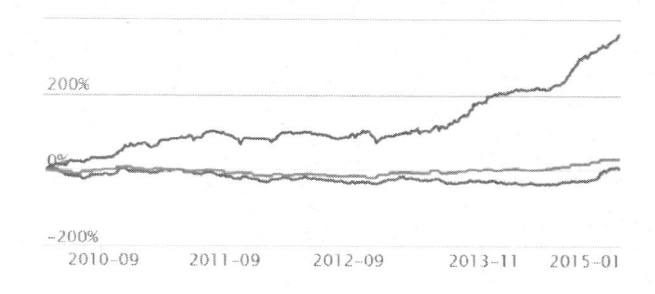

圖 4-6　　收益走勢圖

表 4-14　　　　　　　　　歷史淨值表

截止日期：2015-02-03

净值日期	单位净值	累计净值	涨跌幅
2015-01-30	1.2593	4.6009	1.33%
2015-01-23	1.2428	4.5844	9.61%
2015-01-16	1.1338	4.4754	2.00%
2015-01-09	1.1116	4.4532	2.10%
2015-01-08	1.0887	4.4303	3.10%
2014-12-31	1.0560	4.3976	5.04%

表 4-15　　　　　　　　　　歷史業績表

截止日期：2015-02-03

	今年以來	近一月	近三月	近六月	近一年	近二年	近三年	近五年	成立以來
收益率	19.25%	19.25%	52.42%	132.27%	173.72%	362.04%	403.90%	--	813.82%
同類平均	2.83%	2.45%	12.34%	24.78%	29.04%	44.91%	58.43%	45.22%	29.52%
滬深300	-2.81%	-0.67%	39.10%	47.91%	55.93%	27.73%	39.57%	7.19%	--
年份評級	--	--	--	--	★★★★★	★★★★★	★★★★★	★★★★	--
同類排名	41/2912	68/3012	88/2821	10/2004	4/1535	2/1014	2/817	--/299	--
四分位	优	优	优	优	优	优	优	--	--

圖 4-7　月度回報圖

表 4-16　　　　　　　　　歷史月度回報表

截止日期：2015-02-03

净值日期	單位净值	累計净值	月漲跌幅
2015-01	1.2593	4.6009	19.25%
2014-12	1.0560	4.3976	17.33%
2014-11	0.9000	4.2416	8.93%
2014-10	2.1448	4.0501	5.15%
2014-09	2.0397	3.9450	23.57%
2014-08	1.6506	3.5559	17.28%

图 4-8　回撤走势图

表 4-17　　　　　　　　歷史月度回撤表

截止日期：2015-02-03

净值日期	单位净值	累计净值	月回撤
2015-01	1.2593	4.6009	0.00%
2014-12	1.0560	4.3976	-5.80%
2014-11	0.9000	4.2416	-0.65%
2014-10	2.1448	4.0501	-3.47%
2014-09	2.0397	3.9450	-1.03%
2014-08	1.6506	3.5559	0.00%

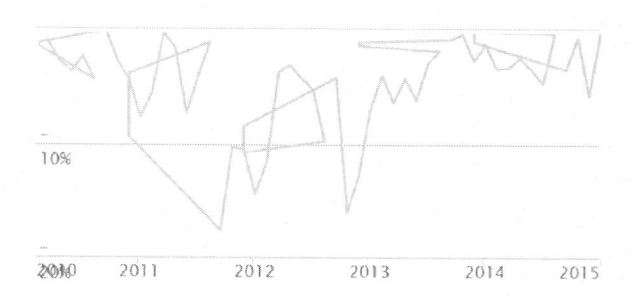

從月度收益的正確率以及歷史最大回撤指標看，該基金非常優異。

3. 清水源 1 號（見圖 4-9 至圖 4-11、表 4-18 至表 4-21）

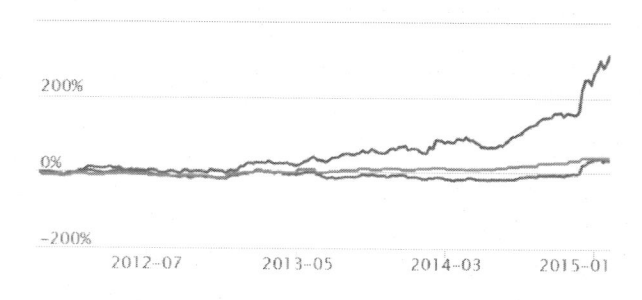

圖 4-9　收益走勢圖

表 4-18　　　　　　　　　　歷史淨值表

截止日期：2015-02-03

净值日期	单位净值	累计净值	涨跌幅
2015-01-30	4.1353	4.1353	0.00%
2015-01-23	3.9108	3.9108	3.33%
2015-01-20	3.7847	3.7847	-4.96%
2015-01-16	3.9821	3.9821	6.03%
2015-01-09	3.7556	3.7556	3.36%
2014-12-31	3.6335	3.6335	8.41%

表 4-19　　　　　　　　　　歷史業績表

截止日期：2015-02-03

	今年以来	近一月	近三月	近六月	近一年	近二年	近三年	近五年	成立以来
收益率	7.63%	16.69%	56.47%	93.82%	130.93%	219.17%	299.47%	--	291.08%
同类平均	2.83%	2.45%	12.34%	24.78%	29.04%	44.91%	58.43%	45.22%	29.52%
沪深300	1.08%	7.42%	49.07%	62.51%	60.03%	36.96%	42.64%	6.11%	--
年份评级	--	--	--	--	★★★★★	★★★★★	★★★★★	★★★★★	--
同类排名	488/2912	103/3012	73/2821	34/2004	7/1535	4/1014	3/817	--/299	--
四分位	优	优	优	优	优	优	优	--	--

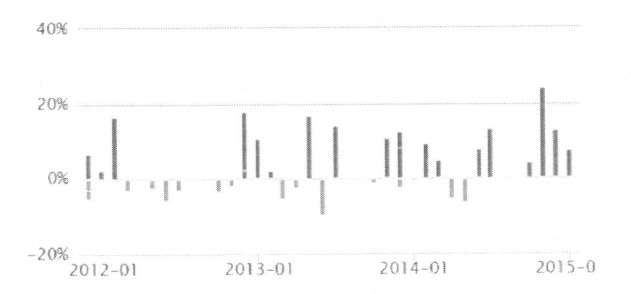

圖 4-10　月度回報圖

表 4-20　　　　　　　　歷史月度回報表

截止日期：2015-02-03

淨值日期	單位淨值	累計淨值	月漲跌幅
2015-01	3.9108	3.9108	7.63%
2014-12	3.6335	3.6335	12.98%
2014-11	3.2160	3.2160	23.93%
2014-10	2.5950	2.5950	4.39%
2014-09	2.4859	2.4859	8.41%
2014-08	2.2931	2.2931	12.35%

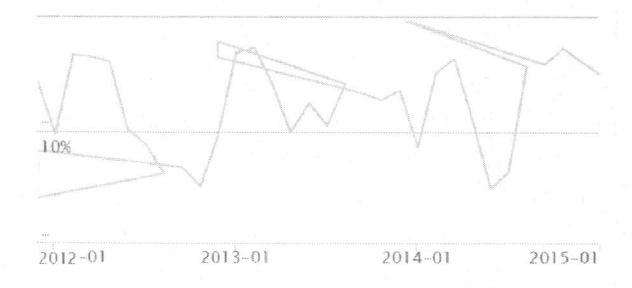

圖 4-11　回撤走勢圖

表 4-21　　　　　　　　歷史月度回撤表

截止日期：2015-02-03

淨值日期	單位淨值	累計淨值	月回撤
2015-01	3.9108	3.9108	-4.96%
2014-12	3.6335	3.6335	-3.86%
2014-11	3.2160	3.2160	-2.67%
2014-10	2.5950	2.5950	-4.13%
2014-09	2.4859	2.4859	0.00%
2014-08	2.2931	2.2931	0.00%

各項指標均優異。

4. 澤熙 4 期（見圖 4-12 至圖 4-14、表 4-22 至表 4-25）

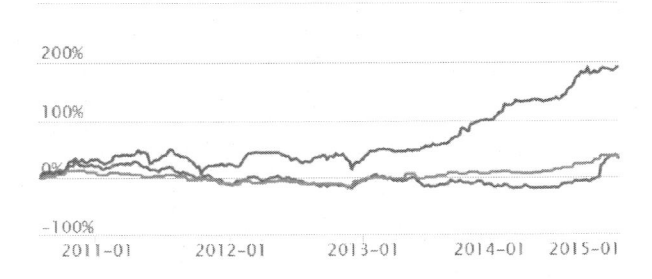

圖 4-12　收益走勢圖

表 4-22　　　　　　　　　　　歷史淨值表

截止日期：2015-02-03

淨值日期	單位淨值	累計淨值	漲跌幅
2015-01-30	0.8997*	2.9047*	-0.03%
2015-01-23	0.9000*	2.9050*	5.40%
2015-01-16	0.8539*	2.8589*	1.02%
2015-01-09	0.8453*	2.8503*	-1.28%
2014-12-31	0.8563*	2.8613*	-2.50%
2014-12-26	0.8783*	2.8833*	0.54%

表 4-23　　　　　　　　　　　歷史業績表

截止日期：2015-02-03

	今年以來	近一月	近三月	近六月	近一年	近二年	近三年	近五年	成立以來
收益率	5.07%	5.07%	7.88%	35.74%	70.20%	170.80%	228.45%	--	296.97%
同類平均	2.83%	2.45%	12.34%	24.78%	29.04%	44.91%	58.43%	45.22%	29.52%
滬深300	-2.81%	-0.67%	39.10%	47.91%	55.93%	27.73%	39.57%	7.19%	--
年份評級	--	--	--	--	★★★★★	★★★★★	★★★★★	★★★★★	--
同類排名	907/2912	939/3012	1538/2821	436/2004	84/1535	6/1014	4/817	--/299	--
四分位	良	良	中	優	優	優	優	--	--

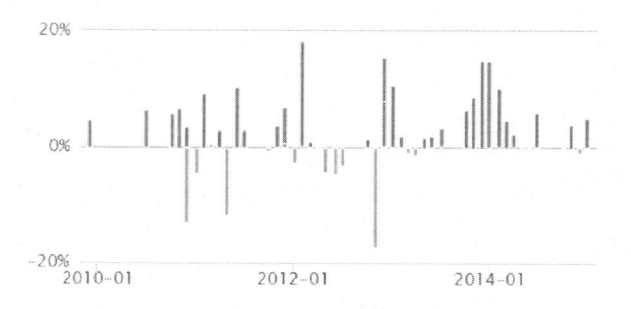

图 4-13 月度回报图

表 4-24　　　　　　　　　歷史月度回報表

截止日期：2015-02-03

净值日期	单位净值	累计净值	月涨跌幅
2015-01	0.8997*	2.9047*	5.07%
2014-12	0.8563*	2.8613*	-1.26%
2014-11	0.8672*	2.8722*	3.98%
2014-10	1.8005*	2.8005*	-0.07%
2014-09	1.8018*	2.8018*	15.17%
2014-08	1.5645*	2.5645*	9.34%

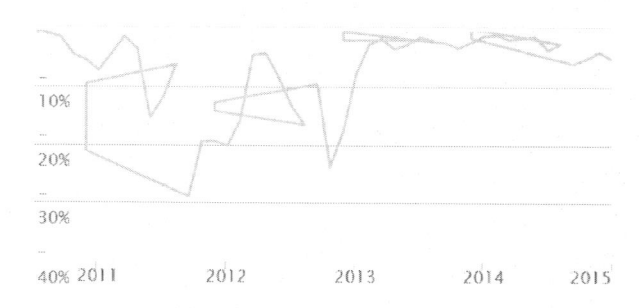

图 4-14 回撤走勢圖

表 4-25　　　　　　　　歷史月度回撤表

截止日期：2015-02-03

淨值日期	單位淨值	累計淨值	月回撤
2015-01	0.8997*	2.9047*	-5.22%
2014-12	0.8563*	2.8613*	-3.99%
2014-11	0.8672*	2.8722*	-5.19%
2014-10	1.8005*	2.8005*	-6.06%
2014-09	1.8018*	2.8018*	-1.64%
2014-08	1.5645*	2.5645*	0.00%

除歷史回撤較大外，其他指標優異。

5. 嘉禾 1 號（見圖 4-15 至圖 4-17、表 4-26 至表 4-29）

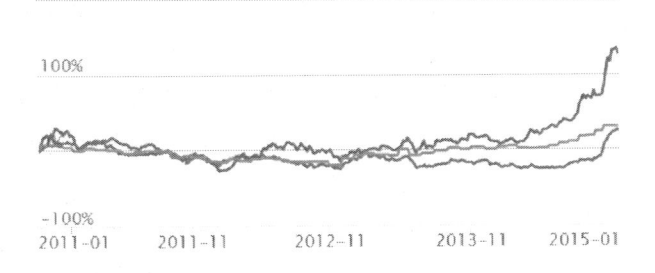

圖 4-15　收益走勢圖

表 4-26　　　　　　　　歷史淨值表

截止日期：2015-02-03

淨值日期	單位淨值	累計淨值	漲跌幅
2015-01-23	2.2629	2.2629	-3.78%
2015-01-16	2.3518	2.3518	1.20%
2015-01-09	2.3239	2.3239	0.33%
2014-12-31	2.3163	2.3163	6.60%
2014-12-26	2.1728	2.1728	-1.74%
2014-12-19	2.2113	2.2113	6.74%

表 4-27　　　　　　　　　　　歷史業績表

截止日期：2015-02-03

	今年以来	近一月	近三月	近六月	近一年	近二年	近三年	近五年	成立以来
收益率	-2.31%	4.15%	34.26%	62.19%	106.83%	133.65%	200.68%	--	126.29%
同类平均	2.83%	2.45%	12.34%	24.78%	29.04%	44.91%	58.43%	45.22%	29.52%
沪深300	1.08%	7.42%	49.07%	62.51%	60.03%	36.98%	42.64%	6.11%	--
年份评级	--	--	--	--	★★★★★	★★★★★	★★★★★	★★★★★	--
同类排名	2367/2912	1093/3012	244/2821	96/2004	19/1535	12/1014	6/817	--/299	--
四分位	差	良	优	优	优	优	优	--	--

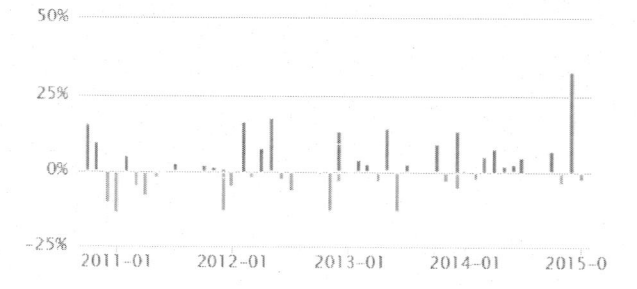

圖 4-16　月度回報圖

表 4-28　　　　　　　　　　歷史月度回報表

截止日期：2015-02-03

净值日期	单位净值	累计净值	月涨跌幅
2015-01	2.2629	2.2629	-2.31%
2014-12	2.3163	2.3163	33.01%
2014-11	1.7414	1.7414	-2.99%
2014-10	1.7951	1.7951	6.69%
2014-09	1.6825	1.6825	13.72%
2014-08	1.4795	1.4795	7.48%

图 4-17 回撤走势图

表 4-29   历史月度回撤表

截止日期：2015-02-03

净值日期	单位净值	累计净值	月回撤
2015-01	2.2629	2.2629	-3.78%
2014-12	2.3163	2.3163	-1.74%
2014-11	1.7414	1.7414	-4.24%
2014-10	1.7951	1.7951	-2.52%
2014-09	1.6825	1.6825	-2.69%
2014-08	1.4795	1.4795	-1.72%

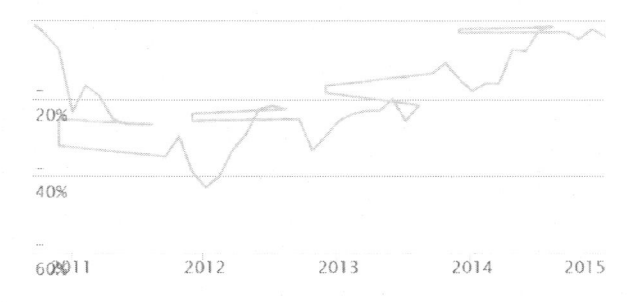

历史回撤-34.84%，剔除该基金。

6. 富恩德1期（见图4-18至图4-20、表4-30至表4-33）

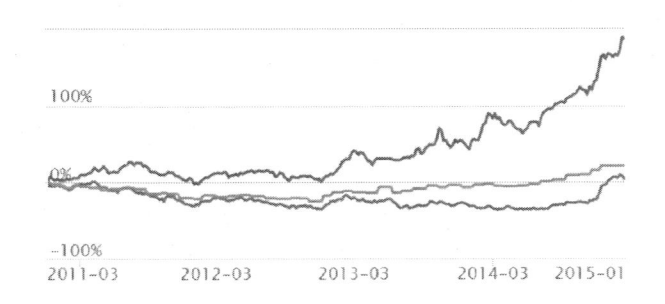

图 4-18 收益走势图

表 4-30　　　　　　　　　歷史淨值表

截止日期：2015-02-03

净值日期	单位净值	累计净值	涨跌幅
2015-01-30	2.8472	2.8472	-1.17%
2015-01-23	2.8810	2.8810	6.79%
2015-01-16	2.6978	2.6978	2.37%
2015-01-14	2.6353	2.6353	-1.05%
2015-01-09	2.6633	2.6633	1.85%
2014-12-31	2.6149	2.6149	-1.46%

表 4-31　　　　　　　　　歷史業績表

截止日期：2015-02-03

	今年以来	近一月	近三月	近六月	近一年	近二年	近三年	近五年	成立以来
收益率	8.88%	8.88%	27.13%	45.55%	63.24%	121.92%	172.93%	--	184.72%
同类平均	2.83%	2.45%	12.34%	24.78%	29.04%	44.91%	58.43%	45.22%	29.52%
沪深300	-2.81%	-0.67%	39.10%	47.91%	55.93%	27.73%	39.57%	7.19%	--
年份评级	--	--	--	--	★★★★★	★★★★★	★★★★★	★★★★★	--
同类排名	343/2912	392/3012	408/2821	231/2004	121/1535	18/1014	8/817	--/299	--
四分位	优	优	优	优	优	优	优	--	--

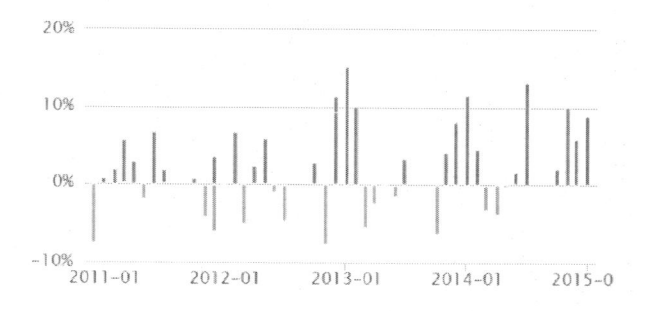

圖 4-19　月度回報圖

表 4-32　　　　　　　　歷史月度回報表

截止日期：2015-02-03

净值日期	單位净值	累計净值	月涨跌幅
2015-01	2.8472	2.8472	8.88%
2014-12	2.6149	2.6149	6.06%
2014-11	2.4655	2.4655	10.09%
2014-10	2.2396	2.2396	2.14%
2014-09	2.1927	2.1927	8.13%
2014-08	2.0279	2.0279	3.67%

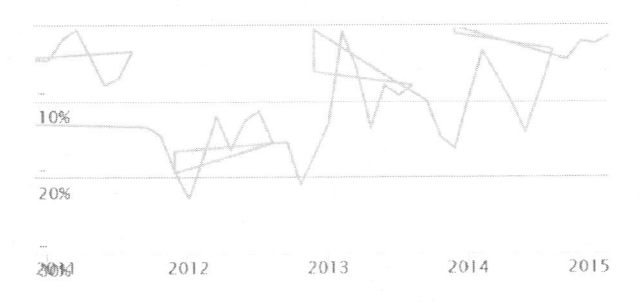

圖 4-20　回撤走勢圖

表 4-33　　　　　　　　歷史月度回撤表

截止日期：2015-02-03

净值日期	單位净值	累計净值	月回撤
2015-01	2.8472	2.8472	-1.21%
2014-12	2.6149	2.6149	-2.30%
2014-11	2.4655	2.4655	-2.00%
2014-10	2.2396	2.2396	-4.40%
2014-09	2.1927	2.1927	0.00%
2014-08	2.0279	2.0279	-0.91%

該基金合格。

7. 智誠 7 期（見圖 4-1、表 4-34 至表 4-37）

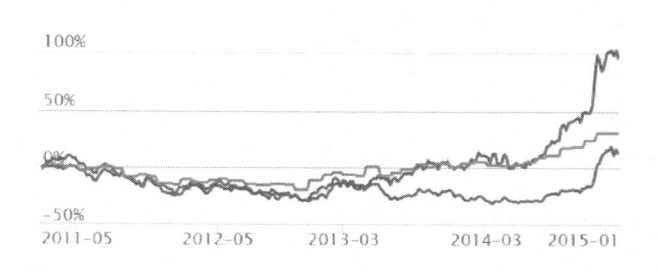

圖 4-21　收益走勢圖

表 4-34　　　　　　　　　　　歷史淨值表

截止日期：2015-02-03

淨值日期	單位淨值	累計淨值	漲跌幅
2015-01-30	1.9518	1.9518	0.00%
2015-01-23	2.0249	2.0249	2.27%
2015-01-20	1.9800	1.9800	-2.19%
2015-01-16	2.0243	2.0243	0.53%
2015-01-09	2.0136	2.0136	0.57%
2014-12-31	2.0021	2.0021	5.42%

表 4-35　　　　　　　　　　　歷史業績表

截止日期：2015-02-03

	今年以來	近一月	近三月	近六月	近一年	近二年	近三年	近五年	成立以來
收益率	1.14%	6.62%	45.01%	80.25%	88.82%	154.07%	170.35%	--	102.49%
同類平均	2.83%	2.45%	12.34%	24.78%	29.04%	44.91%	58.43%	45.22%	29.52%
滬深300	1.08%	7.42%	49.07%	62.51%	60.03%	36.98%	42.64%	6.11%	--
年份評級	--	--	--	--	★★★★★	★★★★★	★★★★★	★★★★★	--
同類排名	1657/2912	643/3012	119/2821	46/2004	35/1535	9/1014	9/817	--/299	
四分位	中	優	優	優	優	優	優	--	--

图 4-22　月度回報圖

表 4-36　　　　　　　　　歷史月度回報表

截止日期：2015-02-03

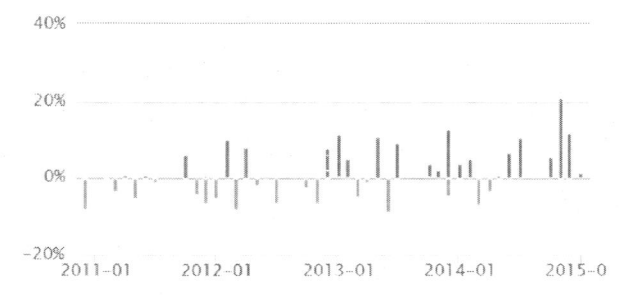

净值日期	单位净值	累计净值	月涨跌幅
2015-01	2.0249	2.0249	1.14%
2014-12	2.0021	2.0021	12.01%
2014-11	1.7875	1.7875	21.13%
2014-10	1.4757	1.4757	5.62%
2014-09	1.3972	1.3972	12.91%
2014-08	1.2375	1.2375	4.16%

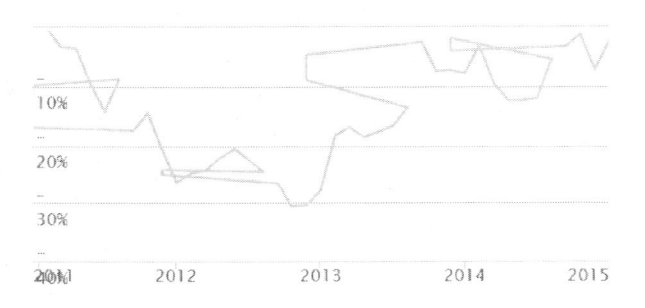

圖 4-23　回撤走勢圖

表 4-37　　　　　　　　　歷史月度回撤表

截止日期：2015-02-03

净值日期	单位净值	累计净值	月回撤
2015-01	2.0249	2.0249	-2.19%
2014-12	2.0021	2.0021	-7.04%
2014-11	1.7875	1.7875	-0.99%
2014-10	1.4757	1.4757	-3.03%
2014-09	1.3972	1.3972	-3.81%
2014-08	1.2375	1.2375	-1.66%

最大回撤-30.64%，剔除該基金。

8. 天馬1期（見圖4-24至圖4-26、表4-38至表4-41）

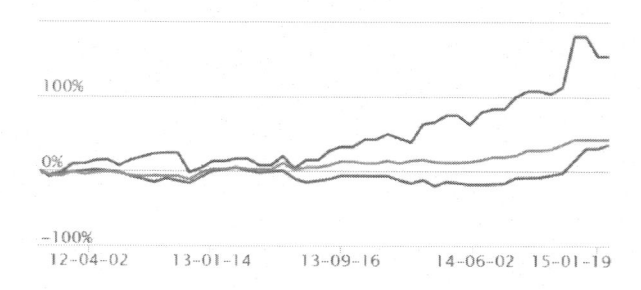

圖 4-24　收益走勢圖

表 4-38　　　　　　　　　歷史淨值表

截止日期：2015-02-03

净值日期	单位净值	累计净值	涨跌幅
2015-01-21	2.5378	2.5378	0.00%
2015-01-20	2.5378	2.5378	-9.33%
2014-12-22	2.7988	2.7988	0.00%
2014-12-20	2.7988	2.7988	31.65%
2014-11-20	2.1259	2.1259	4.35%
2014-10-20	2.0372	2.0372	-1.82%

表 4-39　　　　　　　　　　歷史業績表

截止日期：2015-02-03

	今年以来	近一月	近三月	近六月	近一年	近二年	近三年	近五年	成立以来
收益率	-9.33%	-9.33%	24.57%	38.31%	83.46%	125.42%	160.58%	--	153.78%
同类平均	2.83%	2.45%	12.34%	24.78%	29.04%	44.91%	58.43%	45.22%	29.52%
沪深300	0.43%	4.90%	45.84%	63.82%	62.24%	35.93%	41.72%	4.12%	--
年份评级	--	--	--	--	★★★★★	★★★★★	★★★★★	★★★★★	--
同类排名	2661/2912	2804/3012	484/2821	368/2004	43/1535	16/1014	12/817	--/299	--
四分位	差	差	优	优	优	优	优	--	--

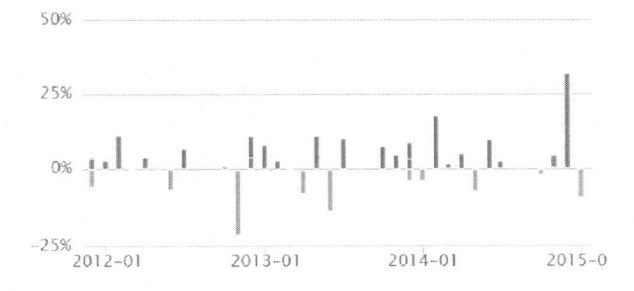

圖 4-25　月度回報圖

表 4-40　　　　　　　　歷史月度回報表

截止日期：2015-02-03

净值日期	单位净值	累计净值	月涨跌幅
2015-01	2.5378	2.5378	-9.33%
2014-12	2.7988	2.7988	31.65%
2014-11	2.1259	2.1259	4.35%
2014-10	2.0372	2.0372	-1.82%
2014-09	2.0750	2.0750	3.78%
2014-08	1.9994	1.9994	8.97%

第四章　中國股票類私募基金操作實力研究

图 4-26　回撤走势图

表 4-41　　　　　　　　　　歷史月度回撤表

截止日期：2015-02-03

净值日期	单位净值	累计净值	月回撤
2015-01	2.5378	2.5378	-9.33%
2014-12	2.7988	2.7988	0.00%
2014-11	2.1259	2.1259	0.00%
2014-10	2.0372	2.0372	-1.82%
2014-09	2.0750	2.0750	0.00%
2014-08	1.9994	1.9994	0.00%

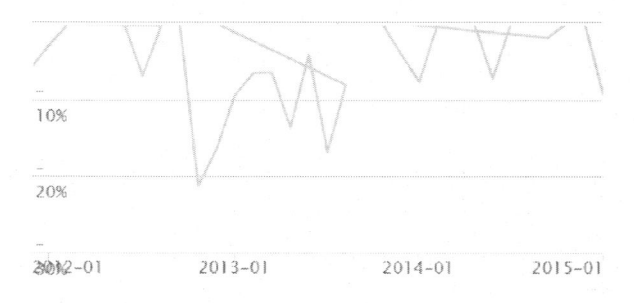

該基金合格。

9. 雙贏 10 期（見圖 4-27 至圖 4-29、表 4-42 至表 4-45）

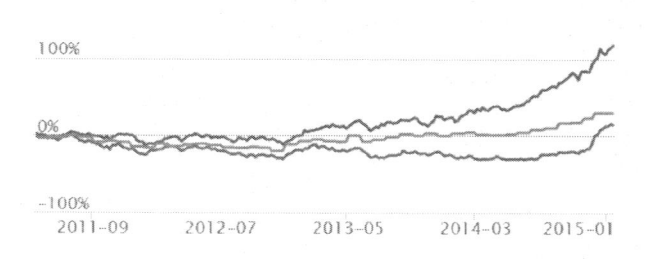

圖 4-27　收益走勢圖

表 4-42　　　　　　　　　　歷史淨值表

截止日期：2015-02-03

净值日期	单位净值	累计净值	涨跌幅
2015-01-23	2.2036	2.2036	1.57%
2015-01-16	2.1696	2.1696	1.21%
2015-01-09	2.1437	2.1437	3.01%
2014-12-31	2.0810	2.0810	-0.74%
2014-12-26	2.0965	2.0965	-2.60%
2014-12-19	2.1525	2.1525	5.86%

表 4-43　　　　　　　　　　歷史業績表

截止日期：2015-02-03

	今年以来	近一月	近三月	近六月	近一年	近二年	近三年	近五年	成立以来
收益率	5.89%	5.11%	25.82%	39.72%	73.66%	108.67%	143.17%	--	120.36%
同类平均	2.83%	2.45%	12.34%	24.78%	29.04%	44.91%	58.43%	45.22%	29.52%
沪深300	1.08%	7.42%	49.07%	62.51%	60.03%	36.98%	42.64%	6.11%	--
年份评级	--	--	--	--	★★★★★	★★★★★	★★★★★	★★★★★	--
同类排名	750/2912	935/3012	448/2821	342/2004	60/1535	25/1014	15/817	--/299	--
四分位	良	良	优	优	优	优	优	--	--

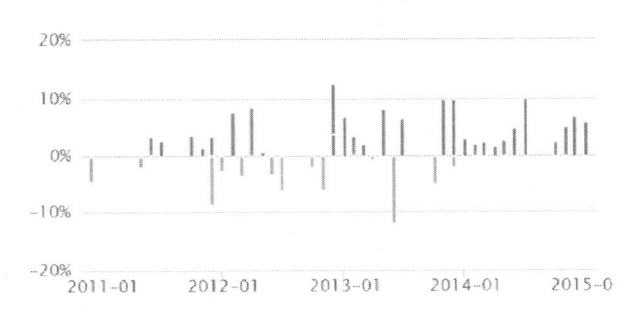

圖 4-28　月度回報圖

表 4-44　　　　　　　　　歷史月度回報表

截止日期：2015-02-03

净值日期	单位净值	累计净值	月涨跌幅
2015-01	2.2036	2.2036	5.89%
2014-12	2.0810	2.0810	6.87%
2014-11	1.9473	1.9473	5.14%
2014-10	1.8521	1.8521	2.44%
2014-09	1.8079	1.8079	9.54%
2014-08	1.6504	1.6504	1.74%

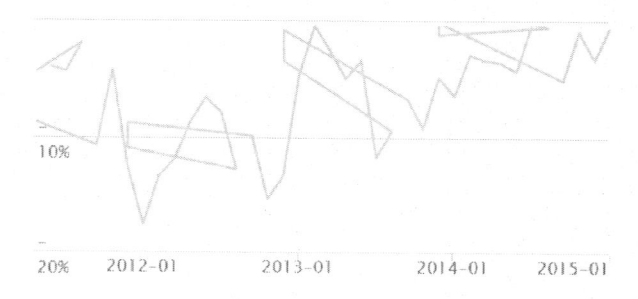

圖 4-29　　回撤走勢圖

表 4-45　　　　　　　　　歷史月度回撤表

截止日期：2015-02-03

净值日期	单位净值	累计净值	月回撤
2015-01	2.2036	2.2036	-0.41%
2014-12	2.0810	2.0810	-3.32%
2014-11	1.9473	1.9473	-0.81%
2014-10	1.8521	1.8521	-5.10%
2014-09	1.8079	1.8079	0.00%
2014-08	1.6504	1.6504	-1.11%

該基金合格。

10. 證大 1 期（見圖 4-30 至圖 4-32、表 4-46 至表 4-49）

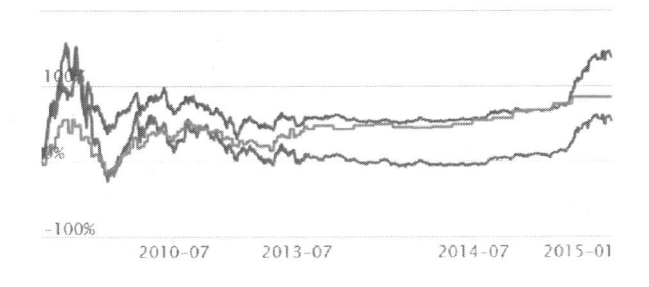

圖 4-30　收益走勢圖

表 4-46　　　　　　　　　　歷史淨值表

截止日期：2015-02-03

淨值日期	單位淨值	累計淨值	漲跌幅
2015-01-31	1.7646*	2.3646*	-0.01%
2015-01-30	1.7647*	2.3647*	-0.93%
2015-01-29	1.7812*	2.3812*	-1.06%
2015-01-28	1.8003*	2.4003*	-1.27%
2015-01-27	1.8234*	2.4234*	-1.55%
2015-01-26	1.8521*	2.4521*	0.58%

表 4-47　　　　　　　　　　歷史業績表

截止日期：2015-02-03

	今年以來	近一月	近三月	近六月	近一年	近二年	近三年	近五年	成立以來
收益率	-0.23%	-0.23%	59.71%	69.53%	92.35%	75.84%	133.94%	46.32%	142.64%
同類平均	2.83%	2.45%	12.34%	24.78%	29.04%	44.91%	58.43%	45.22%	29.52%
滬深300	-2.81%	-0.67%	39.10%	47.91%	55.93%	27.73%	39.57%	7.19%	--
年份評級	--	--	--	--	★★★★★	★★★★	★★★★★	★★	--
同類排名	2114/2912	2090/3012	57/2821	75/2004	29/1535	143/1014	23/817	153/299	--
四分位	中	中	優	優	優	優	優	中	--

第四章　中國股票類私募基金操作實力研究

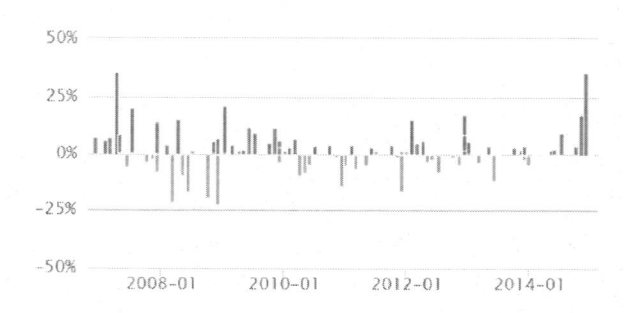

图 4-31　月度回报图

表 4-48　　　　　　　　　　歴史月度回报表

截止日期：2015-02-03

净值日期	单位净值	累计净值	月涨跌幅
2015-01	1.7646*	2.3646*	-0.23%
2014-12	1.7687*	2.3687*	35.88%
2014-11	1.3017*	1.9017*	17.81%
2014-10	1.1049*	1.7049*	3.55%
2014-09	1.0670*	1.6670*	3.26%
2014-08	1.0333*	1.6333*	-0.73%

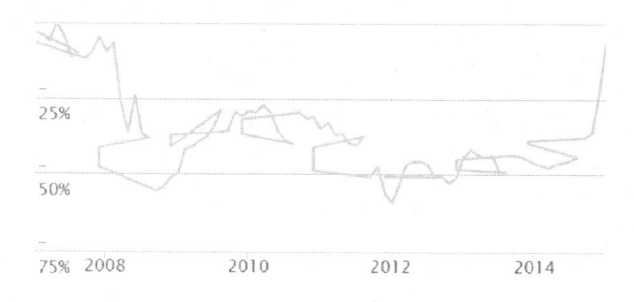

图 4-32　回撤走势图

表 4-49 歷史月度回撤表

截止日期：2015-02-03

淨值日期	單位淨值	累計淨值	月回撤
2015-01	1.7646*	2.3646*	-5.93%
2014-12	1.7687*	2.3687*	-23.22%
2014-11	1.3017*	1.9017*	-36.12%
2014-10	1.1049*	1.7049*	-37.84%
2014-09	1.0670*	1.6670*	-38.88%
2014-08	1.0333*	1.6333*	-39.71%

最大回撤-55.47%，剔除該基金。

11. 淡水泉成長（見圖 4-33 至圖 4-35、表 4-50 至表 4-53）

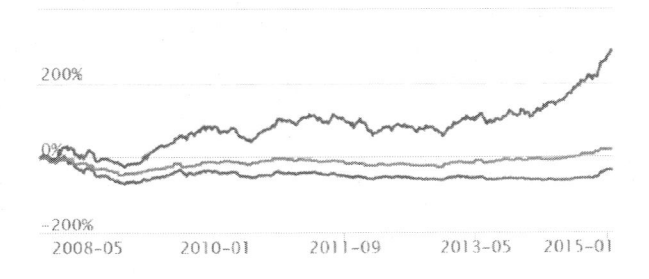

圖 4-33 收益走勢圖

表 4-50 歷史淨值表

截止日期：2015-02-03

淨值日期	單位淨值	累計淨值	漲跌幅
2015-01-30	3.7982*	3.7982*	-1.44%
2015-01-23	3.8535*	3.8535*	2.59%
2015-01-16	3.7561*	3.7561*	0.59%
2015-01-15	3.7339*	3.7339*	1.06%
2015-01-09	3.6949*	3.6949*	2.82%
2014-12-31	3.5935*	3.5935*	0.75%

表 4-51　　　　　　　　　　歷史業績表

截止日期：2015-02-03

	今年以來	近一月	近三月	近六月	近一年	近二年	近三年	近五年	成立以來
收益率	5.70%	5.70%	18.85%	32.18%	72.72%	98.53%	132.29%	127.81%	279.82%
同類平均	2.83%	2.45%	12.34%	24.78%	29.04%	44.91%	58.43%	45.22%	29.52%
滬深300	-2.81%	-0.67%	39.10%	47.91%	55.93%	27.73%	39.57%	7.19%	--
年份評級	--	--	--	--	★★★★★	★★★★★	★★★★★	★★★★★	--
同類排名	783/2912	813/3012	770/2821	568/2004	65/1535	41/1014	24/817	4/299	--
四分位	良	良	良	良	優	優	優	優	--

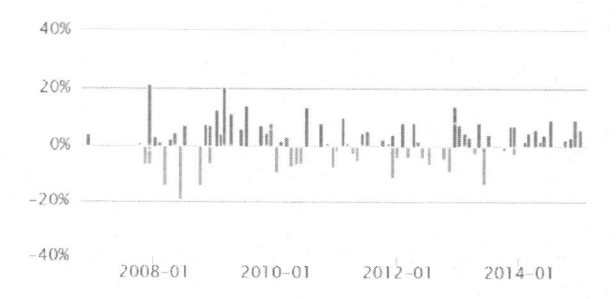

圖 4-34　　月度回報圖

表 4-52　　　　　　　　　　歷史月度回報表

截止日期：2015-02-03

淨值日期	單位淨值	累計淨值	月漲跌幅
2015-01	3.7982*	3.7982*	5.70%
2014-12	3.5935*	3.5935*	8.78%
2014-11	3.3036*	3.3036*	3.38%
2014-10	3.1957*	3.1957*	2.15%
2014-09	3.1285*	3.1285*	7.13%
2014-08	2.9203*	2.9203*	1.63%

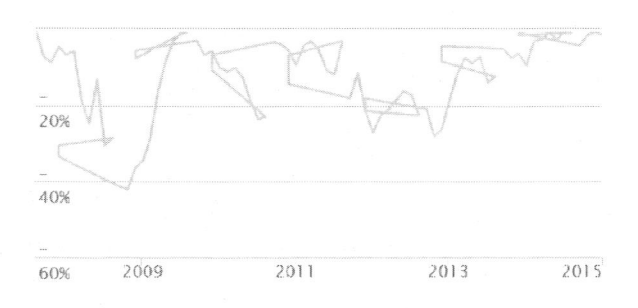

圖 4-35　回撤走勢圖

表 4-53　　　　　　　　歷史月度回撤表

截止日期：2015-02-03

淨值日期	單位淨值	累計淨值	月回撤
2015-01	3.7982*	3.7982*	-1.44%
2014-12	3.5935*	3.5935*	-0.34%
2014-11	3.3036*	3.3036*	-1.50%
2014-10	3.1957*	3.1957*	-4.16%
2014-09	3.1285*	3.1285*	-0.75%
2014-08	2.9203*	2.9203*	-1.48%

最大回撤-40.02%，剔除該基金。

12. 明達 4 期（見圖 4-36 至圖 4-38、表 4-54 至表 4-57）

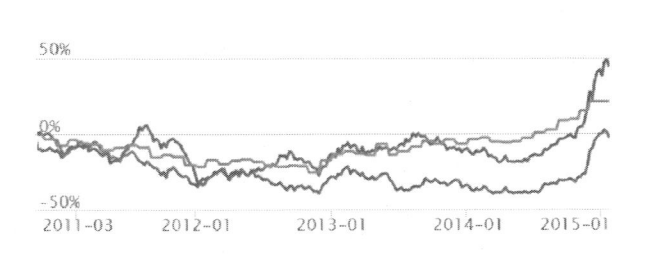

圖 4-36　收益走勢圖

第四章　中國股票類私募基金操作實力研究

表 4-54　　　　　　　　　　　歷史淨值表

截止日期：2015-02-03

净值日期	单位净值	累计净值	涨跌幅
2015-01-30	1.4380	1.4380	-3.20%
2015-01-23	1.4855	1.4855	1.08%
2015-01-16	1.4696	1.4696	6.56%
2015-01-09	1.3791	1.3791	-2.84%
2014-12-31	1.4194	1.4194	1.34%
2014-12-26	1.4007	1.4007	4.49%

表 4-55　　　　　　　　　　　歷史業績表

截止日期：2015-02-03

	今年以来	近一月	近三月	近六月	近一年	近二年	近三年	近五年	成立以来
收益率	1.31%	1.31%	39.06%	60.54%	64.42%	56.64%	115.40%	--	43.80%
同类平均	2.83%	2.45%	12.34%	24.78%	29.04%	44.91%	58.43%	45.22%	29.52%
沪深300	-2.81%	-0.67%	39.10%	47.91%	55.93%	27.73%	39.57%	7.19%	--
年份评级	--	--	--	--	★★★★★	★★★	★★★★★	★★★★★	--
同类排名	1621/2912	1683/3012	174/2821	99/2004	115/1535	277/1014	69/817	--/299	--
四分位	中	中	优	优	优	良	优	--	--

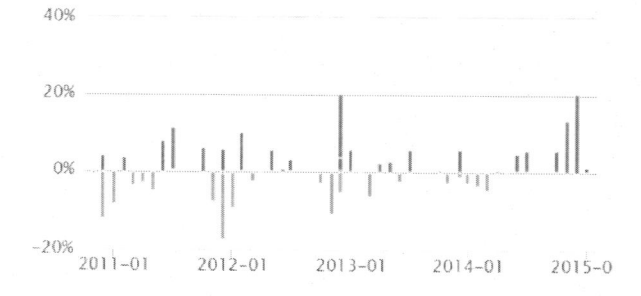

圖 4-37　月度回報圖

表 4-56　　　　　　　　歷史月度回報表

截止日期：2015-02-03

净值日期	单位净值	累计净值	月涨跌幅
2015-01	1.4380	1.4380	1.31%
2014-12	1.4194	1.4194	20.73%
2014-11	1.1757	1.1757	13.69%
2014-10	1.0341	1.0341	5.45%
2014-09	0.9807	0.9807	5.94%
2014-08	0.9257	0.9257	3.35%

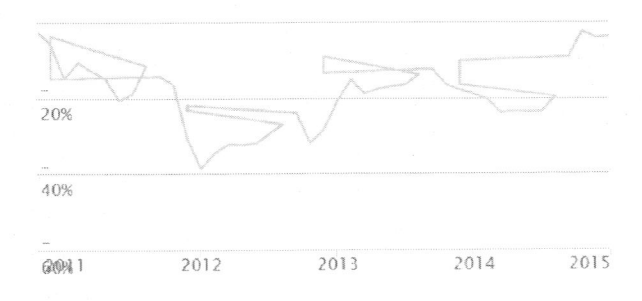

圖 4-38　回撤走勢圖

表 4-57　　　　　　　　歷史月度回撤表

截止日期：2015-02-03

净值日期	单位净值	累计净值	月回撤
2015-01	1.4380	1.4380	-3.20%
2014-12	1.4194	1.4194	-3.51%
2014-11	1.1757	1.1757	-1.75%
2014-10	1.0341	1.0341	-8.58%
2014-09	0.9807	0.9807	-9.51%
2014-08	0.9257	0.9257	-16.05%

最大回撤-31.91%，剔除該基金。

13. 投資精英之淡水泉 B（見表 4-58 至表 4-60、圖 4-39 至圖 4-40）

表 4-58　　　　　　　　　歷史業績表

截止日期：2015-02-03

	今年以來	近一月	近三月	近六月	近一年	近二年	近三年	近五年	成立以來
收益率	5.71%	5.71%	19.69%	32.94%	73.50%	95.46%	126.66%	118.41%	113.58%
同類平均	2.83%	2.45%	12.34%	24.78%	29.04%	44.91%	58.43%	45.22%	29.52%
滬深300	-2.81%	-0.67%	39.10%	47.91%	55.93%	27.73%	39.57%	7.19%	--
年份評級	--	--	--	--	★★★★★	★★★★★	★★★★★	★★★★★	--
同類排名	781/2912	811/3012	722/2821	529/2004	62/1535	49/1014	31/817	8/299	--
四分位	良	良	良	良	優	優	優	優	--

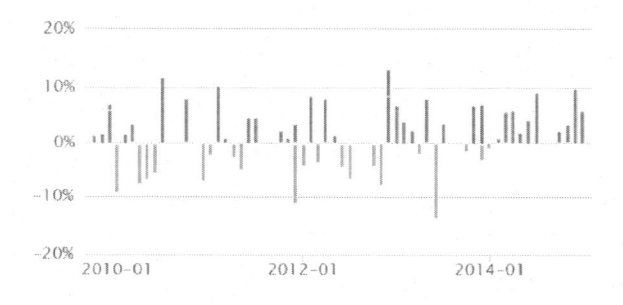

圖 4-39　月度回報圖

表 4-59　　　　　　　　　歷史月度回報表

截止日期：2015-02-03

淨值日期	單位淨值	累計淨值	月漲跌幅
2015-01	2.1358*	2.1358*	5.71%
2014-12	2.0205*	2.0205*	9.78%
2014-11	1.8405*	1.8405*	3.14%
2014-10	1.7844*	1.7844*	2.17%
2014-09	1.7465*	1.7465*	7.21%
2014-08	1.6290*	1.6290*	1.39%

图 4-40　回撤走势图

表 4-60　　　　　　　　　历史月度回撤表

截止日期：2015-02-03

净值日期	单位净值	累计净值	月回撤
2015-01	2.1358*	2.1358*	-1.40%
2014-12	2.0205*	2.0205*	-0.36%
2014-11	1.8405*	1.8405*	-1.43%
2014-10	1.7844*	1.7844*	-3.82%
2014-09	1.7465*	1.7465*	-0.60%
2014-08	1.6290*	1.6290*	-1.51%

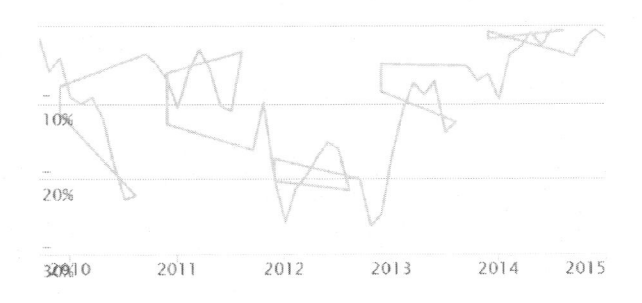

该基金合格。

14. 睿信 1 期（见图 4-41 至图 4-43、表 4-61 至表 4-64）

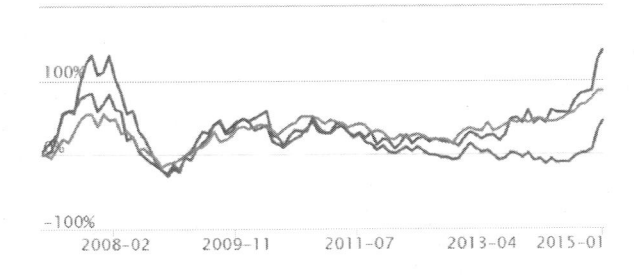

图 4-41　收益走势图

第四章　中国股票类私募基金操作实力研究　121

表 4-61　　　　　　　　　歷史淨值表

截止日期：2015-02-03

淨值日期	單位淨值	累計淨值	漲跌幅
2015-01-09	2.4070*	2.4070*	6.12%
2014-12-10	2.2682*	2.2682*	22.44%
2014-11-10	1.8525*	1.8525*	1.18%
2014-10-10	1.8309*	1.8309*	1.29%
2014-09-10	1.8076*	1.8076*	5.74%
2014-08-08	1.7095*	1.7095*	10.53%

表 4-62　　　　　　　　　歷史業績表

截止日期：2015-02-03

	今年以來	近一月	近三月	近六月	近一年	近二年	近三年	近五年	成立以來
收益率	0.00%	6.12%	31.47%	55.62%	70.95%	98.11%	126.14%	66.00%	140.70%
同类平均	2.83%	2.45%	12.34%	24.78%	29.04%	44.91%	58.43%	45.22%	29.52%
沪深300	0.37%	14.16%	42.90%	65.06%	59.60%	40.40%	49.74%	1.91%	--
年份评级	--	--	--	--	★★★★★	★★★★★	★★★★★	★★★	--
同类排名	1940/2912	737/3012	295/2821	121/2004	81/1535	42/1014	34/817	73/299	--
四分位	中	优	优	优	优	优	优	优	--

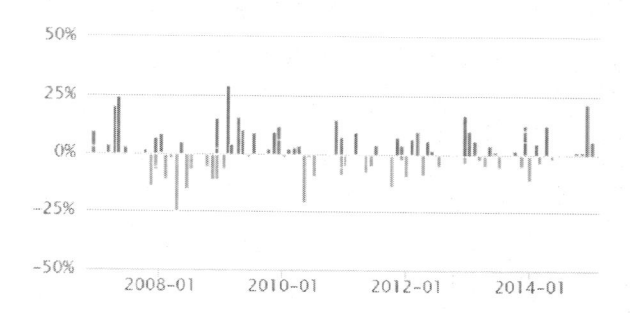

圖 4-42　月度回報圖

表 4-63　　　　　　　　歷史月度回報表

截止日期：2015-02-03

净值日期	单位净值	累计净值	月涨跌幅
2015-01	2.4070*	2.4070*	6.12%
2014-12	2.2682*	2.2682*	22.44%
2014-11	1.8525*	1.8525*	1.18%
2014-10	1.8309*	1.8309*	1.29%
2014-09	1.8076*	1.8076*	5.74%
2014-08	1.7095*	1.7095*	10.53%

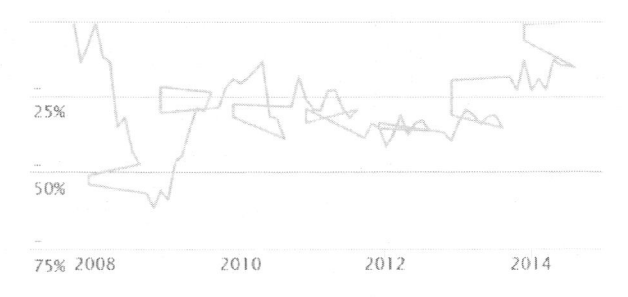

圖 4-43　回撤走勢圖

表 4-64　　　　　　　　歷史月度回撤表

截止日期：2015-02-03

净值日期	单位净值	累计净值	月回撤
2015-01	2.4070*	2.4070*	——
2014-12	2.2682*	2.2682*	——
2014-11	1.8525*	1.8525*	——
2014-10	1.8309*	1.8309*	——
2014-09	1.8076*	1.8076*	-0.95%
2014-08	1.7095*	1.7095*	-6.33%

該基金 2008 年回撤超過 50%，回撤太大，剔除。

15. 淡水泉成長 3 期（見圖 4-44 至圖 4-46、表 4-65 至表 4-68）

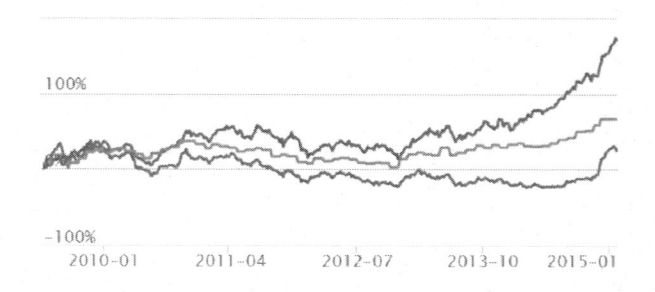

圖 4-44　收益走勢圖

表 4-65　　　　　　　　　　　歷史淨值表

截止日期：2015-02-03

淨值日期	單位淨值	累計淨值	漲跌幅
2015-01-30	2.6968*	2.6968*	-1.36%
2015-01-23	2.7341*	2.7341*	2.45%
2015-01-16	2.6686*	2.6686*	0.57%
2015-01-15	2.6536*	2.6536*	1.03%
2015-01-09	2.6265*	2.6265*	2.96%
2014-12-31	2.5509*	2.5509*	0.76%

表 4-66　　　　　　　　　　　歷史業績表

截止日期：2015-02-03

	今年以來	近一月	近三月	近六月	近一年	近二年	近三年	近五年	成立以來
收益率	5.72%	5.72%	19.55%	32.74%	69.50%	94.08%	126.07%	118.19%	169.68%
同類平均	2.83%	2.45%	12.34%	24.78%	29.04%	44.91%	58.43%	45.22%	29.52%
滬深300	-2.81%	-0.67%	39.10%	47.91%	55.93%	27.73%	39.57%	7.19%	--
年份評級	--	--	--	--	★★★★★	★★★★★	★★★★★	★★★★★	
同類排名	779/2912	807/3012	734/2821	536/2004	93/1535	51/1014	36/817	9/299	--
四分位	良	良	良	良	优	优	优	优	--

图 4-45　月度回報圖

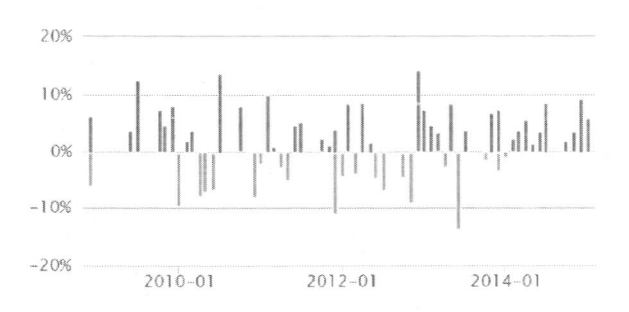

表 4-67　　　　　　　　　　歷史月度回報表

截止日期：2015-02-03

净值日期	单位净值	累计净值	月涨跌幅
2015-01	2.6968*	2.6968*	5.72%
2014-12	2.5509*	2.5509*	9.41%
2014-11	2.3316*	2.3316*	3.36%
2014-10	2.2558*	2.2558*	1.90%
2014-09	2.2137*	2.2137*	7.29%
2014-08	2.0633*	2.0633*	1.56%

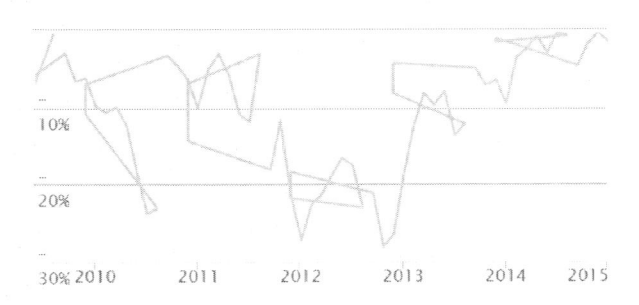

图 4-46　回撤走勢圖

表 4-68　　　　　　　歷史月度回撤表

截止日期：2015-02-03

淨值日期	單位淨值	累計淨值	月回撤
2015-01	2.6968*	2.6968*	-1.36%
2014-12	2.5509*	2.5509*	-0.25%
2014-11	2.3316*	2.3316*	-1.70%
2014-10	2.2558*	2.2558*	-4.49%
2014-09	2.2137*	2.2137*	-0.99%
2014-08	2.0633*	2.0633*	-1.44%

該基金合格。

16. 投資精英之淡水泉 A（見圖 4-47 至圖 4-49、表 4-69 至表 4-72）

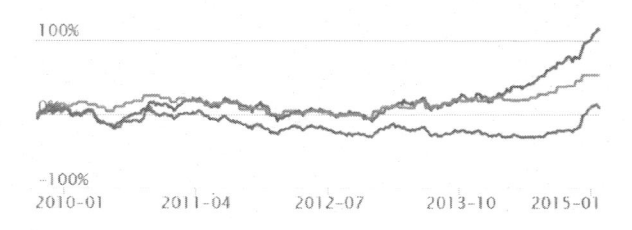

圖 4-47　收益走勢圖

表 4-69　　　　　　　歷史淨值表

截止日期：2015-02-03

淨值日期	單位淨值	累計淨值	漲跌幅
2015-01-30	2.1216*	2.1216*	-1.40%
2015-01-23	2.1517*	2.1517*	2.36%
2015-01-16	2.1020*	2.1020*	0.51%
2015-01-15	2.0913*	2.0913*	1.15%
2015-01-09	2.0676*	2.0676*	3.01%
2014-12-31	2.0072*	2.0072*	1.13%

表 4-70　　　　　　　　　　歷史業績表

截止日期：2015.02.03

	今年以来	近一月	近三月	近六月	近一年	近二年	近三年	近五年	成立以来
收益率	5.70%	5.70%	19.67%	32.88%	73.35%	95.16%	126.01%	117.24%	112.16%
同类平均	2.83%	2.45%	12.34%	24.78%	29.04%	44.91%	58.43%	45.22%	29.52%
沪深300	-2.81%	-0.67%	39.10%	47.91%	55.93%	27.73%	39.57%	7.19%	--
年份评级	--	--	--	--	★★★★★	★★★★★	★★★★★	★★★★★	--
同类排名	822/2931	854/3099	818/2865	590/2034	74/1559	59/1019	39/820	10/298	--
四分位	良	良	良	良	优	优	优	优	

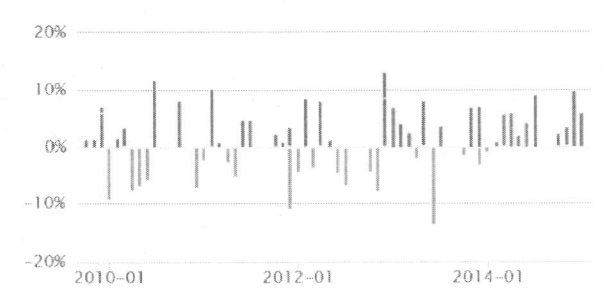

圖 4-48　月度回報圖

表 4-71　　　　　　　　　歷史月度回報表

截止日期：2015-02-03

净值日期	单位净值	累计净值	月涨跌幅
2015-01	2.1216*	2.1216*	5.70%
2014-12	2.0072*	2.0072*	9.77%
2014-11	1.8285*	1.8285*	3.14%
2014-10	1.7729*	1.7729*	2.16%
2014-09	1.7354*	1.7354*	7.22%
2014-08	1.6186*	1.6186*	1.38%

图 4-49 回撤走势图

表 4-72 历史月度回撤表

截止日期：2015-02-03

净值日期	单位净值	累计净值	月回撤
2015-01	2.1216*	2.1216*	-1.40%
2014-12	2.0072*	2.0072*	-0.36%
2014-11	1.8285*	1.8285*	-1.44%
2014-10	1.7729*	1.7729*	-3.82%
2014-09	1.7354*	1.7354*	-0.60%
2014-08	1.6186*	1.6186*	-1.52%

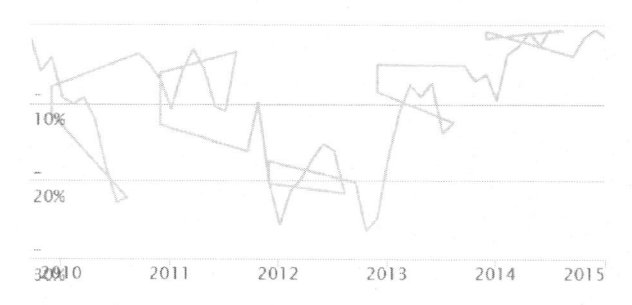

该基金合格。

17. 淡水泉成长 5 期（见图 4-50 至图 4-52、表 4-73 至表 4-76）

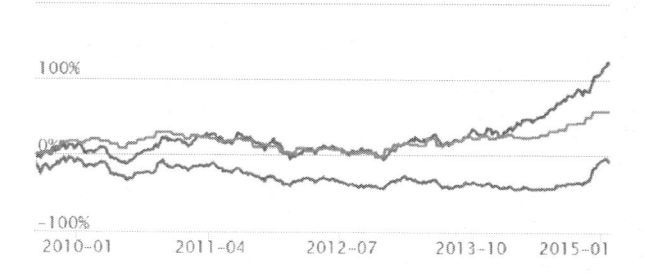

图 4-50 收益走势图

表 4-73　　　　　　　　　　　歷史淨值表

截止日期：2015-02-03

淨值日期	單位淨值	累計淨值	漲跌幅
2015-01-30	2.2001*	2.2001*	-1.22%
2015-01-23	2.2272*	2.2272*	2.24%
2015-01-16	2.1784*	2.1784*	0.63%
2015-01-15	2.1648*	2.1648*	1.01%
2015-01-09	2.1431*	2.1431*	2.81%
2014-12-31	2.0845*	2.0845*	0.94%

表 4-74　　　　　　　　　　　歷史業績表

截止日期：2015-02-03

	今年以來	近一月	近三月	近六月	近一年	近二年	近三年	近五年	成立以來
收益率	5.55%	5.55%	17.72%	29.71%	68.20%	93.40%	125.56%	114.60%	120.01%
同類平均	2.83%	2.45%	12.34%	24.78%	29.04%	44.91%	58.43%	45.22%	29.52%
滬深300	-2.81%	-0.67%	39.10%	47.91%	55.93%	27.73%	39.57%	7.19%	--
年份評級	--	--	--	--	★★★★★	★★★★★	★★★★★	★★★★★	--
同類排名	828/2912	864/3012	822/2821	659/2004	100/1535	60/1014	39/817	13/299	--
四分位	良	良	良	良	優	優	優	優	--

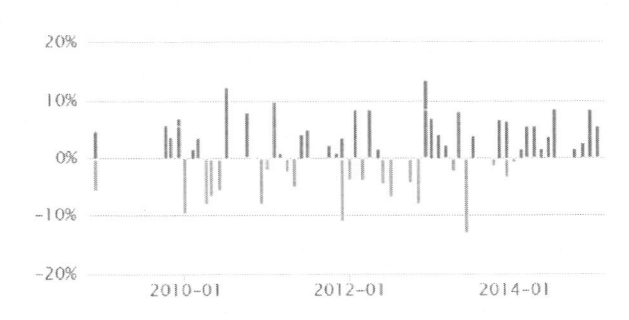

圖 4-51　月度回報圖

表 4-75　　　　　　　　　歷史月度回報表

截止日期：2015-02-03

净值日期	单位净值	累计净值	月涨跌幅
2015-01	2.2001*	2.2001*	5.55%
2014-12	2.0845*	2.0845*	8.48%
2014-11	1.9216*	1.9216*	2.82%
2014-10	1.8689*	1.8689*	1.76%
2014-09	1.8366*	1.8366*	6.69%
2014-08	1.7215*	1.7215*	1.49%

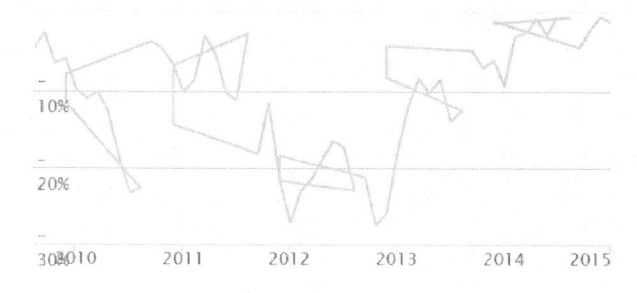

圖 4-52　回撤走勢圖

表 4-76　　　　　　　　　歷史月度回撤表

截止日期：2015-02-03

净值日期	单位净值	累计净值	月回撤
2015-01	2.2001*	2.2001*	-1.22%
2014-12	2.0845*	2.0845*	-0.32%
2014-11	1.9216*	1.9216*	-2.07%
2014-10	1.8689*	1.8689*	-4.42%
2014-09	1.8366*	1.8366*	-0.99%
2014-08	1.7215*	1.7215*	-1.28%

該基金合格。

18. 淡水泉4期（見圖4-53至圖4-55、表4-77至表4-80）

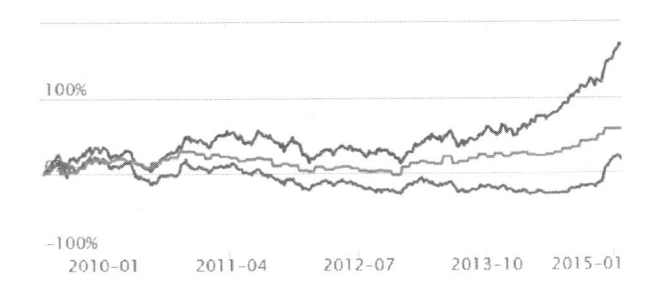

圖4-53 收益走勢圖

表4-77 歷史淨值表

截止日期：2015-02-03

淨值日期	單位淨值	累計淨值	漲跌幅
2015-01-30	2.6658*	2.6658*	-1.25%
2015-01-23	2.6996*	2.6996*	2.46%
2015-01-16	2.6348*	2.6348*	0.67%
2015-01-15	2.6173*	2.6173*	1.03%
2015-01-09	2.5906*	2.5906*	3.43%
2014-12-31	2.5047*	2.5047*	0.70%

表4-78 歷史業績表

截止日期：2015-02-03

	今年以來	近一月	近三月	近六月	近一年	近二年	近三年	近五年	成立以來
收益率	6.43%	6.43%	19.65%	31.85%	70.20%	93.31%	124.56%	117.85%	166.58%
同類平均	2.83%	2.45%	12.34%	24.78%	29.04%	44.91%	58.43%	45.22%	29.52%
滬深300	-2.81%	-0.67%	39.10%	47.91%	55.93%	27.73%	39.57%	7.19%	--
年份評級	--	--	--	--	★★★★★	★★★★★	★★★★★	★★★★★	--
同類排名	645/2912	675/3012	728/2821	578/2004	85/1535	61/1014	40/817	10/299	--
四分位	優	優	良	良	優	優	優	優	--

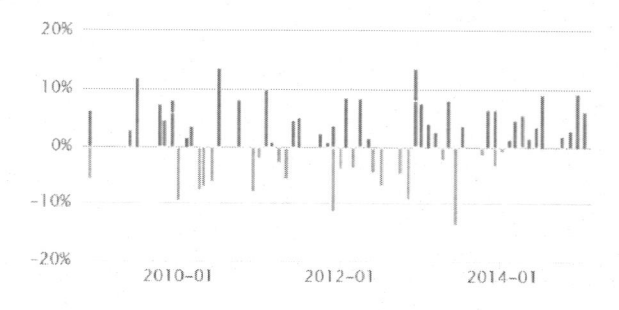

圖 4-54　月度回報圖

表 4-79　　　　　　　　　　歷史月度回報表

截止日期：2015-02-03

净值日期	单位净值	累计净值	月涨跌幅
2015-01	2.6658*	2.6658*	6.43%
2014-12	2.5047*	2.5047*	9.32%
2014-11	2.2911*	2.2911*	2.83%
2014-10	2.2280*	2.2280*	1.88%
2014-09	2.1868*	2.1868*	6.61%
2014-08	2.0512*	2.0512*	1.45%

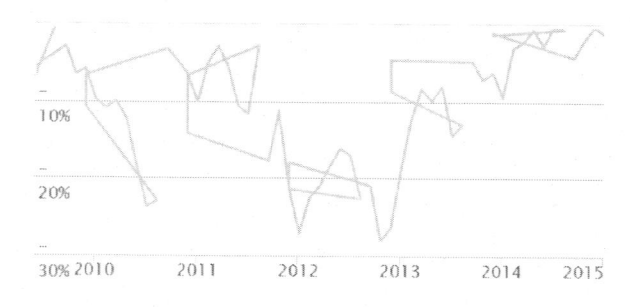

圖 4-55　回撤走勢圖

表 4-80　　　　　　　　歷史月度回撤表

截止日期：2015-02-03

净值日期	单位净值	累计净值	月回撤
2015-01	2.6658*	2.6658*	-1.25%
2014-12	2.5047*	2.5047*	-0.20%
2014-11	2.2911*	2.2911*	-1.99%
2014-10	2.2280*	2.2280*	-4.35%
2014-09	2.1868*	2.1868*	-1.05%
2014-08	2.0512*	2.0512*	-1.32%

該基金合格。

19. 銀帆 1 期（見圖 4-56 至圖 4-58、表 4-81 至表 4-84）

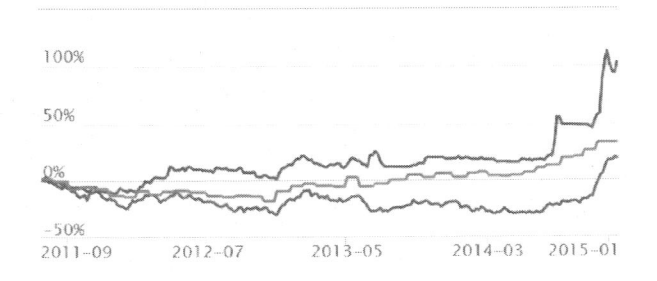

圖 4-56　　收益走勢圖

表 4-81　　　　　　　　歷史淨值表

截止日期：2015-02-03

净值日期	单位净值	累计净值	涨跌幅
2015-01-23	2.0372	2.0372	5.75%
2015-01-16	1.9265	1.9265	-0.67%
2015-01-09	1.9395	1.9395	-3.56%
2015-01-04	2.0111	2.0111	-5.30%
2014-12-31	2.1237	2.1237	5.27%
2014-12-19	2.0174	2.0174	7.65%

表 4-82　　　　　　　　　　　歷史業績表

截止日期：2015-02-03

	今年以来	近一月	近三月	近六月	近一年	近二年	近三年	近五年	成立以来
收益率	-4.07%	0.98%	37.62%	76.11%	73.57%	73.11%	124.51%	--	103.72%
同类平均	2.83%	2.45%	12.34%	24.78%	29.04%	44.91%	58.43%	45.22%	29.52%
沪深300	1.08%	7.42%	49.07%	62.51%	60.03%	36.98%	42.64%	6.11%	--
年份评级	--	--	--	--	★★★★	★★★★	★★★★★	★	--
同类排名	2493/2912	1757/3012	198/2821	59/2004	61/1535	158/1014	41/817	--/239	--
四分位	差	中	优	优	优	优	优	--	--

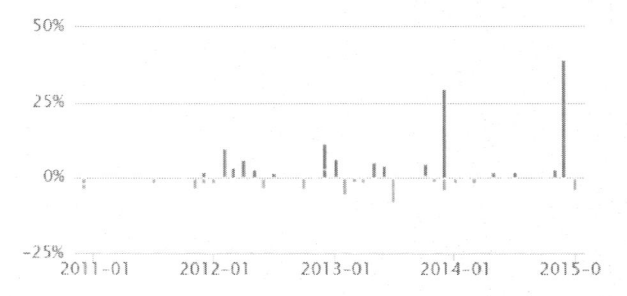

圖 4-57　月度回報圖

表 4-83　　　　　　　　　　歷史月度回報表

截止日期：2015-02-03

净值日期	单位净值	累计净值	月涨跌幅
2015-01	2.0372	2.0372	-4.07%
2014-12	2.1237	2.1237	39.59%
2014-11	1.5214	1.5214	2.83%
2014-10	1.4796	1.4796	-0.22%
2014-09	1.4828	1.4828	-4.04%
2014-08	1.5453	1.5453	29.68%

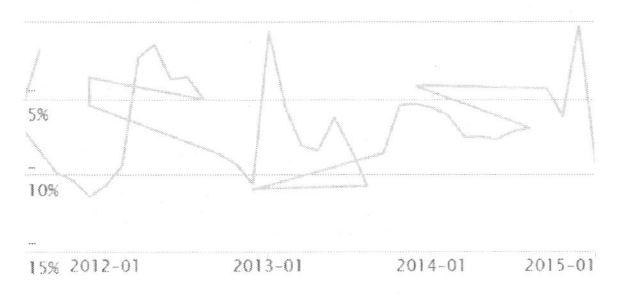

圖 4-58　回撤走勢圖

表 4-84　　　　　　　　　歷史月度回撤表

截止日期：2015-02-03

淨值日期	單位淨值	累計淨值	月回撤
2015-01	2.0372	2.0372	-9.29%
2014-12	2.1237	2.1237	0.00%
2014-11	1.5214	1.5214	-6.20%
2014-10	1.4796	1.4796	-4.30%
2014-09	1.4828	1.4828	-4.09%
2014-08	1.5453	1.5453	-4.15%

該基金回撤控制 10.66%非常好，合格。

20. 黃金優選 1 期 11 號（見圖 4-59 至圖 4-61、表 4-85 至表 4-88）

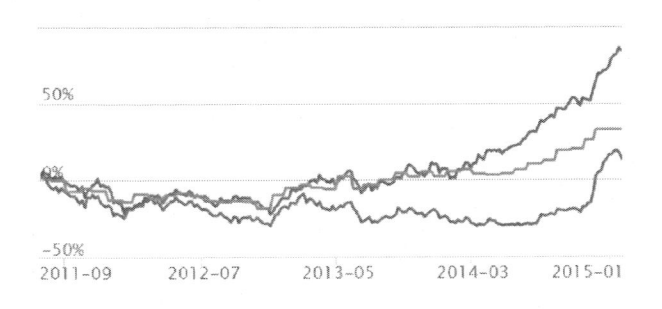

圖 4-59　收益走勢圖

第四章　中國股票類私募基金操作實力研究　135

表 4-85　　　　　　　　　　歷史淨值表

截止日期：2015-02-03

净值日期	单位净值	累计净值	涨跌幅
2015-01-30	1.8399*	1.8399*	-1.40%
2015-01-23	1.8660*	1.8660*	2.35%
2015-01-16	1.8231*	1.8231*	0.51%
2015-01-15	1.8139*	1.8139*	1.13%
2015-01-09	1.7936*	1.7936*	2.99%
2014-12-31	1.7415*	1.7415*	1.11%

表 4-86　　　　　　　　　　歷史業績表

截止日期：2015-02-03

	今年以来	近一月	近三月	近六月	近一年	近二年	近三年	近五年	成立以来
收益率	5.65%	5.65%	19.47%	32.47%	72.15%	93.59%	124.08%	--	83.99%
同类平均	2.83%	2.45%	12.34%	24.78%	29.04%	44.91%	58.43%	45.22%	29.52%
沪深300	-2.81%	-0.67%	39.10%	47.91%	55.93%	27.73%	39.57%	7.19%	--
年份评级	--	--	--	--	★★★★★	★★★★★	★★★★★	--	--
同类排名	796/2912	825/3012	739/2821	554/2004	68/1535	58/1014	42/817	--/299	--
四分位	良	良	良	良	优	优	优	--	--

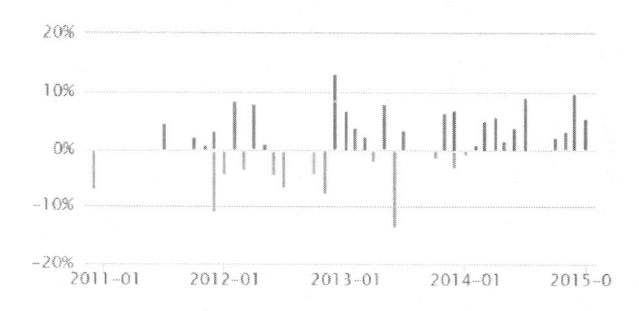

圖 4-60　月度回報圖

表 4-87　　　　　　　　歷史月度回報表

截止日期：2015-02-03

净值日期	单位净值	累计净值	月涨跌幅
2015-01	1.8399*	1.8399*	5.65%
2014-12	1.7415*	1.7415*	9.68%
2014-11	1.5878*	1.5878*	3.10%
2014-10	1.5401*	1.5401*	2.14%
2014-09	1.5079*	1.5079*	7.10%
2014-08	1.4079*	1.4079*	1.37%

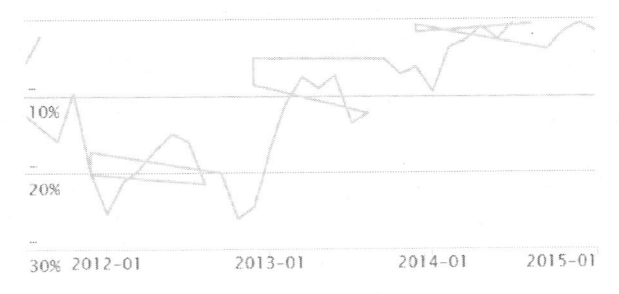

圖 4-61　回撤走勢圖

表 4-88　　　　　　　　歷史月度回撤表

截止日期：2015-02-03

净值日期	单位净值	累计净值	月回撤
2015-01	1.8399*	1.8399*	-1.40%
2014-12	1.7415*	1.7415*	-0.36%
2014-11	1.5878*	1.5878*	-1.43%
2014-10	1.5401*	1.5401*	-3.79%
2014-09	1.5079*	1.5079*	-0.59%
2014-08	1.4079*	1.4079*	-1.49%

該基金合格。

21. 黃金優選1期3號（見圖4-62、表4-89至表4-90）

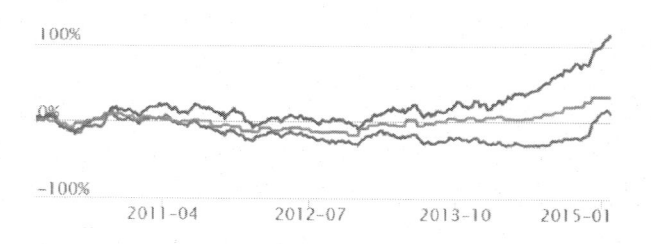

圖 4-62　收益走勢圖

表 4-89　　　　　　　　　　　　歷史淨值表

截止日期：2015-02-03

净值日期	单位净值	累计净值	涨跌幅
2015-01-30	2.1165*	2.1165*	-1.40%
2015-01-23	2.1466*	2.1466*	2.36%
2015-01-16	2.0971*	2.0971*	0.51%
2015-01-15	2.0865*	2.0865*	1.13%
2015-01-09	2.0632*	2.0632*	3.00%
2014-12-31	2.0032*	2.0032*	1.12%

表 4-90　　　　　　　　　　　　歷史業績表

截止日期：2015-02-03

	今年以来	近一月	近三月	近六月	近一年	近二年	近三年	近五年	成立以来
收益率	5.66%	5.66%	19.50%	32.55%	72.45%	93.77%	123.94%	111.65%	111.65%
同类平均	2.83%	2.45%	12.34%	24.78%	29.04%	44.91%	58.43%	45.22%	29.52%
沪深300	-2.81%	-0.67%	39.10%	47.91%	55.93%	27.73%	39.57%	7.19%	--
年份评级	--	--	--	--	★★★★★	★★★★★	★★★★★	★★★★★	--
同类排名	792/2912	822/3012	736/2821	550/2004	67/1535	56/1014	43/817	17/299	--
四分位	良	良	良	良	优	优	优	优	--

該基金合格。

22. 淡水泉 2008（見圖 4-63 至圖 4-65、表 4-91 至表 4-94）

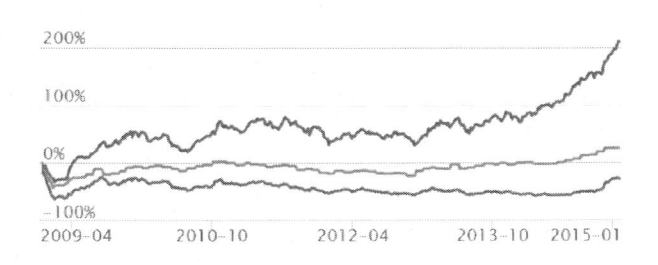

圖 4-63　收益走勢圖

表 4-91　　　　　　　　　　　歷史淨值表

截止日期：2015-02-03

淨值日期	單位淨值	累計淨值	漲跌幅
2015-01-30	3.0850*	3.0850*	-0.78%
2015-01-23	3.1094*	3.1094*	2.24%
2015-01-16	3.0412*	3.0412*	2.71%
2015-01-09	2.9611*	2.9611*	-0.31%
2015-01-08	2.9702*	2.9702*	2.02%
2014-12-31	2.9114*	2.9114*	1.32%

表 4-92　　　　　　　　　　　歷史業績表

截止日期：2015-02-03

	今年以來	近一月	近三月	近六月	近一年	近二年	近三年	近五年	成立以來
收益率	5.96%	5.96%	20.53%	32.75%	74.22%	97.49%	123.83%	123.81%	208.50%
同類平均	2.83%	2.45%	12.34%	24.78%	29.04%	44.91%	58.43%	45.22%	29.52%
滬深300	-2.81%	-0.67%	39.10%	47.91%	55.93%	27.73%	39.57%	7.19%	--
年份評級	--	--	--	★★★★★	★★★★★	★★★★★	★★★★★	--
同類排名	739/2912	764/3012	672/2821	534/2004	58/1535	44/1014	44/817	5/299	--
四分位	良	良	優	良	優	優	優	優	

图 4-64　月度回报图

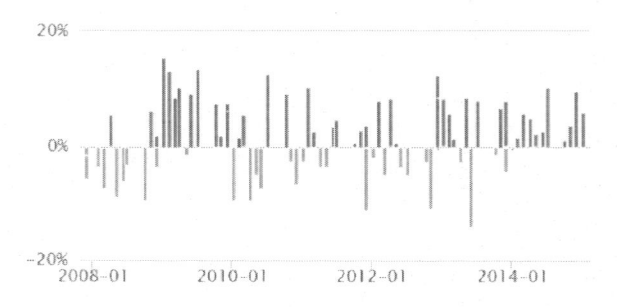

表 4-93　　　　　　　　　歷史月度回報表

截止日期：2015-02-03

净值日期	单位净值	累计净值	月涨跌幅
2015-01	3.0850*	3.0850*	5.96%
2014-12	2.9114*	2.9114*	9.72%
2014-11	2.6534*	2.6534*	3.66%
2014-10	2.5596*	2.5596*	1.11%
2014-09	2.5314*	2.5314*	7.89%
2014-08	2.3463*	2.3463*	0.96%

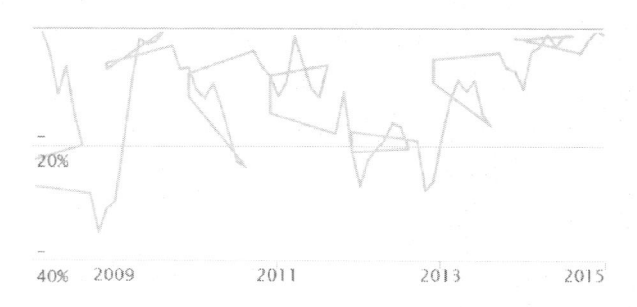

图 4-65　回撤走势图

表 4-94　　　　　　　　歷史月度回撤表

截止日期：2015-02-03

净值日期	单位净值	累计净值	月回撤
2015-01	3.0850*	3.0850*	-0.78%
2014-12	2.9114*	2.9114*	0.00%
2014-11	2.6534*	2.6534*	-1.61%
2014-10	2.5596*	2.5596*	-3.88%
2014-09	2.5314*	2.5314*	-1.24%
2014-08	2.3463*	2.3463*	-1.50%

該基金回撤-35.16%，太大，剔除。

23. 名禹穩健增長（見圖 4-66 至圖 4-68、表 4-95 至表 4-98）

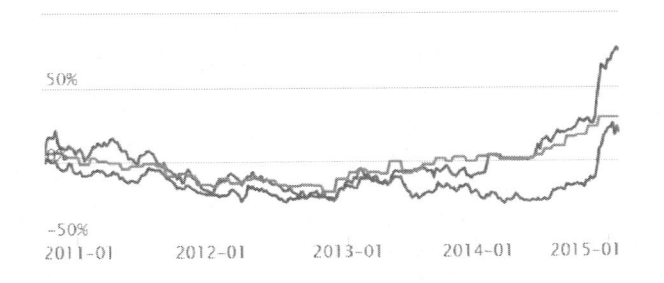

圖 4-66　收益走勢圖

表 4-95　　　　　　　　歷史淨值表

截止日期：2015-02-03

净值日期	单位净值	累计净值	涨跌幅
2015-01-30	1.7361	1.7361	0.00%
2015-01-23	1.7624	1.7624	1.57%
2015-01-20	1.7352	1.7352	0.99%
2015-01-16	1.7182	1.7182	2.81%
2015-01-09	1.6712	1.6712	-0.58%
2014-12-31	1.6810	1.6810	4.08%

表 4-96　　　　　　　　　　　歷史業績表

截止日期：2015-02-03

	今年以來	近一月	近三月	近六月	近一年	近二年	近三年	近五年	成立以來
收益率	4.84%	9.12%	39.30%	56.53%	81.19%	112.95%	123.60%	--	76.24%
同類平均	2.83%	2.45%	12.34%	24.78%	29.04%	44.91%	58.43%	45.22%	29.52%
滬深300	1.08%	7.42%	49.07%	62.51%	60.03%	36.98%	42.64%	6.11%	--
年份評級	--	--	--	★★★★★	★★★★★	★★★★★	★★★★	--	
同類排名	952/2912	374/3012	171/2821	116/2004	45/1535	22/1014	45/817	--/299	--
四分位	良	优	优	优	优	优	优	--	

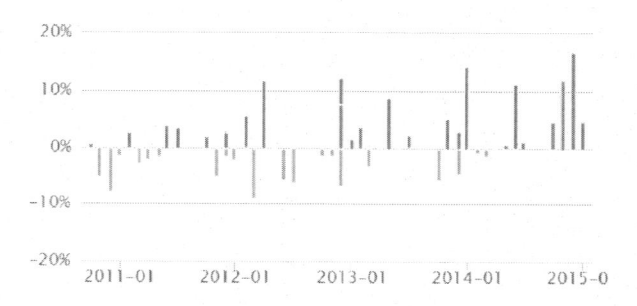

圖 4-67　月度回報圖

表 4-97　　　　　　　　　　　歷史月度回報表

截止日期：2015-02-03

淨值日期	單位淨值	累計淨值	月漲跌幅
2015-01	1.7624	1.7624	4.84%
2014-12	1.6810	1.6810	17.00%
2014-11	1.4368	1.4368	12.07%
2014-10	1.2820	1.2820	4.51%
2014-09	1.2267	1.2267	2.87%
2014-08	1.1925	1.1925	3.09%

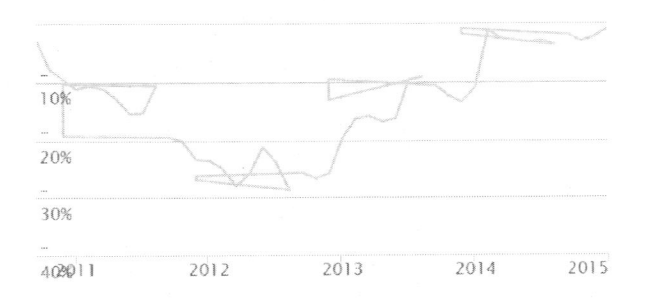

圖 4-68　回撤走勢圖

表 4-98　　　　　　　　歷史月度回撤表

截止日期：2015-02-03

净值日期	单位净值	累计净值	月回撤
2015-01	1.7624	1.7624	-0.58%
2014-12	1.6810	1.6810	-2.00%
2014-11	1.4368	1.4368	-2.86%
2014-10	1.2820	1.2820	-1.67%
2014-09	1.2267	1.2267	-0.60%
2014-08	1.1925	1.1925	-1.59%

該基金合格。

24. 淡水泉成長 10 期（見圖 4-69 至圖 4-71、表 4-99 至表 4-102）

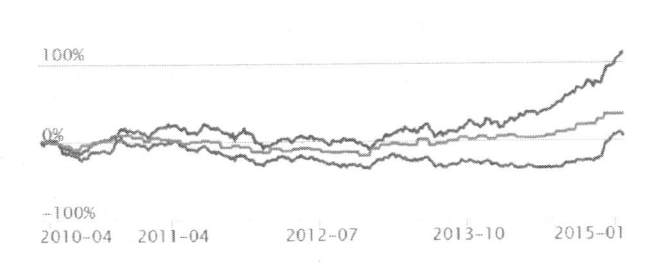

圖 4-69　收益走勢圖

第四章　中國股票類私募基金操作實力研究 | 143

表 4-99　　　　　　　　　　歷史淨值表

截止日期：2015-02-03

净值日期	单位净值	累计净值	涨跌幅
2015-01-30	2.1018*	2.1018*	-1.33%
2015-01-23	2.1301*	2.1301*	2.46%
2015-01-16	2.0789*	2.0789*	0.69%
2015-01-15	2.0646*	2.0646*	1.03%
2015-01-09	2.0435*	2.0435*	3.64%
2014-12-31	1.9718*	1.9718*	0.75%

表 4-100　　　　　　　　　歷史業績表

截止日期：2015-02-03

	今年以来	近一月	近三月	近六月	近一年	近二年	近三年	近五年	成立以来
收益率	6.59%	6.59%	19.65%	33.35%	71.02%	93.84%	123.24%	--	110.18%
同类平均	2.83%	2.45%	12.34%	24.78%	29.04%	44.91%	58.43%	45.22%	29.52%
沪深300	-2.81%	-0.67%	39.10%	47.91%	55.93%	27.73%	39.57%	7.19%	--
年份评级	--	--	--	--	★★★★★	★★★★★	★★★★★	★★★★★	--
同类排名	615/2912	651/3012	725/2821	509/2004	78/1535	53/1014	46/617	--/299	--
四分位	优	优	良	良	优	优	优		

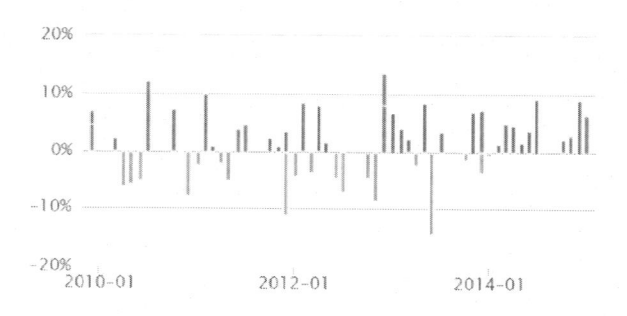

圖 4-70　月度回報圖

表 4-101　　　　　　　　歷史月度回報表

截止日期：2015-02-03

净值日期	单位净值	累计净值	月涨跌幅
2015-01	2.1018*	2.1018*	6.59%
2014-12	1.9718*	1.9718*	9.13%
2014-11	1.8068*	1.8068*	2.86%
2014-10	1.7566*	1.7566*	2.29%
2014-09	1.7172*	1.7172*	7.38%
2014-08	1.5992*	1.5992*	1.46%

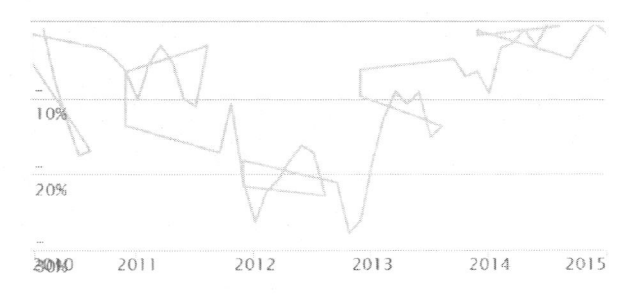

圖 4-71　回撤走勢圖

表 4-102　　　　　　　　歷史月度回撤表

截止日期：2015-02-03

净值日期	单位净值	累计净值	月回撤
2015-01	2.1018*	2.1018*	-1.33%
2014-12	1.9718*	1.9718*	-0.06%
2014-11	1.8068*	1.8068*	-2.18%
2014-10	1.7566*	1.7566*	-4.68%
2014-09	1.7172*	1.7172*	-0.98%
2014-08	1.5992*	1.5992*	-1.60%

該基金合格。

25. 淡水泉 7 期（見圖 4-72 至圖 4-74、表 4-103 至表 4-106）

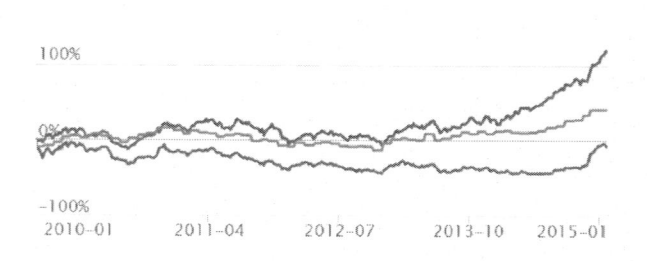

圖 4-72　收益走勢圖

表 4-103　　　　　　　　　歷史淨值表

截止日期：2015-02-03

淨值日期	單位淨值	累計淨值	漲跌幅
2015-01-30	2.1611*	2.1611*	-1.44%
2015-01-23	2.1927*	2.1927*	2.46%
2015-01-16	2.1401*	2.1401*	0.57%
2015-01-15	2.1279*	2.1279*	1.09%
2015-01-09	2.1049*	2.1049*	3.19%
2014-12-31	2.0399*	2.0399*	0.97%

表 4-104　　　　　　　　　歷史業績表

截止日期：2015-02-03

	今年以來	近一月	近三月	近六月	近一年	近二年	近三年	近五年	成立以來
收益率	5.94%	5.94%	19.43%	30.65%	70.68%	93.59%	123.14%	110.37%	116.11%
同類平均	2.83%	2.45%	12.34%	24.78%	29.04%	44.91%	58.43%	45.22%	29.52%
滬深300	-2.81%	-0.67%	39.10%	47.91%	55.93%	27.73%	39.57%	7.19%	--
年份評級	--	--	--	--	★★★★★	★★★★★	★★★★★	★★★★★	--
同類排名	743/2912	769/3012	743/2821	624/2004	82/1535	57/1014	49/817	20/299	--
四分位	良	良	良	良	優	優	優	優	--

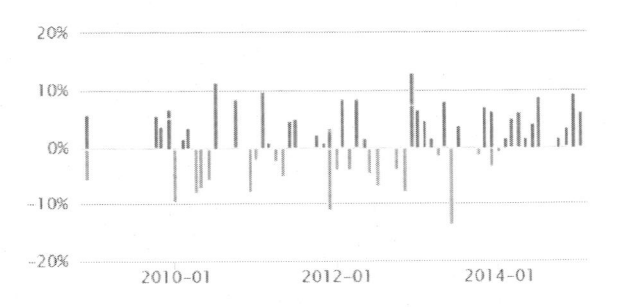

圖 4-73　月度回報圖

表 4-105　　　　　　　　　歷史月度回報表

截止日期：2015-02-03

净值日期	单位净值	累计净值	月涨跌幅
2015-01	2.1611*	2.1611*	5.94%
2014-12	2.0399*	2.0399*	9.30%
2014-11	1.8664*	1.8664*	3.14%
2014-10	1.8095*	1.8095*	1.77%
2014-09	1.7781*	1.7781*	6.28%
2014-08	1.6730*	1.6730*	1.14%

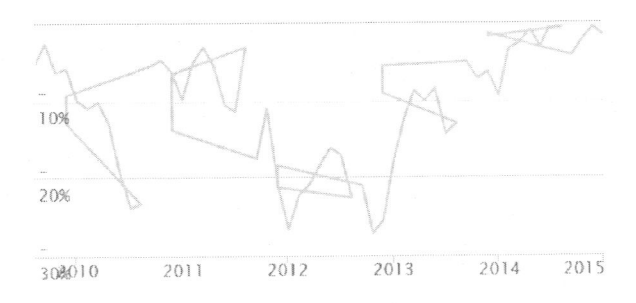

圖 4-74　回撤走勢圖

表 4-106　　　　　　　歷史月度回撤表

截止日期：2015-02-03

淨值日期	單位淨值	累計淨值	月回撤
2015-01	2.1611*	2.1611*	-1.44%
2014-12	2.0399*	2.0399*	-0.38%
2014-11	1.8664*	1.8664*	-1.97%
2014-10	1.8095*	1.8095*	-4.10%
2014-09	1.7781*	1.7781*	-1.16%
2014-08	1.6730*	1.6730*	-1.57%

該基金合格。

26. 黃金優選 2 號（見圖 4-75 至圖 4-77、表 4-107 至表 4-110）

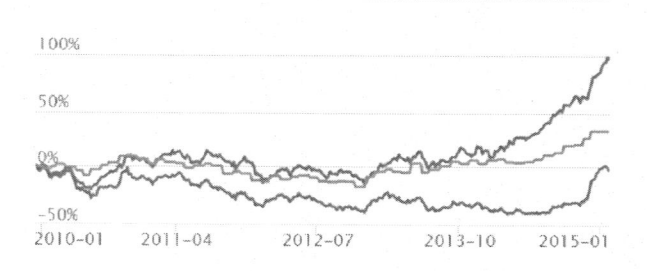

圖 4-75　　收益走勢圖

表 4-107　　　　　　　歷史淨值表

截止日期：2015-02-03

淨值日期	單位淨值	累計淨值	漲跌幅
2015-01-30	1.9636*	1.9636*	-1.40%
2015-01-23	1.9915*	1.9915*	2.35%
2015-01-16	1.9457*	1.9457*	0.51%
2015-01-15	1.9358*	1.9358*	1.12%
2015-01-09	1.9143*	1.9143*	2.99%
2014-12-31	1.8588*	1.8588*	1.11%

表 4-108　　　　　　　　　　歷史業績表

截止日期：2015-02-03

	今年以来	近一月	近三月	近六月	近一年	近二年	近三年	近五年	成立以来
收益率	5.64%	5.64%	19.40%	32.38%	71.94%	92.89%	122.88%	113.32%	96.36%
同类平均	2.83%	2.45%	12.34%	24.78%	29.04%	44.91%	58.43%	45.22%	29.52%
沪深300	-2.81%	-0.67%	39.10%	47.91%	55.93%	27.73%	39.57%	7.19%	--
年份评级	--	--	--	--	★★★★★	★★★★★	★★★★★	★★★★★	--
同类排名	837/2931	871/3099	840/2865	615/2034	80/1559	76/1019	53/820	14/298	
四分位	良	良	良	良	优	优	优	优	

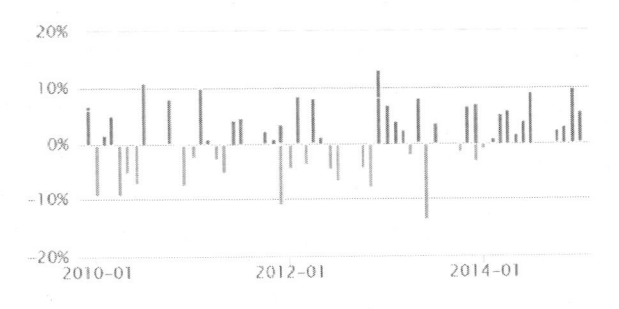

圖 4-76　月度回報圖

表 4-109　　　　　　　　歷史月度回報表

截止日期：2015-02-03

净值日期	单位净值	累计净值	月涨跌幅
2015-01	1.9636*	1.9636*	5.64%
2014-12	1.8588*	1.8588*	9.65%
2014-11	1.6952*	1.6952*	3.08%
2014-10	1.6445*	1.6445*	2.12%
2014-09	1.6103*	1.6103*	7.12%
2014-08	1.5033*	1.5033*	1.35%

图 4-77　回撤走势图

表 4-110　　　　　　　　　歷史月度回撤表

截止日期：2015-02-03

净值日期	单位净值	累计净值	月回撤
2015-01	1.9636	1.9636	-1.40%
2014-12	1.8588	1.8588	-0.36%
2014-11	1.6952	1.6952	-1.46%
2014-10	1.6445	1.6445	-3.81%
2014-09	1.6103	1.6103	-0.60%
2014-08	1.5033	1.5033	-1.51%

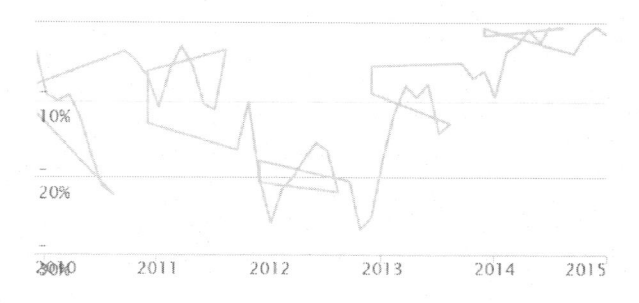

該基金合格。

27. 淡水泉成長 6 期（見圖 4-78、表 4-111、表 4-112）

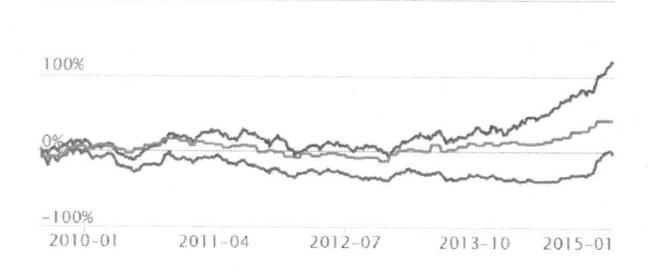

图 4-78　收益走势图

表 4-111　　　　　　　　　　歷史淨值表

截止日期：2015-02-03

净值日期	单位净值	累计净值	涨跌幅
2015-01-30	2.1708*	2.1708*	-1.27%
2015-01-23	2.1988*	2.1988*	2.41%
2015-01-16	2.1471*	2.1471*	0.68%
2015-01-15	2.1327*	2.1327*	0.99%
2015-01-09	2.1118*	2.1118*	3.12%
2014-12-31	2.0480*	2.0480*	0.73%

表 4-112　　　　　　　　　　歷史業績表

截止日期：2015-02-03

	今年以来	近一月	近三月	近六月	近一年	近二年	近三年	近五年	成立以来
收益率	6.00%	6.00%	18.99%	30.43%	68.21%	91.16%	122.65%	111.17%	117.08%
同类平均	2.83%	2.45%	12.34%	24.78%	29.04%	44.91%	58.43%	45.22%	29.52%
沪深300	-2.81%	-0.67%	39.10%	47.91%	55.93%	27.73%	39.57%	7.19%	--
年份评级	--	--	--	--	★★★★★	★★★★★	★★★★★	★★★★★	--
同类排名	731/2912	760/3012	763/2821	632/2004	99/1535	75/1014	52/317	18/299	--
四分位	良	良	良	良	优	优	优	优	--

該基金合格。

28. 黃金優選 1 期 5 號（見圖 4-79 至圖 4-81、表 4-113 至表 4-116）

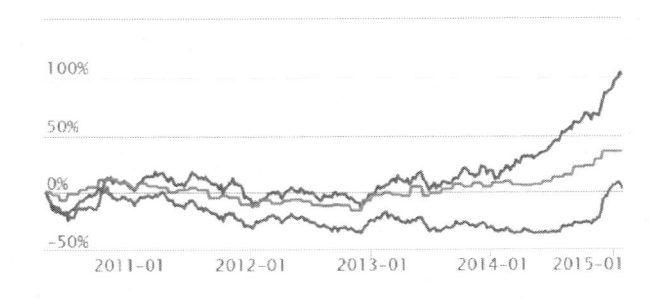

圖 4-79　收益走勢圖

表 4-113　　　　　　　　　歷史淨值表

截止日期：2015-02-03

淨值日期	單位淨值	累計淨值	漲跌幅
2015-01-30	2.0142*	2.0142*	-1.40%
2015-01-23	2.0429*	2.0429*	2.35%
2015-01-16	1.9959*	1.9959*	0.51%
2015-01-15	1.9858*	1.9858*	1.12%
2015-01-09	1.9638*	1.9638*	2.97%
2014-12-31	1.9072*	1.9072*	1.11%

表 4-114　　　　　　　　　歷史業績表

截止日期：2015-02-03

	今年以來	近一月	近三月	近六月	近一年	近二年	近三年	近五年	成立以來
收益率	5.61%	5.61%	19.30%	32.21%	71.61%	92.64%	122.59%	--	101.42%
同類平均	2.83%	2.45%	12.34%	24.78%	29.04%	44.91%	58.43%	45.22%	29.52%
滬深300	-2.81%	-0.67%	39.10%	47.91%	55.93%	27.73%	39.57%	7.19%	--
年份評級	--	--	--	--	★★★★★	★★★★★	★★★★★	★★★★★	--
同類排名	845/2931	882/3099	846/2885	622/2034	83/1559	77/1019	57/820	--/258	--
四分位	良	良	良	良	優	優	優	--	--

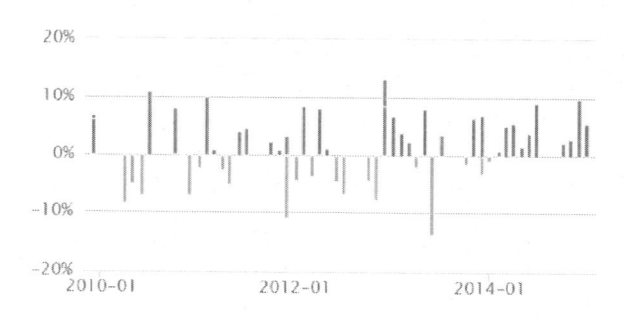

圖 4-80　月度回報圖

表 4-115　　　　　　　　歷史月度回報表

截止日期：2015-02-03

净值日期	单位净值	累计净值	月涨跌幅
2015-01	2.0142*	2.0142*	5.61%
2014-12	1.9072*	1.9072*	9.60%
2014-11	1.7401*	1.7401*	3.07%
2014-10	1.6883*	1.6883*	2.11%
2014-09	1.6534*	1.6534*	7.09%
2014-08	1.5440*	1.5440*	1.35%

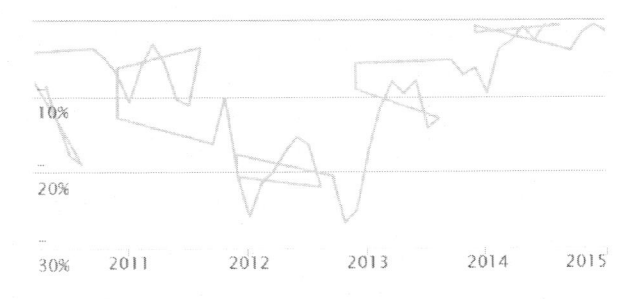

圖 4-81　回撤走勢圖

表 4-116　　　　　　　　歷史月度回撤表

截止日期：2015-02-03

净值日期	单位净值	累计净值	月回撤
2015-01	2.0142*	2.0142*	-1.40%
2014-12	1.9072*	1.9072*	-0.36%
2014-11	1.7401*	1.7401*	-1.44%
2014-10	1.6883*	1.6883*	-3.78%
2014-09	1.6534*	1.6534*	-0.60%
2014-08	1.5440*	1.5440*	-1.50%

該基金合格。

29. 黃金優選 1 期 10 號（見圖 4-82 至圖 4-84、表 4-117 至表 4-120）

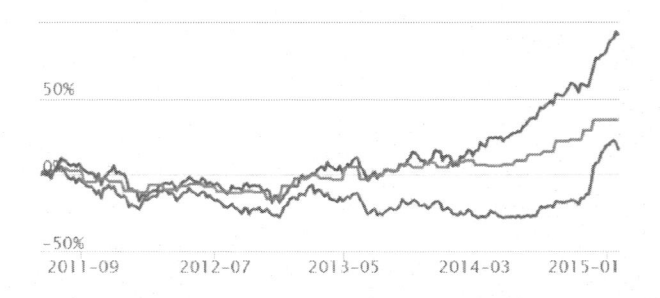

圖 4-82　收益走勢圖

表 4-117　　　　　　　　　　歷史淨值表

截止日期：2015-02-03

淨值日期	單位淨值	累計淨值	漲跌幅
2015-01-30	1.9084*	1.9084*	-1.39%
2015-01-23	1.9353*	1.9353*	2.34%
2015-01-16	1.8910*	1.8910*	0.51%
2015-01-15	1.8814*	1.8814*	1.12%
2015-01-09	1.8605*	1.8605*	2.98%
2014-12-31	1.8066*	1.8066*	1.11%

表 4-118　　　　　　　　　　歷史業績表

截止日期：2015-02-03

	今年以来	近一月	近三月	近六月	近一年	近二年	近三年	近五年	成立以来
收益率	5.63%	5.63%	19.41%	32.23%	71.31%	92.42%	122.50%	--	90.84%
同类平均	2.83%	2.45%	12.34%	24.78%	29.04%	44.91%	58.43%	45.22%	29.52%
沪深300	-2.81%	-0.67%	39.10%	47.91%	55.93%	27.73%	39.57%	7.19%	--
年份评级	--	--	--	--	★★★★★	★★★★★	★★★★★	★★★★☆	--
同类排名	799/2912	828/3012	744/2821	561/2004	75/1535	68/1014	54/817	--/299	--
四分位	良	良	良	良	优	优	优		

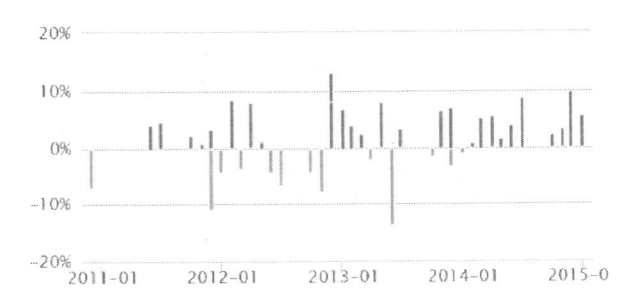

圖 4-83　月度回報圖

表 4-119　　　　　　　　　　歷史月度回報表

截止日期：2015-02-03

净值日期	单位净值	累计净值	月涨跌幅
2015-01	1.9084*	1.9084*	5.63%
2014-12	1.8066*	1.8066*	9.64%
2014-11	1.6477*	1.6477*	3.10%
2014-10	1.5982*	1.5982*	2.10%
2014-09	1.5653*	1.5653*	7.02%
2014-08	1.4626*	1.4626*	1.34%

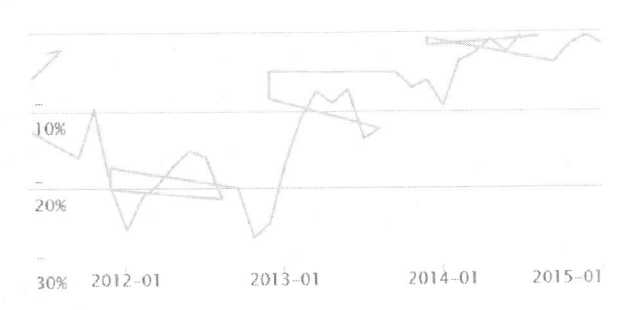

圖 4-84　回撤走勢圖

表 4-120　　　　　　　　　歷史月度回撤表

截止日期：2015-02-03

净值日期	单位净值	累计净值	月回撤
2015-01	1.9084*	1.9084*	-1.39%
2014-12	1.8066*	1.8066*	-0.36%
2014-11	1.6477*	1.6477*	-1.42%
2014-10	1.5982*	1.5982*	-3.74%
2014-09	1.5653*	1.5653*	-0.58%
2014-08	1.4626*	1.4626*	-1.48%

該基金合格。

30. 黃金優選1期8號（見圖4-84至圖4-86、表4-121至表4-124）

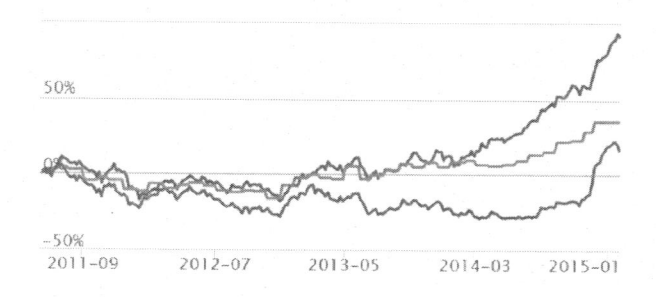

圖4-84　收益走勢圖

表 4-121　　　　　　　　　歷史淨值表

截止日期：2015-02-03

净值日期	单位净值	累计净值	涨跌幅
2015-01-30	1.9051*	1.9051*	-1.39%
2015-01-23	1.9320*	1.9320*	2.35%
2015-01-16	1.8877*	1.8877*	0.51%
2015-01-15	1.8782*	1.8782*	1.13%
2015-01-09	1.8573*	1.8573*	2.98%
2014-12-31	1.8036*	1.8036*	1.11%

表 4-122　　　　　　　　　　歷史業績表

截止日期：2015-02-03

	今年以来	近一月	近三月	近六月	近一年	近二年	近三年	近五年	成立以来
收益率	5.63%	5.63%	19.37%	32.16%	71.05%	92.09%	122.12%	--	90.51%
同类平均	2.83%	2.45%	12.34%	24.78%	29.04%	44.91%	58.43%	45.22%	29.52%
沪深300	-2.81%	-0.67%	39.10%	47.91%	55.93%	27.73%	39.57%	7.19%	--
年份评级	--	--	--	--	★★★★★	★★★★★	★★★★★	★★★★★	--
同类排名	802/2912	832/3012	746/2821	570/2004	77/1535	69/1014	55/817	--/299	--
四分位	良	良	良	良	优	优	优	--	--

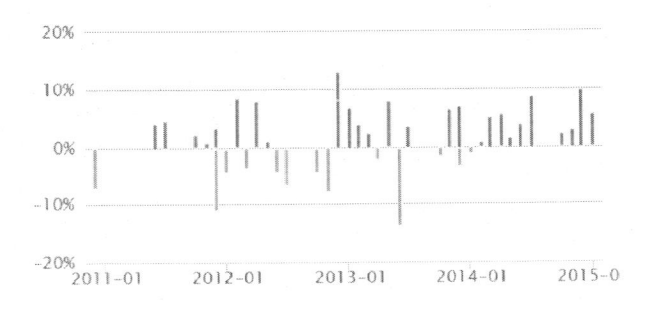

圖 4-85　月度回報圖

表 4-123　　　　　　　　　歷史月度回報表

截止日期：2015-02-03

净值日期	单位净值	累计净值	月涨跌幅
2015-01	1.9051*	1.9051*	5.63%
2014-12	1.8036*	1.8036*	9.63%
2014-11	1.6451*	1.6451*	3.08%
2014-10	1.5959*	1.5959*	2.12%
2014-09	1.5628*	1.5628*	6.98%
2014-08	1.4608*	1.4608*	1.34%

图 4-86　回撤走势图

表 4-124　　　　　　　　　历史月度回撤表

截止日期：2015-02-03

净值日期	单位净值	累计净值	月回撤
2015-01	1.9051*	1.9051*	-1.39%
2014-12	1.8036*	1.8036*	-0.36%
2014-11	1.6451*	1.6451*	-1.42%
2014-10	1.5959*	1.5959*	-3.77%
2014-09	1.5628*	1.5628*	-0.58%
2014-08	1.4608*	1.4608*	-1.46%

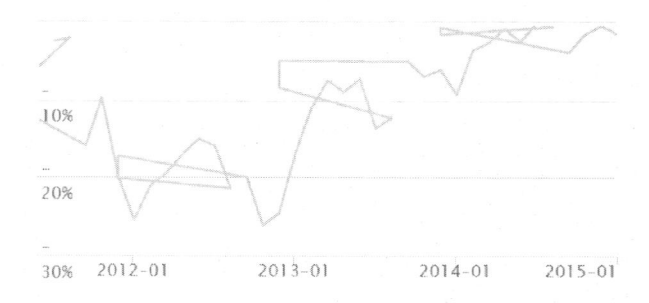

该基金合格。

31. 黄金优选 1 期 1 号（见图 4-87 至图 4-89、表 4-125 至表 4-128）

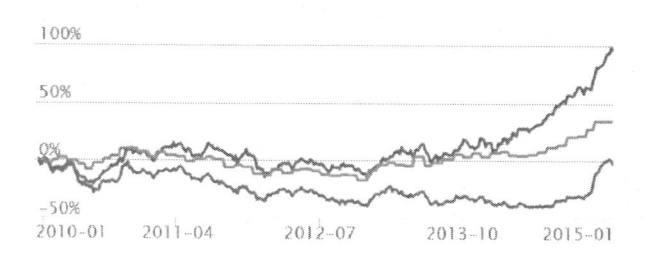

图 4-87　收益走势图

表 4-125 歷史淨值表

截止日期：2015-02-03

净值日期	单位净值	累计净值	涨跌幅
2015-01-30	1.9549*	1.9549*	-1.40%
2015-01-23	1.9826*	1.9826*	2.34%
2015-01-16	1.9372*	1.9372*	0.51%
2015-01-15	1.9274*	1.9274*	1.11%
2015-01-09	1.9062*	1.9062*	2.96%
2014-12-31	1.8514*	1.8514*	1.10%

表 4-126 歷史業績表

截止日期：2015-02-03

	今年以来	近一月	近三月	近六月	近一年	近二年	近三年	近五年	成立以来
收益率	5.59%	5.59%	19.23%	32.03%	71.09%	92.03%	121.85%	112.40%	95.49%
同类平均	2.83%	2.45%	12.34%	24.78%	29.04%	44.91%	58.43%	45.22%	29.52%
沪深300	-2.81%	-0.67%	39.10%	47.91%	55.93%	27.73%	39.57%	7.19%	--
年份评级	--	--	--	--	★★★★★	★★★★★	★★★★★	★★★★	--
同类排名	819/2912	853/3012	756/2821	574/2004	76/1535	70/1014	56/817	16/299	--
四分位	良	良	良	良	优	优	优	优	--

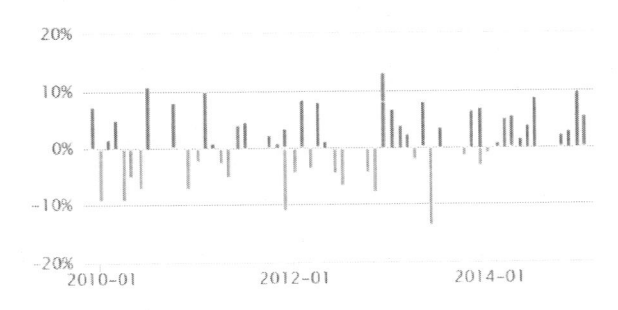

圖 4-88 月度回報圖

表 4-127　　　　　　　　歷史月度回報表

截止日期：2015-02-03

净值日期	单位净值	累计净值	月涨跌幅
2015-01	1.9549*	1.9549*	5.59%
2014-12	1.8514*	1.8514*	9.57%
2014-11	1.6897*	1.6897*	3.06%
2014-10	1.6396*	1.6396*	2.09%
2014-09	1.6060*	1.6060*	7.03%
2014-08	1.5005*	1.5005*	1.34%

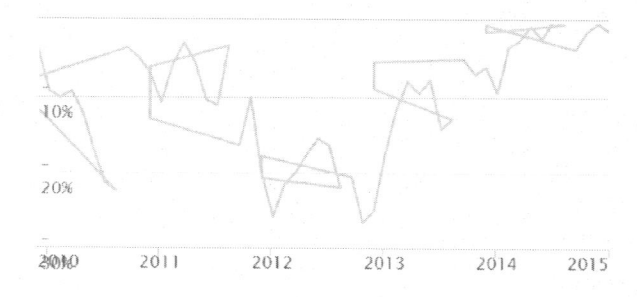

圖 4-89　回撤走勢圖

表 4-128　　　　　　　　歷史月度回撤表

截止日期：2015-02-03

净值日期	单位净值	累计净值	月回撤
2015-01	1.9549*	1.9549*	-1.40%
2014-12	1.8514*	1.8514*	-0.36%
2014-11	1.6897*	1.6897*	-1.44%
2014-10	1.6396*	1.6396*	-3.76%
2014-09	1.6060*	1.6060*	-0.59%
2014-08	1.5005*	1.5005*	-1.48%

該基金合格。

32. 黃金優選1期9號（見圖4-90至圖4-92、表4-129至表4-132）

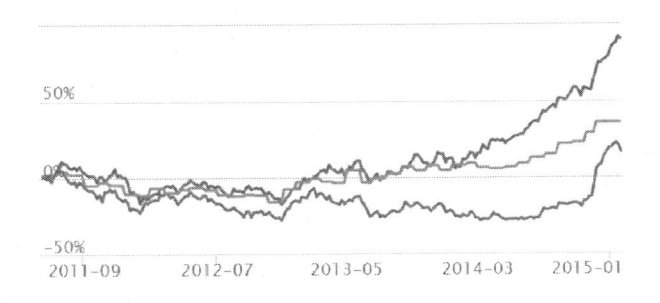

圖 4-90　收益走勢圖

表 4-129　歷史淨值表

截止日期：2015-02-03

淨值日期	單位淨值	累計淨值	漲跌幅
2015-01-30	1.8898*	1.8898*	-1.39%
2015-01-23	1.9165*	1.9165*	2.34%
2015-01-16	1.8726*	1.8726*	0.50%
2015-01-15	1.8632*	1.8632*	1.12%
2015-01-09	1.8425*	1.8425*	2.97%
2014-12-31	1.7893*	1.7893*	1.11%

表 4-130　歷史業績表

截止日期：2015-02-03

	今年以來	近一月	近三月	近六月	近一年	近二年	近三年	近五年	成立以來
收益率	5.62%	5.62%	19.35%	31.87%	69.75%	90.58%	120.31%	--	88.98%
同類平均	2.83%	2.45%	12.34%	24.78%	29.04%	44.91%	58.43%	45.22%	29.52%
滬深300	-2.81%	-0.67%	39.10%	47.91%	55.93%	27.73%	39.57%	7.19%	--
年份評級	--	--	--	--	★★★★★	★★★★★	★★★★★	★★★★★	--
同類排名	805/2912	835/3012	747/2821	576/2004	91/1535	78/1014	58/817	--/299	--
四分位	良	良	良	良	優	優	優		

图 4-91　月度回报图

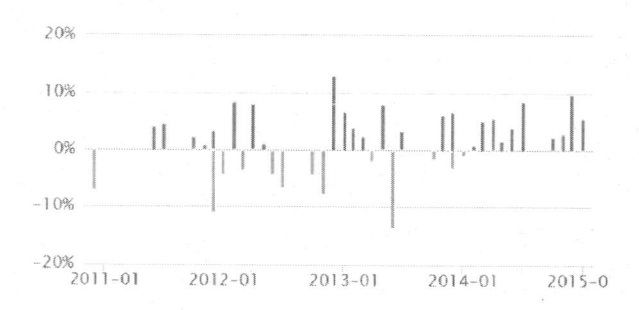

表 4-131　　　　　　　　歷史月度回报表

截止日期：2015-02-03

净值日期	单位净值	累计净值	月涨跌幅
2015-01	1.8898*	1.8898*	5.62%
2014-12	1.7893*	1.7893*	9.63%
2014-11	1.6322*	1.6322*	3.08%
2014-10	1.5834*	1.5834*	2.10%
2014-09	1.5509*	1.5509*	6.83%
2014-08	1.4517*	1.4517*	1.30%

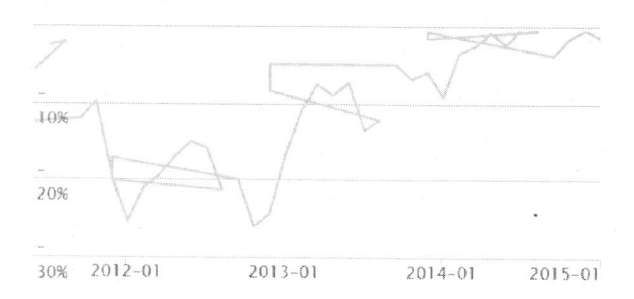

图 4-92　回撤走势图

表 4-132　　　　　　　　歷史月度回撤表

截止日期：2015-02-03

净值日期	单位净值	累计净值	月回撤
2015-01	1.8898*	1.8898*	-1.39%
2014-12	1.7893*	1.7893*	-0.36%
2014-11	1.6322*	1.6322*	-1.42%
2014-10	1.5834*	1.5834*	-3.73%
2014-09	1.5509*	1.5509*	-0.57%
2014-08	1.4517*	1.4517*	-1.43%

該基金合格。

33. 黃金優選 1 期 6 號（見圖 4-93 至圖 4-95、表 4-133 至表 4-136）

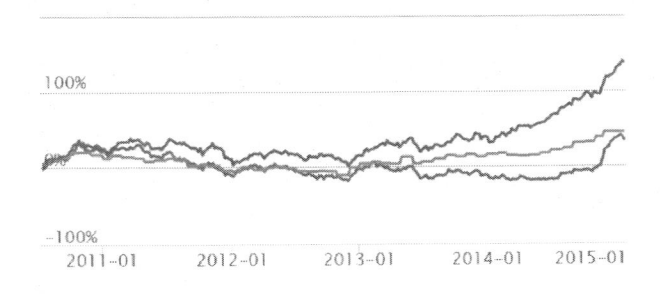

圖 4-93　收益走勢圖

表 4-133　　　　　　　　歷史淨值表

截止日期：2015-02-03

净值日期	单位净值	累计净值	涨跌幅
2015-01-30	2.3463*	2.3463*	-1.39%
2015-01-23	2.3794*	2.3794*	2.34%
2015-01-16	2.3250*	2.3250*	0.51%
2015-01-15	2.3133*	2.3133*	1.10%
2015-01-09	2.2881*	2.2881*	2.92%
2014-12-31	2.2231*	2.2231*	1.09%

表 4-134　　　　　　　　　歷史業績表

截止日期：2015-02-03

	今年以来	近一月	近三月	近六月	近一年	近二年	近三年	近五年	成立以来
收益率	5.54%	5.54%	19.00%	31.63%	69.74%	90.43%	119.88%	--	134.63%
同类平均	2.83%	2.45%	12.34%	24.78%	29.04%	44.91%	58.43%	45.22%	29.52%
沪深300	-2.81%	-0.67%	39.10%	47.91%	55.93%	27.73%	39.57%	7.19%	--
年份评级	--	--	--	--	★★★★★	★★★★★	★★★★★	★★★★☆	--
同类排名	829/2912	865/3012	762/2821	582/2004	92/1535	79/1014	60/817	--/299	--
四分位	良	良	良	良	优	优	优	--	--

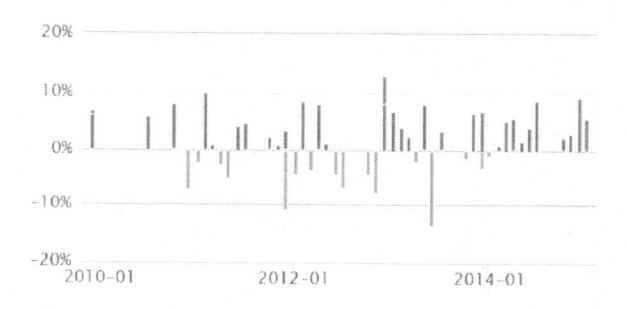

圖 4-94　月度回報圖

表 4-135　　　　　　　　歷史月度回報表

截止日期：2015-02-03

净值日期	单位净值	累计净值	月涨跌幅
2015-01	2.3463*	2.3463*	5.54%
2014-12	2.2231*	2.2231*	9.45%
2014-11	2.0312*	2.0312*	3.02%
2014-10	1.9716*	1.9716*	2.08%
2014-09	1.9315*	1.9315*	6.94%
2014-08	1.8061*	1.8061*	1.32%

图 4-95　回撤走势图

表 4-136　　　　　　　　历史月度回撤表

截止日期：2015-02-03

净值日期	单位净值	累计净值	月回撤
2015-01	2.3463*	2.3463*	-1.39%
2014-12	2.2231*	2.2231*	-0.35%
2014-11	2.0312*	2.0312*	-1.40%
2014-10	1.9716*	1.9716*	-3.70%
2014-09	1.9315*	1.9315*	-0.58%
2014-08	1.8061*	1.8061*	-1.46%

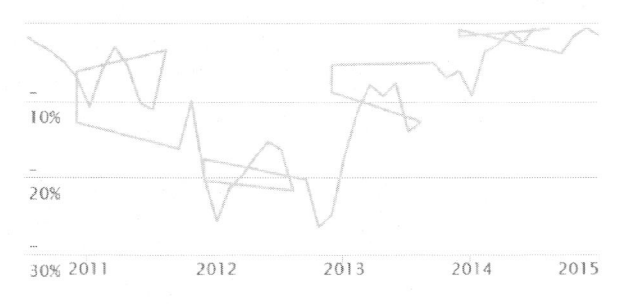

该基金合格。

34. 淡水泉精选 1 期（见图 4-96 至图 4-98、表 4-137 至表 4-140）

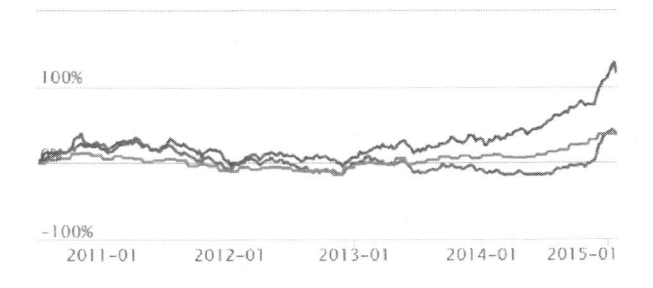

图 4-96　收益走势图

第四章　中國股票類私募基金操作實力研究　165

表 4-137　　　　　　　　　歷史淨值表

截止日期：2015-02-03

净值日期	单位净值	累计净值	涨跌幅
2015-01-30	2.1745	2.1745	-6.12%
2015-01-23	2.3162	2.3162	2.18%
2015-01-16	2.2667	2.2667	3.50%
2015-01-09	2.1900	2.1900	3.13%
2014-12-31	2.1235	2.1235	1.72%
2014-12-26	2.0876	2.0876	0.43%

表 4-138　　　　　　　　　歷史業績表

截止日期：2015-02-03

	今年以来	近一月	近三月	近六月	近一年	近二年	近三年	近五年	成立以来
收益率	2.40%	2.40%	22.92%	33.83%	69.50%	91.25%	118.89%	--	117.45%
同类平均	2.83%	2.45%	12.34%	24.78%	29.04%	44.91%	58.43%	45.22%	29.52%
沪深300	-2.81%	-0.67%	39.10%	47.91%	55.93%	27.73%	39.57%	7.19%	--
年份评级	--	--	--	--	★★★★★	★★★★★	★★★★★	★★★★	--
同类排名	1369/2912	1435/3012	551/2821	495/2004	95/1535	74/1014	62/817	--/299	--
四分位	良	良	优	优	优	优	优		

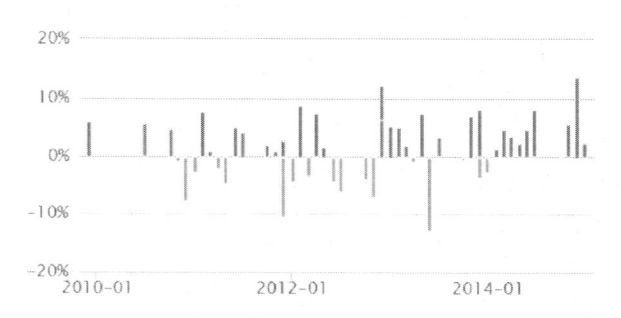

圖 4-97　月度回報圖

表 4-139　　　　　　　歷史月度回報表

截止日期：2015-02-03

净值日期	单位净值	累计净值	月涨跌幅
2015-01	2.1745	2.1745	2.40%
2014-12	2.1235	2.1235	13.68%
2014-11	1.8680	1.8680	5.60%
2014-10	1.7690	1.7690	-0.31%
2014-09	1.7745	1.7745	7.87%
2014-08	1.6451	1.6451	1.25%

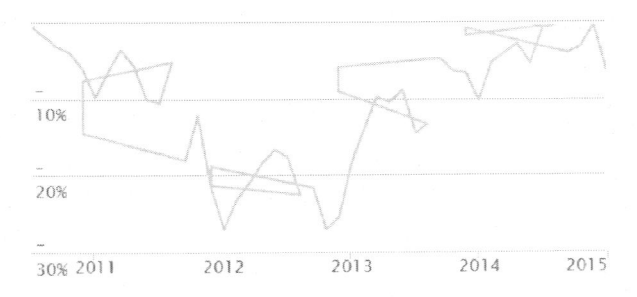

圖 4-98　回撤走勢圖

表 4-140　　　　　　　歷史月度回撤表

截止日期：2015-02-03

净值日期	单位净值	累计净值	月回撤
2015-01	2.1745	2.1745	-6.12%
2014-12	2.1235	2.1235	0.00%
2014-11	1.8680	1.8680	-2.84%
2014-10	1.7690	1.7690	-3.73%
2014-09	1.7745	1.7745	-0.46%
2014-08	1.6451	1.6451	-1.41%

該基金合格。

35. 黃金優選 1 期 4 號（見圖 4-99、表 4-141 至表 4-142）

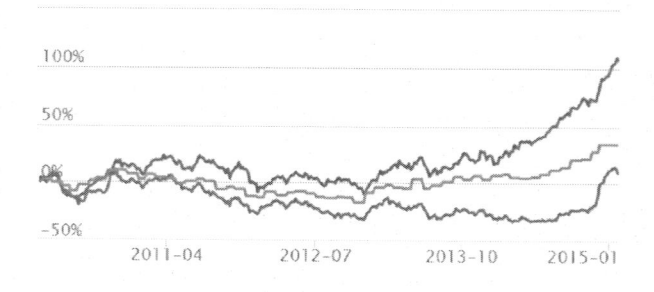

圖 4-99　收益走勢圖

表 4-141　　　　　　　　　　　歷史淨值表

截止日期：2015-02-03

淨值日期	單位淨值	累計淨值	漲跌幅
2015-01-30	2.0685*	2.0685*	-1.39%
2015-01-23	2.0977*	2.0977*	2.34%
2015-01-16	2.0498*	2.0498*	0.51%
2015-01-15	2.0395*	2.0395*	1.10%
2015-01-09	2.0174*	2.0174*	2.90%
2014-12-31	1.9606*	1.9606*	1.08%

表 4-142　　　　　　　　　　　歷史業績表

截止日期：2015-02-03

	今年以來	近一月	近三月	近六月	近一年	近二年	近三年	近五年	成立以來
收益率	5.50%	5.50%	18.82%	31.27%	68.83%	89.27%	118.43%	106.85%	106.85%
同類平均	2.83%	2.45%	12.34%	24.78%	29.04%	44.91%	58.43%	45.22%	29.52%
滬深300	-2.81%	-0.67%	39.10%	47.91%	55.93%	27.73%	39.57%	7.19%	--
年份評級	--	--	--	--	★★★★★	★★★★★	★★★★★	★★★★	--
同類排名	840/2912	875/3012	774/2821	597/2004	97/1535	88/1014	65/817	24/299	--
四分位	良	良	良	良	優	優	優	優	

該基金合格。

36. 黃金優選 1 期 7 號（見圖 4-100 至圖 4-102、表 4-143 至表 4-146）

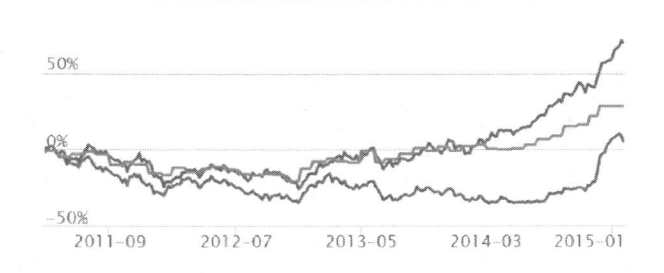

圖 4-100　收益走勢圖

表 4-143　　　　　　　　　　歷史淨值表

截止日期：2015-02-03

淨值日期	單位淨值	累計淨值	漲跌幅
2015-01-30	1.6962*	1.6962*	-1.27%
2015-01-23	1.7181*	1.7181*	2.35%
2015-01-16	1.6786*	1.6786*	0.67%
2015-01-15	1.6675*	1.6675*	0.98%
2015-01-09	1.6513*	1.6513*	3.47%
2014-12-31	1.5959*	1.5959*	0.71%

表 4-144　　　　　　　　　　歷史業績表

截止日期：2015-02-03

	今年以來	近一月	近三月	近六月	近一年	近二年	近三年	近五年	成立以來
收益率	6.28%	6.28%	18.62%	31.39%	66.47%	88.36%	116.57%	--	69.62%
同類平均	2.83%	2.45%	12.34%	24.78%	29.04%	44.91%	58.43%	45.22%	29.52%
滬深300	-2.81%	-0.67%	39.10%	47.91%	55.93%	27.73%	39.57%	7.19%	--
年份評級	--	--	--	--	★★★★★	★★★★★	★★★★★	★★★★★	--
同類排名	679/2912	705/3012	780/2821	592/2004	106/1535	94/1014	68/817	--/299	--
四分位	優	優	良	良	優	優	優		

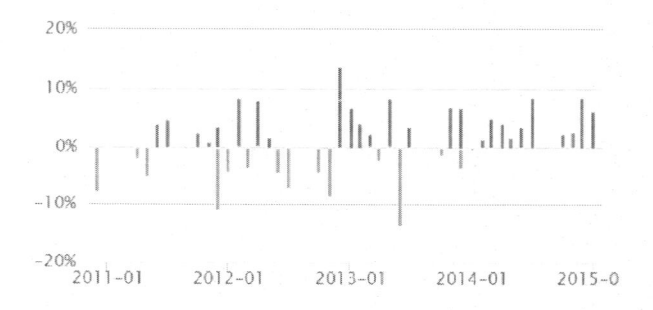

图 4-101　月度回报图

表 4-145　　　　　　　　　歷史月度回報表

截止日期：2015-02-03

净值日期	单位净值	累计净值	月涨跌幅
2015-01	1.6962*	1.6962*	6.28%
2014-12	1.5959*	1.5959*	8.68%
2014-11	1.4685*	1.4685*	2.70%
2014-10	1.4299*	1.4299*	2.16%
2014-09	1.3996*	1.3996*	6.95%
2014-08	1.3087*	1.3087*	1.37%

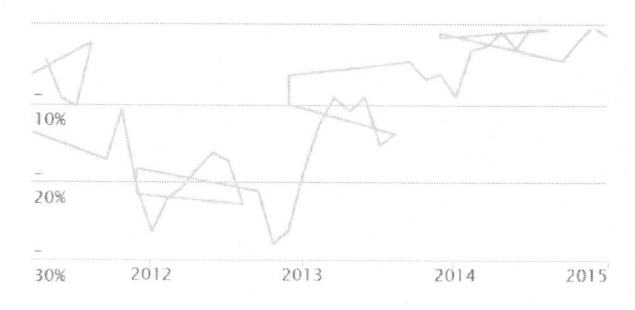

图 4-102　回撤走勢图

表 4-146　　　　　　　　歷史月度回撤表

截止日期：2015-02-03

净值日期	單位净值	累計净值	月回撤
2015-01	1.6962*	1.6962*	-1.27%
2014-12	1.5959*	1.5959*	-0.06%
2014-11	1.4685*	1.4685*	-2.08%
2014-10	1.4299*	1.4299*	-4.44%
2014-09	1.3996*	1.3996*	-0.93%
2014-08	1.3087*	1.3087*	-1.51%

該基金合格。

37. 淡水泉 9 期（見圖 4-103 至圖 4-105、表 4-147 至表 4-150）

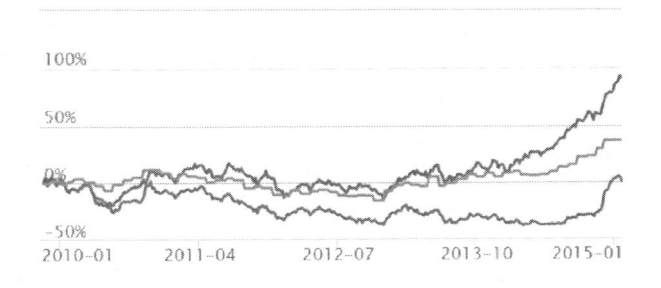

圖 4-103　收益走勢圖

表 4-147　　　　　　　　歷史淨值表

截止日期：2015-02-03

净值日期	單位净值	累計净值	涨跌幅
2015-01-30	1.9100*	1.9100*	-1.44%
2015-01-23	1.9380*	1.9380*	2.75%
2015-01-16	1.8862*	1.8862*	0.59%
2015-01-15	1.8751*	1.8751*	0.89%
2015-01-09	1.8585*	1.8585*	3.21%
2014-12-31	1.8007*	1.8007*	0.54%

表 4-148　　　　　　　　　　　歷史業績表

截止日期：2015-02-03

	今年以来	近一月	近三月	近六月	近一年	近二年	近三年	近五年	成立以来
收益率	6.07%	6.07%	18.32%	30.64%	66.41%	84.51%	112.01%	103.86%	91.00%
同类平均	2.83%	2.45%	12.34%	24.78%	29.04%	44.91%	58.43%	45.22%	29.52%
沪深300	-2.81%	-0.67%	39.10%	47.91%	55.93%	27.73%	39.57%	7.19%	--
年份评级	--	--	--	--	★★★★★	★★★★★	★★★★★	★★★★★	--
同类排名	724/2912	748/3012	797/2821	625/2004	107/1535	105/1014	73/817	27/299	--
四分位	优	优	良	良	优	优	优	优	--

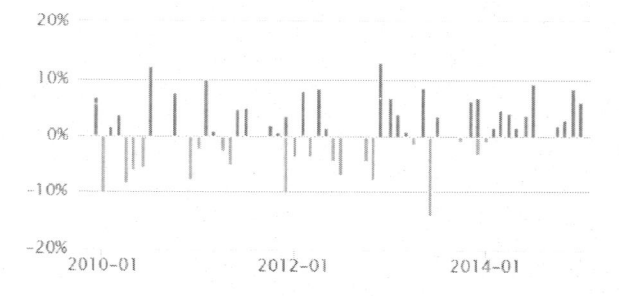

圖 4-104　月度回報圖

表 4-149　　　　　　　　　歷史月度回報表

截止日期：2015-02-03

净值日期	单位净值	累计净值	月涨跌幅
2015-01	1.9100*	1.9100*	6.07%
2014-12	1.8007*	1.8007*	8.42%
2014-11	1.6608*	1.6608*	2.89%
2014-10	1.6142*	1.6142*	2.04%
2014-09	1.5819*	1.5819*	6.86%
2014-08	1.4803*	1.4803*	1.25%

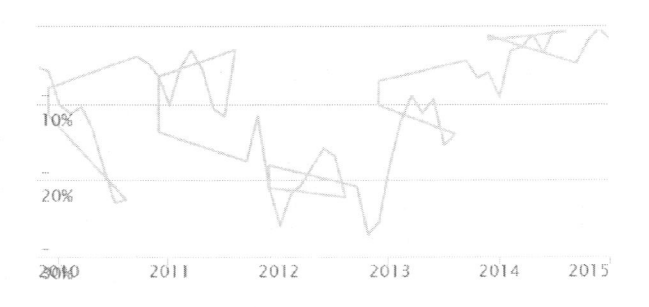

圖 4-105　回撤走勢圖

表 4-150　　　　　　　歷史月度回撤表

截止日期：2015-02-03

净值日期	单位净值	累计净值	月回撤
2015-01	1.9100*	1.9100*	-1.44%
2014-12	1.8007*	1.8007*	-0.14%
2014-11	1.6608*	1.6608*	-1.78%
2014-10	1.6142*	1.6142*	-4.65%
2014-09	1.5819*	1.5819*	-1.00%
2014-08	1.4803*	1.4803*	-1.58%

對回撤指標進行統計得到表 4-151。

表 4-151　　　　　包括歷史最大回撤數據的基金

排名	產品名稱	基金經理	近一年收益率	近兩年收益率	近三年收益率	歷史最大回撤
1	澤熙 3 期	徐翔	201.80%	538.92%	735.34%	-30.89%
2	澤熙 1 期	徐翔	173.72%	362.04%	403.90%	-17.77%
3	清水源 1 號	張小川	130.93%	219.17%	299.47%	-14.84%
4	澤熙 4 期	徐翔	70.20%	170.80%	228.45%	-28.75%
5	嘉禾 1 號	洪濤	106.83%	133.65%	200.68%	-34.84%
6	富恩德 1 期	孟力、吳金宮	75.64%	128.67%	182.48%	-20.98%
7	智誠 7 期	盧偉強	88.82%	154.07%	170.35%	-30.64%
8	天馬 1 期	馬列	83.46%	125.42%	160.58%	-21.23%
9	雙贏（10 期）	—	73.66%	108.67%	143.17%	-15.36%
10	證大 1 期	朱南松	92.35%	75.84%	133.94%	-55.47%
11	淡水泉成長	趙軍	72.72%	98.53%	132.29%	-40.02%
12	明達 4 期	劉明達	67.44%	69.62%	127.14%	-31.91%

表4-151(續)

排名	產品名稱	基金經理	近一年收益率	近兩年收益率	近三年收益率	歷史最大回撤
13	投資精英之淡水泉B	趙軍	73.50%	95.46%	126.66%	-26.35%
14	睿信1期	李振寧	70.95%	98.11%	126.14%	-61.60%
15	淡水泉成長1期	趙軍	69.50%	94.08%	126.07%	-28.28%
16	投資精英之淡水泉A	趙軍	73.35%	95.16%	126.01%	-26.52%
17	淡水泉成長5期	趙軍	68.20%	93.40%	125.56%	-27.55%
18	淡水泉成長4期	趙軍	70.20%	93.31%	124.56%	-28.09%
19	銀帆1期	王濤	73.57%	73.11%	124.51%	-10.66%
20	黃金優選1期11號	趙軍	72.15%	93.59%	124.08%	-26.35%
21	黃金優選1期3號	趙軍	72.45%	93.77%	123.94%	-26.76%
22	淡水泉2008	趙軍	74.22%	97.49%	123.83%	-35.16%
23	名禹穩健增長	王益聰	81.19%	112.95%	123.60%	-26.77%
24	淡水泉成長10期	趙軍	71.02%	93.84%	123.24%	-28.01%
25	淡水泉成長7期	趙軍	70.68%	93.59%	123.14%	-27.20%
26	黃金優選1期2號	趙軍	71.94%	92.89%	122.88%	-26.76%
27	淡水泉成長6期	趙軍	68.21%	91.16%	122.65%	-27.49%
28	黃金優選1期5號	趙軍	71.61%	92.64%	122.59%	-26.76%
29	黃金優選1期10號	趙軍	71.31%	92.42%	122.50%	-26.59%
30	黃金優選1期8號	趙軍	71.05%	92.09%	122.12%	-26.19%
31	黃金優選1期1號	趙軍	71.09%	92.03%	121.85%	-26.72%
32	黃金優選1期9號	趙軍	69.75%	90.58%	120.31%	-26.21%
33	黃金優選1期6號	趙軍	69.74%	90.43%	119.88%	-26.47%
34	淡水泉精選1期	趙軍	69.50%	91.25%	118.89%	-27.12%
35	黃金優選1期4號	趙軍	68.83%	89.27%	118.43%	-26.59%
36	黃金優選1期7號	趙軍	66.47%	88.36%	116.57%	-28.00%
37	淡水泉成長9期	趙軍	66.41%	84.51%	112.01%	-27.11%

剔除回撤超過30%的私募基金，並依據三年平均收益除以最大回撤得到新的排名統計，見表4-152。

表 4-152　　　　　　剔除回撤超過 30% 的基金

排名	產品名稱	經理	1年收益	兩年收益	三年收益	歷史最大回撤	三年平均收益/最大回撤
1	澤熙 1 期	徐翔	173.72%	362.04%	403.90%	-17.77%	7.58
2	清水源 1 號	張小川	130.93%	219.17%	299.47%	-14.84%	6.73
3	銀帆 1 期	王濤	73.57%	73.11%	124.51%	-10.66%	3.89
4	雙贏（10 期）	—	73.66%	108.67%	143.17%	-15.36%	3.11
5	富恩德 1 期	孟力 吳金宮	75.64%	128.67%	182.48%	-20.98%	2.90
6	澤熙 4 期	徐翔	70.20%	170.80%	228.45%	-28.75%	2.65
7	天馬一期	馬列	83.46%	125.42%	160.58%	-21.23%	2.52
8	嘉禾 1 號	洪濤	106.83%	133.65%	200.68%	-34.84%	1.92
9	投資精英之淡水泉 B	趙軍	73.50%	95.46%	126.66%	-26.35%	1.60
10	投資精英之淡水泉 A	趙軍	73.35%	95.16%	126.01%	-26.52%	1.58
11	黃金優選 1 期 11 號	趙軍	72.15%	93.59%	124.08%	-26.35%	1.57
12	黃金優選 1 期 8 號	趙軍	71.05%	92.09%	122.12%	-26.19%	1.55
13	黃金優選 1 期 3 號	趙軍	72.45%	93.77%	123.94%	-26.76%	1.54
14	名禹穩健增長	王益聰	81.19%	112.95%	123.60%	-26.77%	1.54
15	黃金優選 1 期 10 號	趙軍	71.31%	92.42%	122.50%	-26.59%	1.54
16	黃金優選 1 期 2 號	趙軍	71.94%	92.89%	122.88%	-26.76%	1.53
17	黃金優選 1 期 9 號	趙軍	69.75%	90.58%	120.31%	-26.21%	1.53
18	黃金優選 1 期 5 號	趙軍	71.61%	92.64%	122.59%	-26.76%	1.53
19	黃金優選 1 期 1 號	趙軍	71.09%	92.03%	121.85%	-26.72%	1.52
20	淡水泉成長 5 期	趙軍	68.20%	93.40%	125.56%	-27.55%	1.52
21	黃金優選 1 期 6 號	趙軍	69.74%	90.43%	119.88%	-26.47%	1.51
22	淡水泉成長 7 期	趙軍	70.68%	93.59%	123.14%	-27.20%	1.51
23	淡水泉成長 6 期	趙軍	68.21%	91.16%	122.65%	-27.49%	1.49
24	淡水泉成長 3 期	趙軍	69.50%	94.08%	126.07%	-28.28%	1.49
25	黃金優選 1 期 4 號	趙軍	68.83%	89.27%	118.43%	-26.59%	1.48
26	淡水泉成長 4 期	趙軍	70.20%	93.31%	124.56%	-28.09%	1.48

表4-152(續)

排名	產品名稱	經理	1年收益	兩年收益	三年收益	歷史最大回撤	三年平均收益/最大回撤
27	淡水泉成長10期	趙軍	71.02%	93.84%	123.24%	-28.01%	1.47
28	淡水泉精選1期	趙軍	69.50%	91.25%	118.89%	-27.12%	1.46
29	黃金優選1期7號	趙軍	66.47%	88.36%	116.57%	-28.00%	1.39
30	淡水泉成長9期	趙軍	66.41%	84.51%	112.01%	-27.11%	1.38
31	淡水泉2008	趙軍	74.22%	97.49%	123.83%	-35.16%	1.17

這些基金就是值得信賴的私募股票基金。

四、對優秀基金經理的介紹

1. 徐翔

徐翔，上海澤熙投資管理有限公司掌門人，16年股票投資經歷，在證券市場多輪牛熊市考驗中穩定獲利，實現個人資產數萬倍增長，同時在成長中不斷轉變和完善自我投資策略。表4-153是徐翔管理的其他基金的投資業績，可見其管理業績非常優異。

表4-153　　　　徐翔管理的其他基金的投資業績

序號	基金簡稱	任職日期	任職年限	任期回報
1	澤熙增煦	2013-09-11 至今	1年147天	163.33%
2	澤熙1期	2013-02-25 至今	1年345天	358.31%
3	澤熙5期	2010-07-30 至今	4年190天	280.12%
4	澤熙4期	2010-07-07 至今	4年213天	296.97%
5	澤熙3期	2010-07-07 至今	4年213天	860.81%
6	澤熙2期	2010-06-11 至今	4年239天	260.03%

2. 趙軍

趙軍，南開大學數學學士、金融學碩士。現擔任淡水泉投資總經理兼投資總監。歷任中信證券資產管理部分析師、嘉實基金管理公司豐和基金經理、研究總監、機構投資總監、總裁助理。精通國內資本市場投資運作，並擁有全國社保基金、企業年金、保險機構和銀行資金的豐富管理經驗。在10年的證券投資管理工作中，歷經牛熊市場轉換，公募及陽光私募的過往業績均排在同業同期的前20%。表4-154是趙軍管理的基金業績表，從表中可見其管理基金全面超越同期大盤指數，而且管理規模巨大。

表 4-154　　　　　　　趙軍管理的基金的業績

序号	基金简称	任职日期	任职时间	任期收益	同类同期平均	同类同期排行	共同管理人
1	淡水泉新方程基金1期	2014-09-26 至今	132天	4.67%	5.79%	1469/ 2444	赵军
2	淡水泉尊享E期	2014-04-30 至今	281天	32.51%	23.11%	379/ 1775	赵军
3	淡水泉尊享C期	2014-01-28 至今	1年8天	53.17%	22.76%	110/ 1492	赵军
4	淡水泉尊享D期	2014-01-28 至今	1年8天	53.17%	22.76%	111/ 1492	赵军
5	黄金优选1期17号	2012-11-14 至今	2年82天	97.16%	51.65%	73/ 903	赵军
6	黄金优选1期18号	2012-08-29 至今	2年159天	89.46%	49.70%	83/ 876	赵军
7	黄金优选1期16号	2012-08-29 至今	2年159天	89.29%	49.70%	84/ 876	赵军
8	淡水泉尊享B	2012-08-02 至今	2年186天	91.71%	46.84%	86/ 870	赵军
9	投资精英之淡水泉B	2012-05-29 至今	2年251天	83.03%	42.92%	77/ 837	赵军
10	黄金优选1期15号	2012-05-29 至今	2年251天	72.64%	40.73%	119/ 839	赵军
11	淡水泉尊享A期	2012-05-02 至今	2年278天	74.91%	40.36%	104/ 824	赵军
12	黄金优选1期12号	2012-02-28 至今	2年342天	77.49%	40.27%	100/ 794	赵军
13	黄金优选1期11号	2011-06-28 至今	3年222天	64.13%	28.26%	73/ 694	赵军
14	黄金优选1期10号	2011-05-27 至今	3年254天	70.30%	30.86%	65/ 673	赵军
15	黄金优选1期9号	2011-05-27 至今	3年254天	68.68%	30.86%	75/ 673	赵军
16	黄金优选1期8号	2011-05-27 至今	3年254天	70.02%	30.86%	68/ 673	赵军
17	黄金优选1期7号	2011-03-28 至今	3年314天	51.54%	20.69%	85/ 615	赵军
18	淡水泉精选1期	2010-07-05 至今	4年215天	96.14%	46.64%	52/ 373	赵军
19	黄金优选1期6号	2010-06-30 至今	4年220天	109.80%	46.97%	39/ 369	赵军
20	黄金优选1期5号	2010-04-12 至今	4年299天	79.83%	29.74%	29/ 312	赵军
21	淡水泉成长10期	2010-02-26 至今	4年344天	86.76%	34.78%	27/ 284	赵军
22	黄金优选1期4号	2010-02-09 至今	4年361天	85.11%	35.10%	34/ 276	赵军
23	黄金优选1期3号	2010-02-05 至今	5年	88.78%	36.18%	31/ 275	赵军
24	黄金优选1期2号	2009-12-10 至今	5年57天	75.21%	33.41%	33/ 244	赵军
25	黄金优选1期1号	2009-12-09 至今	5年58天	74.60%	33.28%	35/ 243	赵军
26	淡水泉成长 9 期	2009-11-03 至今	5年94天	71.41%	40.05%	51/ 224	赵军
27	投资精英之淡水泉A	2009-09-21 至今	5年137天	89.05%	47.74%	39/ 212	赵军
28	淡水泉成长 5 期	2009-08-05 至今	5年184天	98.35%	42.38%	23/ 191	赵军
29	淡水泉成长 7 期	2009-07-31 至今	5年189天	93.46%	40.13%	28/ 190	赵军
30	淡水泉成长 6 期	2009-07-29 至今	5年191天	94.52%	40.21%	30/ 190	赵军
31	淡水泉成长 4 期	2009-06-08 至今	5年242天	137.21%	57.51%	16/ 169	赵军
32	淡水泉成长 3 期	2009-05-27 至今	5年254天	141.28%	60.59%	16/ 158	赵军
33	淡水泉2008	2008-02-05 至今	7年	175.51%	49.06%	3/ 54	赵军
34	淡水泉中国机会	2007-09-10 至今	7年148天	188.43%	41.45%	2/ 49	赵军
35	淡水泉成长	2007-09-06 至今	7年152天	241.72%	49.09%	1/ 37	赵军

3. 張小川

張小川，副總經理，研究總監，投資經理，英國伯明翰大學經濟系畢業，碩士學位，8 年基金從業經驗，曾任職於大公國際資信評估有限公司、諾安基

金管理有限公司、摩根士丹利華鑫基金管理有限公司，先後擔任行業研究員、研究主管等職位。為諾安基金管理公司人才激勵基金獲得者。現供職於深圳清水源投資管理有限公司。其管理的其他基金表現如表 4-155 所示。

表 4-155　　　　　　　　張小川管理的其他基金的業績

序號	基金簡稱	任職日期	任職時間	任期收益	同類同期平均	同類同期排行	共同管理人
1	新方程清水源創新子基金	2014-12-31 至今	36天	--	--	--	张小川
2	新方程清水源創新	2014-11-05 至今	92天	11.40%	7.04%	1331/ 2875	张小川
3	鵬華清水源	2014-09-30 至今	128天	17.20%	7.81%	706/ 2461	张小川
4	清水源1号	2011-11-23 至今	3年74天	221.60%	37.11%	3/ 766	张小川
5	新方程清水源創新子基金	至今	115年35天	--	--	--	张小川

4. 王濤

王濤，1995 年起任職於中國農業銀行，專門從事國債交易工作，1998 年正式涉足國內 A 股市場，專門從事股票的研究和投資工作，歷經中國股市數次牛熊市轉換。在大盤分析和個股挖掘方面見解獨特，尤其擅長挖掘熱門板塊中被低估的股票品種。在其職業投資生涯中，曾創造出 1 年 7 倍絕對收益的輝煌投資業績。其管理的其他基金表現如表 4-156 所示。

表 4-156　　　　　　　　王濤管理的其他基金收益

序號	基金簡稱	任職日期	任職時間	任期收益	同類同期平均	同類同期排行	共同管理人
1	銀帆8期	2013-10-21 至今	1年107天	17.40%	22.57%	795/ 1298	王濤
2	銀帆7期	2013-09-13 至今	1年145天	8.45%	21.21%	972/ 1295	王濤
3	銀帆6期	2013-08-15 至今	1年174天	27.68%	25.67%	461/ 1240	王濤
4	銀帆5期	2013-08-15 至今	1年174天	19.00%	25.67%	733/ 1240	王濤
5	銀帆2期	2011-08-31 至今	3年158天	50.01%	28.91%	146/ 729	王濤
6	銀帆3期	2011-07-27 至今	3年193天	178.34%	25.98%	3/ 711	王濤
7	銀帆1期	2011-06-30 至今	3年220天	56.31%	27.93%	98/ 697	王濤

5. 孟力

孟力，董事長，創始人。擁有工商管理博士、社科院金融碩士、美國威斯康星大學 MBA 等學位。擁有 16 年金融從業經驗，完成了諸多一級市場項目，對於二級市場有豐富的投資經驗和深刻的理解。

6. 馬列

馬列，沈陽天馬時代投資管理有限公司總經理，國際經濟與貿易專業，10 年證券行業資產管理經驗。

7. 洪濤

洪濤，1990 年西安交通大學碩士畢業，18 年證券從業經驗，現任上海琪

潤投資管理有限公司董事長。在投資策略上注重資金管理和風險控制，同時佐以適當的資產分配原則，通過最優化的投資組合，降低投資風險，有大資金運作經驗。經個人發起成立上海琪潤投資管理有限公司以來，專門從事商品期貨、證券和金融投資領域的業務。自 2005 年至今，個人一直保持良好的投資業績，5 年平均的投資業績保持在 150% 以上，是國內證券界的傳奇人物。

8. 王益聰

王益聰，16 年證券從業經驗，現擔任名禹資產董事長兼投資總監。曾在海通證券股份有限公司從事股票自營、資產管理、研究諮詢、大客戶服務、經紀業務管理等方面工作，曾任福州營業部總經理、總公司銷售交易總部副總經理等職務，對中國股市的運行規律有深刻而獨到的見解，善於把握市場趨勢和重要拐點，並將價值選股和趨勢投資相結合，具有豐富的投資經驗和極強的風險控制能力。2001 年大熊市和 2008 年「股災」來臨之前成功逃頂。成功挖掘漲 5 倍的上實發展、漲 10 倍的四川長虹和漲 40 倍的遼寧成大。2009 年下半年重倉合肥三洋和海信電器，三個月收益率超過 100%。

第三節　主要的私募基金公司

本節主要對國內的知名私募基金進行介紹，內容主要來自於公司的網站。私募基金公司的發展主要靠口碑，口碑又主要靠過往業績來說話，一般情況是公司的操作水平越高，其管理的規模就越大。

一、景林資產管理公司

1. 公司簡介

景林資產管理公司是一家以投資境內外上市公司股票為主的資產管理公司，長期以來，景林所管理的基金投資於 A 股、B 股、H 股、紅籌股、ADRs 等海內外上市的中國股票。

投資顧問上海景林資產管理有限公司是中國證券投資基金業協會資產管理類特別會員，景林資產管理香港有限公司持有香港證監會發出的資產管理牌照。景林資產現管理金色中國基金、金色中國加強基金等國際基金，和深國投景林穩健、深國投景林豐收等 A 股信託投資計劃。景林資產以優秀的業績和專業的管理贏得了來自全球機構投資者和高淨值個人客戶的信任，其中海外機構客戶包括主權財富基金、大學基金會、大型銀行、保險公司、跨國公司、養

老金和家族基金等，國內機構客戶包括中國工商銀行總行、中國銀行總行和招商銀行總行在內的多家銀行和知名企業。景林資產管理有限公司是一家註冊於開曼，以投資境內外上市公司和擬上市公司股權為主的資產管理公司。

2. 公司榮譽

2014 年，景林公司獲得國金證券‧上證報第六屆「中國最佳私募基金」2009—2013 五年長期優勝獎。

2009—2013 年，景林公司分別榮獲第一至第四屆中國證券報「金牛陽光私募基金管理公司獎」。

2013 年，景林公司榮獲第一財經頒發的「2012—2013 年度中國陽光私募穩健金樽獎」。

2013 年，景林公司獲得國金證券‧上證報第五屆「中國最佳私募基金」2008—2012 五年長期優勝獎。

2013 年，景林公司榮獲第四屆中國證券報股票策略類 2012 年「金牛陽光私募基金管理公司獎」。

2012 年，景林公司榮獲《每日經濟新聞》「金鼎獎」最佳長期回報私募管理人獎。

2011 年，景林公司獲得了國金證券第三屆最佳私募基金 2010 年度最佳獎。

2008—2010 年，景林公司連續三年被國內私募基金評級權威機構國金證券評為五星級基金管理公司。

2013 年，景林穩健 2 期在 2013 招商銀行第三屆 6S 託管銀行金眼睛獎評選中榮獲「2012 年度陽光私募最佳業績獎」。

2013 年，景林豐收榮獲晨星（中國）中國股票型對沖基金提名。

2012 年，深國投—景林穩健和深國投—景林豐收被私募排排網選為「五星級」基金。

2011 年，景林穩健被《上海證券報》評為「金陽光」五星級私募基金。

2011 年，深國投—景林穩健在三年期晨星私募評級中榮獲五星級。

2011 年，結構化產品中銀財富—創富八期人民幣理財產品獲 2010 年度「金鼎獎」優秀私行產品。

2010 年，深國投—景林穩健和深國投—景林豐收入選晨星 3 年以上私募基金風險調整後收益排名前十。

2010 年，深國投—景林穩健獲上海證券報首屆「金陽光」最佳私募基金風控獎。

2008年，深國投—景林穩健和深國投—景林豐收入選晨星中國私募基金風險最小的6只基金。

2007年，深國投—景林穩健2007年以年度淨收益率142%排名深滬兩地私募信託完整年度收益率第一。

3. 核心人物

蔣錦志，特許金融分析師（CFA），景林資產創始合夥人，首席執行官（CEO）兼首席投資官，武漢大學國際金融系學士，中國人民銀行研究生部國際金融學碩士。其個人簡歷如下：

1992—1996年擔任深圳證券交易所債券和期貨部總經理。

1996—1999年在國信證券主管資產管理業務。

1999年赴美國加州大學洛杉磯分校研習金融和房地產一年。

2000—2003年創立了正達信投資（Prosperity Investment Limited），擔任香港粵海證券董事長。積極參與股票市場投資，在香港H股市場上所管理的私人投資組合收益超過了7倍（經安永審計），而同期的H股指數上升幅度為3倍。

2004年4月創立景林資產管理有限公司，同時從事境內外股票投資。

蔣錦志是中國最早的證券從業人士之一，在證券市場的從業年限超過20年，以卓越的投資業績、完善的投資理念和嚴謹的投資方法獲得全球高端客戶的一致認可，在證券投資業內享有極高的威望。

4. 業績表現

（1）海外專戶（2001—2003年）

景林公司2001—2003年為海外理財專戶，淨值8.7，累計淨收益率771%，年複利106%，業績經安永會計師事務所審計。外幣基金（2004年7月至今）淨值高達976.06，成立8年以來年複利30.07%，8年中有4年排名彭博財經大中華區對沖基金第一。

（2）私募基金時期業績表現

景林公司長期業績穩健增長。代表產品景林穩健成立以來收益率超過250%，年化收益率超20%，淨值率創新高。

景林公司風險控制能力強。淨值從未跌破1，2008年大跌的市場中淨值僅下跌28%（同期滬深300下跌65.95%），作為持續重倉的價值投資者難能可貴，其他價值投資者如但斌、林園等2008年的跌幅均在50%左右。

5. 投資理念

景林將「價值投資」理念靈活運用於中國市場，常常採用私募股權基金

的視角研究上市公司。基金經理的投資決定大多基於對公司的基本面分析和股票估值。對公司進行估值的時候，景林注重的是其行業結構和公司在產業價值鏈中的地位，偏好進入門檻較高、與供應商和客戶談判能力強並且管理層積極向上且富有能力的公司。這些考慮是景林做投資決定和估值過程中的核心。景林資產強調以實業家和 PE 的心態做投資。景林看重的因素包括行業發展空間、企業核心競爭力、優秀誠實的管理層、良好的治理結構和股權激勵機制、低估的股價以及未來一兩年盈利的可靠性等。公司在選股時注重行業的中長期趨勢，以此確定和調整投資組合的行業配置和個股選擇。景林資產強調事前對公司的調研，對企業進行 360 度調研，包括企業自身、競爭對手、上下游產業鏈、客戶等。

6. 風險控制

景林擁有完整的風控體系，嚴格執行風控制度：投決會管理下的基金經理權限負責制；全流程風控，而不僅是市價下跌時的「機械」減倉止損。景林在建倉前，堅持選定目標投資企業時的審慎調查、對在境內外同行業上市的中國企業的比較和科學估值，選擇有安全邊際的時機建倉。

建倉後，景林長期密切追蹤目標企業和所處行業、關聯行業的變動因素，決定賣出時機和動態調整組合，市場波動時據實調整倉位。下跌 5% 時風控人員提醒基金經理關注，基金經理要和投研團隊評估行業、個股動態，決定是繼續持有還是平倉止損。景林公司、股東、團隊高比例認購自有基金，與投資者共享收益、共擔風險。

7. 投研團隊概況

景林的投資團隊有近 30 人，平均從業經歷超過 10 年，有 7 人擁有 CFA（特許金融分析師）資格，創始人兼基金經理蔣錦志有中國人民銀行研究生部的背景及監管部門工作經驗，公司顧問劉鴻儒為證監會首任主席。

（1）蔣彤，合夥人，基金經理。哥倫比亞大學國際公共關係管理學院公共管理碩士（MPA），曾在中國人民銀行總行研究生部深造。曾擔任鼎輝基金管理公司旗下的潤暉投資公司合夥人，建信基金管理有限公司研究部總監，南方基金管理公司研究部總監、公司監事，嘉實基金投資管理部副經理，海南港澳國際信託投資有限公司副經理等職務。在 17 年的證券行業從業經歷中，對債券、國債期貨、宏觀、電信設備、鋼鐵、金融、煤炭、電力及電力設備、大宗商品等領域和行業均有深入研究。

（2）卓利偉，合夥人，A 股基金經理。浙江大學工商管理碩士。曾就職於杭州經濟建設集團工商公司投資部、北京恒逸實業有限公司投資部、上海石

油交易所籌備組、百榮投資控股集團投資部等。2005年9月加入建信基金管理有限責任公司，先後擔任行業研究員、高級行業研究員和基金經理助理等職。在擔任建信恆久價值股票型基金、建信收益增強債券型基金、建信內生動力股票型基金三個產品的基金經理期間，三個基金均取得優秀的業績；其中建信恆久價值股票型基金在2011年5月被國內基金權威評級機構中國銀河證券評為累計三年業績五星評級。對房地產、零售、化工、電訊、高科技、傳媒等多個行業均有深入的研究。目前參與管理陽光私募基金景林穩健。

（3）金美橋，合夥人，分析師。安徽大學經濟學學士，歷任深圳正達信投資公司投資分析員、粵海證券（香港）投資分析研究員。

（4）林霄，CFA，合夥人，分析師。中央財經大學經濟學學士、西南財經大學金融學碩士。曾任中國太平洋保險（集團）公司戰略發展部戰略專員。

（5）曾曉松，CFA，董事總經理，景林資產香港主管。負責管理景林香港公司。此前在JP摩根大通投資銀行的金融機構投行部擔任副總裁，專注於中國金融機構的上市、併購和資本市場等投資銀行業務。曾在摩根大通擔任股票分析師，共同負責分析中國上市銀行的股票，所在的亞洲金融股票分析團隊在全球久負盛名的「機構投資者」投票中榮獲2005—2006年度全亞洲第二名。擁有倫敦政治經濟學院會計與金融學碩士學位，還曾在中國人民銀行研究生部和武漢大學國際金融系深造。

（6）劉鴻儒，名譽主席。中國著名經濟學家，金融教育家。歷任中國證監會首任主席，中國人民銀行常務副行長，國家經濟體制改革委員會副主任，中國金融改革研究小組組長。先後創建中國人民銀行研究生部、中國金融學院和劉鴻儒金融教育基金會。

8. 旗下產品及表現（見表4-157、表4-158）

表4-157　　　　　　景林資產管理公司旗下基金

截止日期：2015-02-06

基金类型分布			基金评级分布		
	数量	占比		数量	占比
股票型	14	77.78%	五星基金	0	0.00%
其他	3	16.67%	四星基金	4	22.22%
定向增發	1	5.56%	三星及以下基金	3	16.67%
			暫未評級	11	61.11%

表 4-158　　　景林資產管理公司旗下股票型基金歷史業績

截止日期：2015-02-0?

	今年以來	近一月	近六月	近一年	近兩年	近三年	近五年
公司平均	0.74%	1.60%	41.97%	47.84%	57.52%	99.08%	96.77%
同類平均	--	2.90%	16.41%	31.50%	43.20%	54.00%	39.27%
滬深300	-3.73%	-3.73%	43.19%	54.45%	23.79%	35.74%	5.68%
同類排名	347/556	331/579	96/510	74/418	80/312	34/257	10/127
四分位排名	中	中	優	優	良	優	優

二、重陽投資

1. 公司概述

上海重陽投資管理有限公司專注於資產管理業務，於 2009 年在上海重陽投資有限公司的基礎上設立，是一家採用合夥模式經營的有限責任公司。經過多年市場考驗，重陽投資的投資哲學在實踐中得到不斷驗證和完善，形成了獨特的投研流程，並一以貫之地堅持。重陽投資注重做好各種情景模式下的應變準備，強調在不確定環境中的決策質量是獲取穩定持續超額收益的關鍵。重陽投資 2009 年、2010 年、2011 年、2012 年連續四年被評為金牛陽光私募管理公司。團隊是公司的核心競爭力，重陽投資團隊成員均具有良好的教育背景和豐富的資產管理行業從業經驗。重陽投資一直秉承「真誠匯智、持續成長」的企業經營理念，嚴格堅持風險可控和收益持續的核心投資理念，公司經過多年累積與完善，投研流程日臻科學嚴謹。公司將一如既往地以行業高標準打造投資研究、風險控制和客戶服務體系，實現與客戶財富的共同成長。

2. 公司榮譽

2010—2013 年，重陽投資連續四年榮獲陽光私募基金管理公司金牛獎。
2010 年度重陽投資榮獲「兩年持續回報明星陽光私募基金公司」獎。
2010 年重陽投資被評為陽光私募「金陽光」綜合評價五星產品。
重陽投資榮獲中國最佳私募基金 2009—2010「兩年長期優勝獎」。
重陽投資榮獲中國陽光私募 2010 年度最佳管理人金樽獎。

3. 核心人物——裘國根

裘國根，董事長兼首席執行官，首席投資官。中國人民大學經濟學學士、碩士，擁有 20 年證券投資經驗。1993—1995 年，就職於原君安證券下屬投資管理機構；1996 年年底在深圳創辦衣馬投資，開始職業投資生涯，接受資產管理業務；2001 年創立上海重陽投資有限公司；2009 年參與創建重陽投資。

擁有豐富的權益類投資和衍生品交易經驗，以精於挖掘低估值個股名揚投資界，並帶領重陽投資創造諸多輝煌。

（1）個人投資業績

在裴國根的投資生涯中，其經歷過兩次中國歷史上稱得上是大牛市的行情，並且幸運地抓住了這兩次機會，使其個人財富爆發式增長。1996—1997年，裴國根獲取近 20 倍的投資收益；1998—2005 年，8 年時間財富增長 8 倍，實現近 30% 的年複合增長率；2006—2007 年，充分抓住 A 股罕見大牛市，再次實現 20 倍的投資收益。

（2）私募基金時期的管理業績

代表產品重陽 1 期自 2008 年 9 月份成立以來，累計收益率為 165.10%（截至 2013 年 8 月 30 日），超越同期滬深 300 上漲 0.44%；2009—2010 年，上證指數上漲 54.22%，根據公開業績，裴國根管理的重陽 1 期兩年回報為 119.76%，裴國根被第一財經評為「絕對收益 50 人」基金經理。

4. 投資理念

重陽投資秉承價值投資理念，將「發現並投資確定的低估成長公司」作為投資研究的第一目標，通過前瞻性地分析宏觀、行業和公司基本面並運用嚴謹的多元化估值方法來發現低估的投資標的，實現管理資產的持續高複合成長。在投資哲學上，重陽投資堅信決定長期投資業績的是獨特的和可持續的投資方法，注重做好各種情景模式下的應變準備，強調在不確定環境中的決策質量是投資業績穩定持續的關鍵。在具體的投資方法上，重陽投資致力於挖掘那些具有「護城河」優勢而且優勢逐年加大加寬的企業，通過尋找未反應在股價裡的價值和被市場錯誤歸類的股票，實現基於中長期判斷下的逆向投資；投資被市場冷落的股票並堅持投資決策的獨立性，用低估值和較小的下行風險來補償未來的不確定性，確定正確的投資邏輯後，認真求證並持續跟蹤，堅定持有以收穫公司持續超預期增長和估值修復帶來的超額收益。

5. 投研團隊概況

重陽投資投研團隊現由 32 人組成，團隊成員均為碩士以上學歷，具有良好的教育背景和豐富的資產管理行業從業經驗。其中核心投研人員 14 人，核心成員的平均從業時間超過 10 年。經過 12 年的發展，重陽投資已經逐步組建出業內較為強大的研究團隊。

（1）王慶，總裁兼首席營運官、首席策略師。美國馬里蘭大學經濟學博士。曾先後擔任國際貨幣基金組織經濟學家、摩根士丹利大中華區首席經濟學家、中國國際金融有限公司投資銀行部執行負責人。2010—2011 年，帶領的

摩根士丹利經濟研究團隊連續兩年被《機構投資者》雜誌評選為亞洲區第一名。2013 年加入重陽投資。

（2）陳心，首席分析師。芝加哥大學工商管理碩士，特許金融分析師（CFA），擁有 17 年金融從業經驗。曾先後在中國國際金融有限公司、摩根士丹利、里昂證券等中外金融機構擔任固定收益、汽車和銀行業高級分析師。對中國金融業與製造業有著豐富的研究經驗。2009 年加入重陽投資。

（3）謝卓，交易部主管。復旦大學經濟學碩士，擁有 16 年證券交易經驗。從 1996 年起就職於海南港澳信託投資公司，2001 年起就職於重陽投資。

（4）雙永駿，投資部主管。香港公開大學工商管理碩士（MBA），擁有 20 年證券從業經驗。曾先後在中信證券、東海證券從事證券投資業務。從 2008 年起先後擔任東海證券投資總監、副總裁兼自營分公司總經理。2013 年加入重陽投資。

（5）陳子木，資深分析師。悉尼大學商學碩士，CFA，澳大利亞註冊會計師，有 13 年證券及財務分析經驗。先後在澳大利亞新南威爾士州運輸署、里昂證券等機構擔任投資分析師，在香港亞杰資產管理公司擔任投資董事。對製造、TMT（科技、媒體和通信）及交運行業有豐富研究經驗。2010 年加入重陽投資。

（6）賀建青，資深分析師。中國人民大學經濟學碩士，有 7 年證券分析經驗。2006 年起就職於重陽投資，負責家電、汽車、零售、保險行業的研究。

（7）喬奕，外部合夥人、資深分析師。英國雷丁大學金融學碩士，擁有 10 年證券分析經驗。先後在國泰君安證券、花旗集團與聯博基金（Alliance Berstein）公司擔任高級分析師，曾獲《新財富》食品飲料行業最佳分析師。對消費品行業具有豐富的研究與投資經驗。2009 年加入重陽投資。

（8）李靜，資深分析師。中國人民大學經濟學碩士，擁有 7 年證券分析經驗。2006 年起就職於重陽投資，負責交通運輸、公用事業等行業的研究。

（9）胡敏，資深分析師。中國人民大學經濟學碩士，擁有 7 年證券分析經驗。2006 年起就職於重陽投資，負責生物醫藥、紡織服裝、農林牧漁業和食品飲料等行業的研究。

（10）曹舜，資深交易員。西安交通大學貨幣銀行學學士，擁有 20 年證券交易經驗。1993—2009 年就職於華安證券有限公司，2009 年加入重陽投資。

（11）寇志偉，資深分析師。北京大學經濟學碩士，擁有 6 年證券分析經驗。2007 年 7 月至 2010 年 2 月任南方基金研究員，從事宏觀經濟及債券市場策略研究。2010 年加入重陽投資，負責宏觀研究。

（12）王世杰，資深分析師。丹麥科技大學高分子工程碩士，CFA，擁有7年證券分析經驗。2006—2009年歷任申銀萬國證券中小型公司、鋼鐵行業研究員。2010年加入重陽投資，負責大宗商品及化工行業的研究。

（13）劉書文，資深分析師。北京大學傳播學碩士，擁有7年證券從業經驗。曾就職於交銀施羅德基金管理有限公司，歷任機構理財部經理和專戶理財部經理。2010年加入重陽投資。

（14）王曉華，助理分析師、投資經理助理。工學博士。2003—2007年在中國科技大學學習，獲工學學士學位，2007—2012年在中國科學院研究生院學習，獲工學博士學位。2012年8月加入重陽投資。

6. 旗下基金表現（見表4-159、表4-160）

表4-159　　　　　　　　　重陽投資旗下基金

基金类型分布	数量	占比	基金评级分布	数量	占比
股票型	56	53.85%	五星基金	0	0.00%
多空仓型	44	42.31%	四星基金	0	0.00%
其他	3	2.88%	三星及以下基金	33	31.73%
市场中性	1	0.96%	暂未评级	71	68.27%

表4-160　　　　　　　　　重陽投資歷史業績

截止日期：2015-02-03

	今年以来	近一月	近六月	近一年	近两年	近三年	近五年
公司平均	4.80%	5.98%	14.35%	6.94%	44.65%	62.02%	47.00%
同类平均	--	2.90%	16.41%	31.50%	43.20%	54.00%	39.27%
沪深300	-3.73%	-3.73%	43.19%	54.45%	23.79%	35.74%	5.68%
同类排名	161/568	153/579	384/510	369/418	130/312	94/267	53/127
四分位排名	良	良	差	差	良	良	良

三、澤熙投資

1. 公司概述

上海澤熙投資管理有限公司成立於2009年12月7日，註冊即實收資本3,000萬元人民幣。澤熙投資以專業、嚴謹的投資研究為基礎，運用各種規範的金融工具為客戶管理金融財富，以管理資產的可持續成長為己任，致力於成為國內資本市場上有重要影響力的、受人尊敬的資產管理公司。在業務目標上，澤熙投資通過有效的風險控制，把握相對確定的投資機會，追求財富的長

期複合增長。在投資方法上，澤熙投資注重研究驅動的投資，強調嚴謹科學的投資流程在投資中的重要性。在投資策略上，澤熙投資尋找自上而下的宏觀和行業配置與自下而上的公司選擇之間的理想結合點。

2. 公司榮譽

2011 年，澤熙投資被評為中國最佳私募證券基金管理機構。

2011 年，澤熙投資榮獲中國陽光私募基金最佳回報金樽獎。

2011 年，澤熙投資榮獲中國陽光私募基金最佳管理人金樽獎。

2011 年，澤熙投資被評為最佳陽光私募管理人。

2011 年，澤熙投資被評為中國私募基金風雲榜最有才華的投資顧問。

2010—2011，澤熙投資榮獲中國資產管理金貝獎最佳陽光私募。

2010 年，澤熙投資被評為融智評級最佳新銳私募證券基金產品。

2010 年，澤熙投資榮獲新秀陽光私募獎金鼎獎。

2010 年，澤熙投資榮獲優秀陽光私募產品金鼎獎。

2010 年，澤熙投資榮獲陽光私募公司五星評級。

3. 核心人物——徐翔

徐翔，澤熙投資總經理，1978 年生，上海澤熙投資管理有限公司掌門人，擁有 16 年股票投資經歷，人稱「寧波漲停板敢死隊」總舵主，由於為人低調，很少公開露面。在證券市場多輪的牛熊市考驗中穩定獲利，實現個人資產數萬倍增長，同時在成長中不斷轉變和完善自我投資策略。

4. 投資理念

澤熙投資採用以價值為本的投資理念，通過客觀、準確分析宏觀經濟形勢及行業和公司的基本面，結合多元化的投資方法，發現被低估的投資標的。澤熙投資始終將風險管控作為公司的基本理念貫徹到投資運作的每個環節，通過對行業與公司的驅動因素的研究，把握確定性強的投資機會，實現管理資產的穩定持續性的成長

5. 投研團隊概況

澤熙投資投研團隊目前有 30 多人，均來自券商、基金、保險等專業領域。研究領域覆蓋廣泛。

6. 旗下基金及其表現（見表 4-161、表 4-162）

表 4-161　　　　　　　　澤熙投資旗下基金

截止日期：2015-02-03

基金类型分布	数量	占比	基金评级分布	数量	占比
股票型	5	71.43%	五星基金	3	42.86%
定向增发	2	28.57%	四星基金	2	28.57%
			三星及以下基金	0	0.00%
			暂未评级	2	28.57%

表 4-162　　　　　　　　澤熙投資歷史業績

截止日期：2015-02-03

	今年以来	近一月	近六月	近一年	近两年	近三年	近五年
公司平均	9.20%	9.20%	70.26%	110.11%	267.20%	338.84%	——
同类平均	——	2.90%	16.41%	31.50%	43.20%	54.00%	39.27%
沪深300	-3.73%	-3.73%	43.19%	54.45%	23.79%	35.74%	5.68%
同类排名	70/558	80/579	25/510	6/418	1/312	1/287	—/127
四分位排名	优	优	优	优	优	优	

四、樂瑞資產

1. 公司概述

北京樂瑞資產管理有限公司成立於 2011 年 4 月，實收資本 2,500 萬元，由國內債券市場第一代投資人發起成立，是國內最早成立的專注於債券市場等低風險領域投資的私募基金公司。公司投研實力雄厚，核心團隊合作多年，擁有長達十幾年、跨越多個債券牛熊市的穩定良好業績記錄。公司在低風險領域內的產品與服務種類齊全，投資業績排名在行業前列，目前管理資產規模已達數十億元，是國內規模最大的私募基金公司之一。

2. 公司榮譽

2013 年，樂瑞公司旗下樂瑞強債 1 號獲評五星級基金。

2013 年，樂瑞資產被評為中國基金業協會首批資產管理類特別會員。

2013 年，樂瑞資產成為中國證券業協會會員。

2012 年，樂瑞資產成為《新財富》最佳分析師評選投票人。

3. 投資理念

樂瑞資產致力於成為中國最優秀的低風險領域投資專家，幫助投資者在承擔有限風險的前提下獲取持續穩定的可觀收益，實現資產的保值增值。為創造

長期穩定的投資回報，實現公司願景和投資目標，樂瑞資產堅持以大類資產配置為核心，通過嚴謹量化的宏觀分析研究，跟蹤識別不同類別金融資產的牛熊循環週期，利用樂瑞資產在債券、理財產品、新股申購、可轉債、套利對沖等低風險投資領域長期耕耘獲得的競爭優勢，構建具備良好風險收益比的跨資產類別投資組合，從而規避單一資產類別風險，獲得持續穩定的投資回報。

4. 風險控制

利率風險管理：雄厚的投研實力配合樂瑞根據數十年投資實踐經驗自主研發的投資決策分析系統，確保根據市場的客觀形勢制定出科學的投資策略；嚴格執行投資紀律和風險限額標準。信用風險管理：自主研發的信用風險分析系統客觀量化信用風險；從業多年的信用分析團隊結合科學的投資方式迴避絕大部分信用風險；分散化投資化解潛在風險。流動性風險管理：根據投資組合對流動性的需求及資產的變現能力，合理配置資產類別；通過研究分析把握流動性波動趨勢，準確預判，提前準備；與市場上各類機構保持良好的業務合作關係，憑藉在銀行間市場長期累積的信用和業務合作關係化解流動性風險。

5. 核心人物簡介

（1）唐毅亭，董事長。中國人民大學碩士。宏觀投資專家，中國資本市場第一代債券投資人，培養了多名基金經理和固定收益總監。從事固定收益投資業務16年，曾在中國農業銀行總行全面負責債券投資交易業務。在此期間，農行團隊創下市場綜合排名五連冠的佳績。2007年加入安信證券，任公司總裁助理，並先後主持資產管理部和債券業務部工作；2009—2010年，擴大安信證券資產管理規模至行業前十名，所管轄的兩個債券型產品業績水平居市場前列，在此期間安信1號年化淨值增長率近9%；2008年組建安信證券固定收益部，並取得國債、金融債券承銷團成員資格，當年債券自營投資收益率達30%；2007年推動農業銀行創新利率互換業務並取得重大收益；2001—2006年，連續5年農業銀行銀行間市場交易量排名第一；2005年任農業銀行創新短期融資券業務負責人，業績排名前列；2005年農業銀行銀行間市場做市商排名第一、公開市場交易商排名第一；2004—2005年，農業銀行債券結算代理業務連續2年排名第一。

（2）張煜，總經理。北京大學碩士。固定收益投資專家，從事固定收益投資業務11年，投資風格穩健，擅長資產輪換，歷年投資業績持續優異。曾任中國農業銀行總行債券交易員、債券交易業務主管、理財業務主管，任職期間帶領債券交易團隊將農行打造成為中國銀行間市場最大的做市商。以踏實肯干的工作態度、勤勉務實的工作作風和持續優異的工作業績先後被評為「優

秀交易員」（2002年，中國銀行間債券市場）、「債市之星」（2005年，《證券時報》）、中國農業銀行總行金融市場部優秀員工（2006年，中國農業銀行總行）、中國農業銀行總行機關優秀員工（2007年，中國農業銀行總行）。2008年加入安信證券，先後任資產管理部總經理助理、債券業務部執行總經理，負責資產管理部固定收益投資業務（對客理財業務）及債券業務部固定收益投資業務（自營投資業務），投資業績驕人。2009年、2010年獲評安信證券優秀員工，2011年獲評「朝陽永續最佳伯樂獎」、安信證券十佳業務明星，2012年獲安信證券五週年最佳管理獎。任職安信理財1號投資經理期間（2009.5.22—2011.2.17），產品年化收益率高達9.27%，在全市場17只債券型券商理財產品中排名第2，獲評「第四屆中國私募基金風雲榜新秀獎」。

（3）王笑冬，投研總監。北京大學金融數學專業碩士。2008年加入安信證券，先後從事安信證券固定收益研究小組研究員（團隊獲2009年新財富固定收益最佳分析師第5名）、資產管理部宏觀策略研究員和債券業務部研究主管等工作，在固定收益和宏觀策略研究方面具有豐富的經驗。

（4）馬立原，銷售交易總監。2008年加入安信證券，任債券業務部銷售交易主管，組織過十數只企業債、公司債的發行和銷售工作，市場客戶基礎廣泛，具有豐富的金融產品市場營銷經驗。

（5）史敏，信用分析總監。中國科學院管理學博士。擁有8年信用分析工作經驗，2013年加盟樂瑞資產，任信用分析總監。2010年加入中國民生銀行風險管理部，主要負責對公信用評級、信貸資產減值準備等體系建設以及客戶信用評級、限額審查等工作，同時也是銀監會《商業銀行資本管理辦法》撰寫組成員之一。2008年加入安信證券，主要從事信用分析及信用產品投資策略研究，建立了安信證券信用評級系統，2009年獲評安信證券十佳業務明星，團隊曾獲2009年新財富固定收益最佳分析師第5名。2005—2008年任職於普華永道和安永，期間為國內四大商業銀行中的兩家以及新加坡、中國香港、臺灣、泰國等國家和地區的多家商業銀行進行過非零售敞口信用評級模型開發或驗證工作。

6. 旗下產品（見表4-163）

表4-163　　　　　　　　樂瑞資產旗下產品

序号	基金簡称	基金经理	单位净值	复权净值	净值日期	成立日期	今年以来收益率	投资类型
1	长安稳健2号	唐毅亭	1.0262	1.0262	2014/6/13	2011/6/24	-3.29%	债券型
2	乐瑞强债1号	王笑冬	1.1426	1.4303	2014/12/26	2012/6/14	20.59%	债券型
3	乐瑞2期	张继	1.0122	1.0122	2013/12/20	2012/12/21	——	债券型
4	乐瑞强债2号	张继	1.2094	1.2094	2014/12/26	2013/12/20	20.73%	债券型
5	乐瑞宏观配置基金	唐毅亭	2.4161	2.4161	2014/12/26	2014/4/16	141.61%	宏观对冲
6	乐瑞强债3号	史敏	1.1108	1.1108	2014/12/26	2014/5/28	8.26%	债券型
7	乐瑞强债4号	王笑冬	1.0613	1.0613	2014/12/26	2014/7/15	0.10%	债券型
8	乐瑞羽林	——	1.0291	1.0291	2014/11/14	2014/7/18	——	债券型
9	乐瑞强债5号	王笑冬	1.1568	1.1568	2014/12/26	2014/8/6	15.68%	债券型
10	乐瑞宏观配置2号	张继	1.3079	1.3079	2014/12/26	2014/8/12	30.79%	宏观对冲
11	融通乐瑞8号					2014/8/12		债券型
12	乐瑞宏观配置3号	黄征宇 王笑冬	1.6395	1.6395	2014/12/26	2014/10/22	44.03%	宏观对冲
13	乐瑞全债1号	王笑冬				2014/12/9		债券型
14	乐瑞强债6号					2014/12/19		债券型
15	乐瑞同惠1号					2014/12/22		债券型
16	乐瑞宏观配置4号					2014/12/24		宏观对冲

五、青騅投資

1. 公司簡介

青騅投資成立於2009年4月，註冊資金8,000萬元。青騅投資系國內產業資本與金融資本強強聯合的知名資產管理平臺。公司投資業務涉及量化對沖、固定收益、組合管理、直接投資等多個業務領域。公司投研人員均為碩士以上學歷，核心團隊具備海外頂級對沖基金工作背景及大規模資金跨市場管理經驗，且建立了海外對沖基金通行的投資決策、風險控制及業績歸因分析流程。公司擅長通過衍生產品對沖掉系統風險後尋找強於市場的正收益機會或無風險套利機會，並且對沖投資領域涉及指數、股票、債券、大宗商品及海外市場等各領域，力求能夠在任何市場條件下為客戶提供長期、可持續、平滑穩定的投資業績。

2. 核心人物

（1）周春生，首席經濟學家、風險控制委員會主席，歷任美國聯邦儲備委員會經濟學家、中國證監會規劃發展委員會委員、美國加州大學及香港大學商學院教授。現任長江商學院金融教授。其提出的信用風險分析模型、股票定價及公司分拆的實證研究、行為金融學理論引起國際學術界及金融行業的廣泛關注。

（2）郭強，合夥人、量化對沖部總監、投資決策委員會委員，美國馬里

蘭大學史密斯商學院金融學博士。歷任美國佩科能源公司（Pepco）高級風險分析師、蘇格蘭皇家銀行 Sempra 能源交易公司量化分析師、美國華爾街頂級對沖基金 Millennium 副總裁。擁有近十年海外市場大規模資金管理經驗，且持續獲得優異穩健的投資業績。

（3）張志斌，合夥人、固定收益部總監、投資決策委員會委員。

（4）劉磊，合夥人、營運總監、投資決策委員會委員，清華大學計算機科學專業本科與碩士，哥倫比亞大學計算機科學原理碩士，CFA。擁有十年美國頂級對沖基金 Two Sigma 公司管理經驗，歷任自動交易系統部、高頻交易策略部、執行研究組副總裁。在創建交易模型預測市場影響、開發自動交易系統和研究分析高頻交易策略等有豐富的經驗和研究。

3. 旗下產品（見表 4-164）

表 4-164　　　　　　　　青驊投資旗下產品

產品名稱	成立日期	淨值	累計淨值	更新日期
青驊西格瑪套利一期	2014-10	1.219	1.219	2014-12-26
青驊可轉債對沖二期	2014-09	1.028	1.028	2014-12-19
青驊可轉債對沖一期	2014-04	1.174	1.174	2014-12-26
青驊衍生品高頻二期	2014-03	2.2517	2.2517	2014-12-26
中融—青驊—友山量化對沖集合資金信託計劃	2013-08	1.0799	1.0799	2014-08-22
國泰君安期貨・青驊衍生品高頻一期	2013-08	4.6595	4.6595	2014-12-26
中融—青驊量化對沖一期	2013-07	1.2133	1.2133	2014-12-26
華寶—青驊量化對沖一期	2012-04	1.1392	1.1392	2014-12-26

六、朱雀投資

1. 公司概述

上海朱雀投資發展中心（有限合夥）（以下簡稱「朱雀投資」）成立於 2007 年 7 月 2 日，由國內投資界資深專業人士發起設立，是新修訂的《中華人民共和國合夥企業法》於 2007 年 6 月 1 日生效後成立的上海首家有限合夥企業。公司初始註冊合夥資金超過人民幣 1 億元。朱雀投資的普通合夥人團隊由在中國資本市場擁有豐富經驗和出色業績的專業投資人士及在實業等方面具備專業經驗和人脈資源的人士構成。朱雀投資堅持價值投資，倡導「長線人生、長線投資、

快樂工作」的投資理念，努力通過精細研究、確定投資、敏感勤進的工作方法營造投資與生活的自由天地。朱雀投資目前已通過多家信託公司成功發行並運作27期陽光化證券投資產品，管理資產規模在陽光私募中處於前列。

2. 公司榮譽

2012年5月，上海朱雀投資發展中心榮獲第三屆「金陽光」長期優勝獎。

2012年4月，上海朱雀投資發展中心榮獲「金牛陽光私募管理公司」大獎，國內僅四家私募連續三年獲得這一殊榮。

2012年3月，公司榮獲2009—2011年度、2010—2011年度中國最佳私募證券基金管理機構稱號。

2012年2月，公司榮獲2011年度中國陽光私募穩健「金樽獎」。

2012年2月，公司榮獲第四屆中國最佳私募基金「長期優勝獎」（2009—2011三年期）。

2011年5月，公司榮獲第二屆「金陽光」長期優勝獎（2008—2010年）。

2011年4月，公司在第二屆「中國陽光私募金牛獎」中被評為「金牛陽光私募管理公司」。

2011年3月，公司被私募排排網評為「2008—2010年度最佳私募證券基金管理機構」。

2011年1月，朱雀投資執行事務合夥人李華輪先生榮獲「2010年度明星私募基金經理」稱號。

2010年12月，公司榮獲2010年度中國陽光私募最佳管理人「金樽獎」。

2010年7月，公司被《福布斯》中國私募基金排行榜評為「2010年十佳私募基金」。

2009—2010年，公司兩年持續獲得陽光私募明星管理公司獎，李華輪先生獲「2009年度陽光私募明星投資經理獎」。

2010年4月，公司被評為首屆「金牛陽光私募管理公司」，李華輪先生被評為「金牛陽光私募投資經理」。

2010年4月，公司榮獲2009年度「金陽光」最佳私募管理公司獎。

2010年1月，公司榮獲第二屆「中國最佳私募基金」2008—2009年度長期優勝獎。

2010年1月，李華輪先生榮獲「年度明星私募基金經理」。

2009年9月，深國投·朱雀1期和深國投·朱雀2期均榮獲「2009年福布斯中國十佳私募基金」。

2009年6月，在第一財經舉辦的「首屆中國陽光私募基金峰會」上，深

國投·朱雀 2 期被評為「最佳陽光私募產品」。

2009 年 6 月，公司被第一財經研究院評為「2008 年度五星級陽光私募管理者」，深國投·朱雀 1 期和深國投·朱雀 2 期產品均被評為「五星級陽光私募產品」。

2009 年 1 月，公司被朝陽永續授予「第三屆中國私募基金風雲榜：信託產品組（非結構化）優勝獎」。

3. 核心人物——李華輪

李華輪，執行事務合夥人兼投資總監。西北大學經濟學學士，中歐國際工商學院高級管理人員工商管理碩士（EMBA）。擁有 20 餘年證券從業經驗及多年投資團隊管理經驗。歷任西部證券股份有限公司、西部證券股份有限公司、陝西省政府股份制改革和股票發行試點領導小組總經理助理兼客戶資產管理總部總經理、投資管理總部副總經理、總經理辦公室成員。2007 年 7 月，創建成立上海朱雀投資發展中心，任執行事務合夥人兼投資總監，倡導「透明、信任、激情」的價值觀，秉承「保守、專注、思辨」的投資風格，帶領團隊持續取得了優秀的投資業績。

4. 投資理念

投資理念：長線人生、長線投資、快樂工作。

投資願景：做持續創造價值的「靈獸」。

投資風格：

（1）保守：堅持價值投資，堅持有所取捨

朱雀投資堅持投資過程中的保守，一方面要發現和守望投資目標的真正內在價值，另一方面要學會如何取捨。同時，保守不僅體現在投資方面，還貫穿在朱雀的管理、制度和文化等各個方面。

（2）專注：做行業專家，像內部人一樣理解公司

專注而理性，執著於研究，朱雀投資借此發現價值，創造財富。資本市場囊括了經濟生活的方方面面，朱雀強調從團隊自身的能力和特徵出發，秉承執著研究的理念，發現所覆蓋行業、公司的價值，強調「做行業專家，像內部人一樣理解公司」，專注尋找所覆蓋領域的投資機遇，選擇優勢公司，執著投資，享受優勢公司成長帶來的長期可持續回報。

（3）思辨：獨立思考，前瞻判斷，敬畏市場

新興市場的高成長、高估值與高波動性特徵促使我們提高自身的思辨能力。朱雀鼓勵公司成員要堅持獨立思考，要學會用未來的眼光看世界；同時，在敬畏市場的前提下努力感知時機，力爭把握。

5. 投研團隊概況

公司擁有成熟專業的投研團隊：從業經驗長，平均從業經驗9年以上，歷經牛熊市考驗；行業覆蓋面廣，15名研究員，涵蓋產業鏈的上、中、下游；投研團隊穩定，9名為合夥人，與公司利益一致，風險共擔。

(1) 梁躍軍，高級合夥人。北京大學國民經濟管理學碩士、中歐國際工商學院高級管理人員工商管理碩士（EMBA）。從1999年起，歷任西南證券研究發展中心宏觀策略研究員、大通證券股份有限公司客戶資產管理總部投資經理、西部證券股份有限公司投資管理總部投資經理、副總經理，2007年7月參與組建成立上海朱雀投資發展中心，任高級合夥人，負責投資管理及量化、金融、地產行業研究。

(2) 王歡，高級合夥人、銷售市場部總經理。西北大學經濟學學士、中歐國際工商學院MBA。具多年證券、期貨行業從業經驗，從1993年起，歷任中國五金礦產進出口陝西公司期貨部副總經理、海南深海國際投資（集團）股份有限公司期貨部經理、香港滔量國際財務投資有限公司副總經理、中國國際金融有限公司銷售交易部副總經理。現為朱雀投資高級合夥人、銷售市場部總經理。

(3) 洪露，高級合夥人。西北大學生物學學士、中山大學金融投資學碩士。具備10年醫藥行業從業經驗，曾任麗珠集團新藥研發員、產品經理、投資部投資經理、董事會秘書處證券事務代表；從2007年起從事證券行業研究工作，歷任安信證券醫藥行業首席分析師，消費組組長，多次獲評為「新財富醫藥行業最佳分析師」。現為朱雀投資高級合夥人、投資研究部總經理，負責投資管理及醫藥行業研究。

(4) 張延鵬，高級合夥人，投資副總監。西北大學經濟學學士、西安交通大學金融學碩士。具備4年實業工作經驗，從2004年起從事證券行業研究工作，歷任上海聯合資信評估有限公司高級評估分析師、西部證券研究發展部消費品行業研究員、投資管理總部投資經理、客戶資產管理總部投資經理。現為朱雀投資高級合夥人、投資研究部投資副總監，負責投資管理及消費品行業研究。

(5) 陳秋東，合夥人，研究總監。浙江大學生物化工專業碩士。有5年實業工作經驗，從2003年起從事證券行業研究工作，歷任中原證券研究所消費品研究小組組長、高級經理、金信證券研究總部資深研究員、中國人保資產管理股份有限公司人民幣權益帳戶投資經理。現為朱雀投資合夥人、研究總監，負責投資管理及化工、公用事業行業研究。

（6）章葉飛，合夥人，投資副總監。中國人民大學經濟類專業碩士。歷任紅塔證券股份有限公司資產管理部投資經理、工銀瑞信基金管理有限公司基金經理、北京龍鼎投資管理有限公司投資總監。現為朱雀投資合夥人、投資研究部投資副總監，負責宏觀和策略研究。

（7）李樹榮，合夥人，研究副總監。中國人民大學管理學碩士。歷任世紀證券自營部研究員、國信證券研究所航空運輸行業首席分析師、申銀萬國證券研究所交通運輸行業首席分析師，多次獲評為「新財富航空運輸行業最佳分析師」。現為朱雀投資合夥人、投資研究部研究副總監，負責交通運輸、建築建材行業研究。

（8）何之淵，合夥人，研究副總監。復旦大學電子科技專業學士、復旦大學數量經濟學碩士。歷任長江證券電子及家電行業高級研究員、銀華基金電子行業高級研究員、TMT研究主管，現為朱雀投資合夥人、研究副總監，負責TMT行業研究。

6. 旗下基金及其表現（見表4-165、表4-166）

表4-165　　　　　　　　朱雀投資旗下基金

基金类型分布	数量	占比	基金评级分布	数量	占比
股票型	45	47.37%	五星基金	0	0.00%
市场中性	44	46.32%	四星基金	0	0.00%
其他	5	5.26%	三星及以下基金	53	55.79%
定向增发	1	1.05%	暂未评级	42	44.21%

表4-166　　　　　　　　朱雀投資歷史業績

截止日期：2015-02-03

	今年以来	近一月	近六月	近一年	近两年	近三年	近五年
公司平均	5.69%	5.24%	25.65%	25.56%	41.57%	56.16%	48.52%
同类平均	——	2.90%	16.41%	31.50%	43.20%	54.00%	39.27%
沪深300	-3.73%	-3.73%	43.19%	54.45%	23.79%	35.74%	5.68%
同类排名	139/558	175/579	241/510	221/418	142/312	111/257	50/127
四分位排名	优	良	良	中	良	良	良

七、混沌投資

1. 公司概述

上海混沌投資（集團）有限公司於2005年6月在浦東新區註冊成立。作

為一家專業化的投資機構，混沌投資業務涉及大宗商品貿易、商品期貨投資、證券投資、股權投資，以及投資管理等方面。該公司在投資實踐中始終堅持「規範管理、專業研究、踏實穩健、嚴控風險」的投資原則，成立至今連續取得優異的投資業績。公司擁有一支經驗豐富的專業投資團隊，朝氣蓬勃，銳意進取。這支團隊在多年的投資業務中累積了成熟的投資理念和完善的風控措施，捕獲瞬息萬變的投資機會，從容面對金融市場的大幅動盪。公司的研究範圍囊括商品期貨、證券、外匯、金融衍生品等多個領域。公司投資範圍包括大宗商品貿易，如大宗農產品貿易、大宗金屬貿易、部分基礎化工產品貿易等；商品期貨投資，如農產品期貨、金屬期貨、化工產品期貨等；證券投資，如股票、債券、基金產品等；股權投資。

2. 核心人物——葛衛東

葛衛東，董事長，投資決策委員會主席。畢業於四川大學經濟系。從事金融、證券和商品投資長達 13 年，具備多領域投資經驗。2005 年發起成立上海混沌投資有限公司，專門從事商品期貨、證券及金融衍生品等領域的投資。2007 年發起成立上海混沌道然資產管理有限公司，任投資決策委員會主席，專門從事證券市場投資。自 2000 年從事投資至今，一直保持良好的投資業績，7 年平均年化投資收益率在 50% 以上。自 2005 年上海混沌投資有限公司成立至今，平均年化投資收益接近 120%。

3. 投資理念

投資策略：基本面研究是公司投資的基礎；波段操作把握「順勢」原則，盡量不參與和大勢相反的短期波段；多角度把握對沖原則，減小整體系統風險。投資理念：穩定持續獲利才是公司成功的標準，穩健是投資的第一原則，風控先於投資。

4. 人員簡介

（1）王歆，總經理、投資總監。四川大學 MBA。2002 年就職於某銀行總行國際部，任副處長。具有十多年銀行投資管理經驗、全球金融市場分析研究和風險控制能力，熟悉各種金融投資工具，對價值投資具深刻理解，善於從宏觀政策上把握全球金融市場經濟動態。

（2）楊健暉，副總經理、研究總監。畢業於四川大學經濟系。先後從事銀行外匯投資管理和證券公司證券投資部管理工作，具備證券交易及投資諮詢資格、十多年的金融從業經歷，擅長從事各類金融產品的分析研究及投資操作。具備大規模資金運作、投資策略安排、行業及公司研究、市場風險控制的實際經驗及綜合能力。

（3）王吉，市場總監。畢業於廣東金融學院國際金融系，上海財經大學MBA。先後就職於中國工商銀行深圳分行國際部和廣東發展銀行深圳分行信貸部，曾任深圳市創瀛投資有限公司副總經理，具有十多年金融投資從業經驗，對實體經濟有深入接觸和研究，具備豐富的投資和管理經驗。

5. 旗下基金及其表現（見表4-167、表4-168）

表4-167　　　　　　　　混沌投資旗下基金

基金類型分布	數量	占比	基金評級分布	數量	占比
股票型	7	100.00%	五星基金	0	0.00%
			四星基金	1	14.29%
			三星及以下基金	5	71.43%
			暫未評級	1	14.29%

表4-168　　　　　　　　混沌投資歷史業績

	今年以來	近一月	近六月	近一年	近兩年	近三年	近五年
公司平均	12.16%	10.45%	55.50%	18.05%	21.81%	47.97%	71.91%
同類平均	----	2.90%	16.41%	31.50%	43.20%	54.00%	39.27%
滬深300	-3.73%	-3.73%	43.19%	54.45%	23.79%	35.74%	5.66%
同類排名	34/558	64/579	43/510	290/418	226/312	135/257	23/127
四分位排名	優	優	優	中	中	中	優

八、淡水泉投資

1. 公司概述

2007年6月，趙軍等七位曾經的嘉實基金同事創立了淡水泉投資。淡水泉崇尚長期價值和專業能力，致力於成為長期業績最優秀的基金管理人。淡水泉在成立之初即佈局海外，發起設立了淡水泉海外對沖基金，成為目前國內少數幾家同時管理國內和海外產品的管理公司之一。

2. 公司榮譽

淡水泉被《福布斯》評為「2011中國基金榜」最佳偏股型基金經理第二名。

淡水泉被《中國證券報》評為第三屆金牛陽光私募管理公司、首屆金牛陽光私募管理公司、首屆金牛陽光私募投資經理。

淡水泉被《上海證券報》評為2009年「金陽光」最佳私募管理公司。

淡水泉被《證券時報》評為2009年度陽光私募明星管理公司、2009年度兩年持續回報陽光私募明星管理公司、2009年度陽光私募明星投資經理。

淡水泉榮獲2008—2012年「中國最佳私募基金」五年期長期優勝獎、2009—2011年「中國最佳私募基金」三年期長期優勝獎、第二屆「中國最佳私募基金」長期優勝獎，入圍第一屆「最佳私募基金產品」獎。

3. 核心人物——趙軍

趙軍，總經理，投資總監。15歲即考取南開大學數學系，獲得數學學士、金融學碩士學位。1999年在中信證券擔任資產管理部分析師。2000—2007年在嘉實基金管理公司工作，歷任基金豐和基金經理、研究總監、機構投資總監、總裁助理。2007年和原嘉實基金同事共同創立淡水泉投資。精通國內資本市場投資運作，並擁有管理全國社保基金、企業年金、保險機構和銀行資金的豐富經驗，歷經牛熊市歷練，公募基金和陽光私募基金業績均為行業前20位。

私募基金時期的管理業績：

（1）長期業績優異：代表產品「淡水泉成長1期」於2007年9月大盤位於5,000點時成立，在大盤下跌超過50%的，淡水泉獲得超過100%的絕對收益，在同期發行的私募基金中排名第一。

（2）進攻性強：淡水泉成長1期運作以來歷經3次中級反彈行情，漲幅均超過股指近20%。

（3）風控卓越：淡水泉雖滿倉運作，但其對所持個股的估值要求嚴格，在大跌的市場中，其個股具有較強的安全邊際和抗跌性。2008年，大盤下跌60%，淡水泉僅回調30%，淨值未破0.8。

4. 投資理念

淡水泉信奉「逆向投資」，認為股票市場中情緒聚集的地方不容易找到好的投資標的，公司團隊更喜歡在被市場「忽略」和「冷落」的地方「淘金」，越是不被看好的投資，公司越是加強對其基本面的研究，以期先於市場發現投資機會。同樣是分享企業未來的成長，淡水泉始終恪守兩個準則：可被證明的過往經營能力、合理的估值水平。

淡水泉採用投研一體制的工作方式，每位投研人員均被定位為投資經理。公司同時構建了以i-FARM為核心的信息採集系統，持續獲取包括二十餘家國內券商、近十家國際投行以及獨立第三方在內的最新研究報告，並開發了適合自身特點和投資風格的投資研究管理系統，可以在團隊內實現研究項目和投資

策略的共享，即時跟蹤和更新。

5. 風險控制

淡水泉的風險管理理念是進行最優風險管理，這意味著淡水泉並不是一味地追求風險最小化，而是努力把風險控制在公司和客戶可接受的範圍之內，在既定風險框架內，給投研團隊發揮自己能力的空間，為客戶創造最大化的收益。最終目標就是在面對不確定性時，輔助做出高質量的決策，使風險管理成為創造超額收益的來源之一。淡水泉是中國大陸第一家引進美國 Imagine 面向對沖基金開發的組合及風險管理系統的公司，依託於該系統以及淡水泉自行開發的工具，可以實現估值、風險即時監控及產生報告、業績歸因分析等全面的投資組合管理功能。

6. 投研團隊概況

淡水泉的投研團隊成員共 12 人，均具有多年行業經驗，有三位投資經理曾經為資深的公募基金經理，分別管理過百億規模的公募基金。其他團隊成員的工作經歷還包括國內知名基金公司、國際投行、會計師事務所、券商研究所、另類投資、風控系統服務商、期貨公司以及退休年金管理公司等。

（1）劉忠海，CFA，副總經理，首席風控官，產品管理總監。加拿大康考迪亞大學（Concordia University）約翰摩爾森商學院 MBA，2006 年成為美國特許金融分析師協會會員（CFA）、美國塞仕軟件研究所（SAS Institute）認證程序員。曾任美國密蘇里大學哥倫比亞分校經濟系訪問學者、國信證券經濟研究所金融工程資深分析師、金融工程部負責人、嘉實基金管理公司機構投資產品顧問。

（2）劉建德，戰略規劃與執行總監。英國女王大學工程學士和碩士，英國阿爾斯特大學 MBA 和研究生學歷。擁有 23 年的專業工作經驗，涵蓋金融服務、投資銀行、企業上市和管理諮詢等領域。2001 年從歐洲回到亞太區發展。回國前在瑞士信貸投資銀行（CSFB）、瑞信金融衍生產品銀行（CSFP）、瑞士信貸集團瑞士總部（CSG）和一家瑞士的 VC 公司工作。回國後曾在普華永道、德勤、安達信和 ATKearney 戰略諮詢公司擔任大中華區金融業的主管合夥人。

（3）翟寧，渠道及公共關係總監。中山大學經濟學學士，歷任招商銀行風險管理部風控專員、華夏基金管理公司區域總監、上投摩根基金管理公司北方業務主管。

7. 旗下基金及其表現（見表 4-169、表 4-170）

表 4-169　　　　　　　　淡水泉投資旗下基金

截止日期：2015-02-05

基金类型分布	数量	占比	基金评级分布	数量	占比
股票型	61	93.85%	五星基金	23	35.38%
其他	3	4.62%	四星基金	7	10.77%
中国概念海外基金	1	1.54%	三星及以下基金	1	1.54%
			暂未评级	34	52.31%

表 4-170　　　　　　　　淡水泉投資歷史業績

截止日期：2015-02-03

	今年以来	近一月	近六月	近一年	近两年	近三年	近五年
公司平均	4.52%	4.69%	32.22%	69.32%	90.85%	120.20%	115.32%
同类平均	——	2.90%	16.41%	31.50%	43.20%	54.00%	39.27%
沪深300	-3.73%	-3.73%	43.19%	54.45%	23.79%	35.74%	5.68%
同类排名	176/556	189/579	178/510	27/418	23/312	16/257	3/127
四分位排名	良	良	良	优	优	优	优

九、證大投資

1. 公司概述

上海證大投資管理有限公司創立於國內證券市場興建初期，1993 年在改革開放的前沿城市——上海開始籌建，與中國資本市場共同進步和成長，經過十多年的快速發展，公司規模數百倍增長，目前註冊資本為 3 億元。證大投資是國內最早設立的投資管理公司之一，也是國內著名私募基金管理公司中成立最早的一家。公司擅長於發現證券市場的系統性機遇，通過把握轉配股機遇、法人股機遇、金融股權機遇以及定向增發機遇獲得了良好的成長。公司在二級市場具有優良的業績記錄，公司曾經管理的一只二級市場投資基金連續 13 年保持高速成長，年複利收益率達到 46%。公司與信託公司合作發行了資本市場的第一批結構化信託、第一個法人股信託、第一個公益信託、第一批 QDII 信託、第一批對沖基金等，在市場上享有良好的聲譽。

2. 公司榮譽

公司被深圳市金融顧問協會等機構評為「十佳私募基金管理機構」，證大

投資產品榮登朝陽永續 2012 年度陽光私募風雲榜。

3. 核心人物——朱南松

朱南松，創始人，董事長兼總裁。復旦大學哲學博士，中國人民銀行總行研究生部經濟學碩士，中國人民大學經濟學學士。證券投資專家，對沖基金專家。擁有 20 年以上證券市場投資經驗，榮獲《價值》雜誌評選的「華人傑出投資者」稱號，善於發現中國資本市場的系統性投資機會並進行戰略投資，創造了中國證券市場投資的許多經典案例。最早發現中國資本市場雙軌制下轉配股和法人股的投資機會，著有《戰略投資法人股》一書（2001 年出版），書中前瞻性地提出了法人股投資的策略及目標。所管理的基金在 2007 年獲得「中國私募基金風雲榜」信託產品組冠軍等眾多榮譽。1995—2008 年其管理的基金取得超過 150 倍的業績增長，實現年複利 46%（未扣管理費）。還任上市公司「上海證大（HK0755）」執行董事、中國經濟體制改革研究委員會理事、西安國際信託有限公司董事、新華人壽保險股份有限公司監事、江蘇蘇豪國際集團股份有限公司董事。歷任「蘇州高新」等多家上市公司及非上市公司董事，同時擔任中國人民大學校董、兼職教授等。

4. 投資理念

證大投資學習借鑑本·格雷厄姆、沃倫·巴菲特、彼得·林奇、喬治·索羅斯等西方投資大師的投資思想和投資方法，從中國傳統文化及哲學思想中汲取營養，尋找投資之道。證大投資力求做到深入調研、「遠距離瞄準」、不打無把握之戰；尋找可投資十年的企業，投資能增長十倍的股票和有足夠安全邊際的價值投資項目，進行大規模投資；抓住主流行情中的主流板塊，將價值和成長相結合，努力使投資行為與市場保持和諧。證大投資通過不懈地實踐和創新，在正在成熟、逐步規範的市場中力求理性投資、價值投資。「科學、客觀、長期、組合」是公司穩健經營的原則。項目、價位、時機、組合是決定成功的四大要素。

5. 投資策略

上海證大的投資策略，首先是尋找大類資產配置的藍海，將資金投資到准入門檻高、參與者不多而潛在回報豐厚的投資領域。秉承這一投資理念，公司自 20 世紀 90 年代以來先後成功投資了轉配股、法人股、未上市金融股權、定向增發、海外高息債券等多個金融領域。在股票二級市場投資上面，上海證大的一貫策略是在大牛市裡積極出擊領漲板塊的領漲股，力爭上游；在熊市和震盪市中尋找穩定盈利的投資模式，持盈保泰。這一策略，在 2007 年的牛市裡為上海證大管理的「平安證大一期」攫取了陽光私募投資收益冠軍的桂冠，

也在過去幾年的振蕩下跌行情中為我們的投資者保存了實力。2010 年，中國證監會在精心籌備後正式推出了股指期貨和融資融券金融品種，此舉標誌著對沖基金時代的開始。上海證大的投資策略也因勢而變：一方面，公司集中主要投研力量，聚焦研究包括事件驅動在內的多重對沖投資模式，將對具有較大確定性的系統性投資機會的把握與自下而上精選個股相結合；另一方面，公司也在新產品裡率先運用股指期貨、融資融券等對沖工具對沖風險，力爭為投資人獲取絕對回報。

6. 人員簡介

（1）施輝，常務副總裁。復旦大學國際金融研究生，證券投資專家，參與公司歷次重大投資決策，有 15 年以上證券市場投資經驗，成功投資多家上市公司法人股及定向增發項目。加盟證大 15 年以上，兼任上海蘇豪舜天投資管理有限公司董事、總經理，江蘇蘇豪國際集團股份有限公司董事，深圳證大速貸小額貸款公司董事。歷任西安國際信託有限公司董事、國電長源電力股份有限公司（000966.SZ）董事、湖北宜化化工股份有限公司（000422.SZ）監事。

（2）姜榕，副總裁。清華大學經濟管理學院經濟學學士，中歐 EMBA。證券投資專家，有 12 年證券從業經歷。有良好的證券二級市場及海外市場投資業績。還任速度資產管理公司（Tempo Asset Management（Asia）Co., Ltd）總經理。在證大服務 10 年以上，從 2003 年起任上海證大投資管理有限公司基金經理。

（3）於衛國，副總裁。首都經貿大學金融專業學士學位；中國人民銀行總行國際金融研究生；證券投資專家。1987 年赴日本參加由野村證券株式會社所屬國際證券株式會社舉辦的證券業務學習和培訓班。回國後，先後擔任中國證券業聯合辦公室（聯辦）理事成員代表、國際業務部負責人、證券業務部負責人、海南代表處負責人等。1997 年從事證券市場交易業務和資產管理業務。

（4）王萍，副總裁。大連理工大學 MBA。證券投資專家，有 10 年以上證券市場投資經驗，2006 年發現交通銀行、中國太保等法人股的投資機會並成功進行投資。2008 年開始參與研究上市公司定向增發並進行投資。具有豐富的融資經驗和獨特的創新能力。加盟證大 10 年以上，兼任西安國際信託有限公司監事、上海天臻實業有限公司（公司型基金）總經理。

7. 旗下基金及其表現（見表 4-171、表 4-172）

表 4-171　　　　　　　　　證大投資旗下基金

截止日期：2015-02-06

基金类型分布

	数量	占比
股票型	11	78.57%
债券型	1	7.14%
定向增发	1	7.14%
其他	1	7.14%

基金评级分布

	数量	占比
五星基金	2	14.29%
四星基金	6	42.86%
三星及以下基金	3	21.43%
暂未评级	3	21.43%

表 4-172　　　　　　　　　證大投資歷史業績

截止日期：2015-02-04

	今年以来	近一月	近六月	近一年	近两年	近三年	近五年
公司平均	-1.78%	-1.61%	59.98%	84.64%	65.39%	71.00%	26.99%
同类平均	——	2.74%	15.94%	31.24%	42.71%	54.18%	39.90%
沪深300	-4.72%	-7.64%	42.10%	52.87%	21.48%	34.35%	6.79%
同类排名	456/562	459/580	35/511	16/421	66/315	68/258	80/128
四分位排名	差	差	优	优	优	良	中

十、千合資本

1. 公司概述

深圳千合資本管理有限公司成立於 2012 年 9 月，由原華夏基金副總經理王亞偉正式轉做私募後創辦。千合資本註冊地址在深圳南山區深圳產業研究大樓 B815 房，經營範圍為受託資產管理、股權投資、投資管理、投資諮詢、企業管理、企業管理諮詢、企業營銷策劃等，註冊資本金 1,000 萬元人民幣，法定代表人即王亞偉，出資比例 100%。千合資本目標客戶為高淨值人群，此外，客戶投資其私募的資金量不得超過個人資產一定比例（或為 5%）。

2. 核心人物——王亞偉

王亞偉，清華大學學士，財政部財政科學研究所經濟學碩士，中國最具傳奇色彩的明星基金經理。以事件驅動型投資策略（投資有重組預期的股票）著稱。由於其管理的華夏大盤精選業績長期在公募基金業內排名第一而被冠以「公募一哥」「股神」等稱號。

王亞偉進入私募行業後，首只私募基金昀澧田外貿信託平臺發行，規模為20億元，投資門檻為2,000萬元。他創造了規模最大的單只私募基金和投資門檻最高的私募基金兩項紀錄。

十一、宏流資本

1. 企業介紹

宏流資本於2014年11月3日註冊成立，新公司名稱為「上海宏流投資管理有限公司」。該公司企業法人營業執照顯示，法定代表人為王茹遠，註冊資金為1,000萬元，公司類型為有限責任公司（國內合資），經營範圍為投資諮詢、商務信息諮詢、企業管理諮詢、金融信息諮詢等。

2. 歷史業績

王茹遠曾經操作的基金歷史業績如下：

（1）2013年8月1日至今，王茹遠任寶盈策略增長基金經理1年115天，階段收益率8.571,3%，比同期同類基金平均收益高5.267,6%，比同期上證指數高1.524,4%。

（2）2012年6月30日至今，王茹遠任寶盈核心C基金經理2年147天，階段收益率18.030,3%，比同期同類基金平均收益高6.913,4%，比同期上證指數高20.833,0%。

（3）2012年6月30日至今，王茹遠任寶盈核心優勢基金經理2年147天，階段收益率78.186,8%，比同期同類基金平均收益高67.069,9%，比同期上證指數高80.989,5%。

3. 核心人物——王茹遠

王茹遠，中國國籍，研究生、碩士。2007年12月至2011年7月就職於海通證券股份有限公司，擔任首席分析師。2011年7月加入寶盈基金管理有限公司，擔任核心研究員。

十二、杭州龍旗

1. 公司介紹

杭州龍旗科技有限公司是一家由歸國的美國資深量化基金經理和在美國名校執教的權威教授聯合創辦的高科技資產管理公司。公司運用前沿的金融理論研究，依託先進計算機金融技術，實現科學投資決策，為機構客戶及高淨值客戶提供資產管理服務。公司始終堅信，利用科學的量化投資技術給客戶穩定、持續地創造財富不是夢想！公司目前已推出了管理型和結構化兩類量化對沖基金產品，公司的高素質

投研團隊以及科學的投資理念已獲得越來越多的專業投資機構的認可。

2. 核心人物

（1）朱笑慷，聯合創始人。美國波士頓大學經濟學博士、特許金融分析師。現擔任杭州龍旗科技有限公司的首席執行官。回國創業前擔任著名資產管理公司主動股票投資部的基金經理、投資策略研究員。早年作為基金經理加入當時全球最大的資產管理公司。在加入之前，在美國一家頂尖的金融諮詢公司工作，任資深經理。與美國商學院、法學院、經濟學院的知名教授們有著緊密的合作關係，為500強客戶提供金融諮詢，對美國金融市場、證券法及監管有著深入的研究。其博士論文發表在頂尖的計量經濟學周刊上，迄今已被近一百篇專業論文引用，畢業後拿到數家海外知名學府的聘書。在社會活動方面，是全美華人金融協會理事會的理事，並在回國前兼任加州分會的主席。於2013年入選國家第九批「千人計劃」創業人才。

（2）王黎，聯合創始人。現擔任杭州龍旗科技有限公司首席技術官兼首席投資官。在回國之前擔任基金經理。其研究領域覆蓋了統計學、運籌學、計算機、金融等多個領域。在這些領域的一流期刊和國際會議刊物上共發表過數十篇文章，索引數超過上百次。還擔任多個國際期刊審稿人。由於在人工智能領域研究的世界領先地位，其被美國政府賦予了最高級別的傑出人才永久居留權。本科畢業於清華大學計算機系，獲美國密歇根大學Ross商學院的工商管理學博士學位，且擁有四個碩士學位：密歇根大學的統計碩士、金融工程碩士、工業工程碩士，以及弗吉尼亞理工的計算機碩士。於2012年入選浙江省「千人計劃」創新人才。

（3）張露，杭州龍旗科技有限公司聯合創始人，首席營運官。具有十餘年豐富的經濟金融諮詢和高科技產業經驗。2001年從美國東北大學碩士畢業後，先後加入三家高科技創業公司，從事產品開發、市場調研以及公司策略策劃。2004年開始在美國頂尖的金融諮詢公司工作數年，主攻證券市場的諮詢案件。參與了多個公司上市和併購的法律訴訟案。與美國頂尖商學院，經濟學院，法學院廣泛合作。擁有豐富的企業策劃、企業融資和企業管理經驗。本科畢業於武漢大學世界經濟系，獲美國東北大學信息系統管理的碩士學位。張露女士於2013年入選浙江省第六批「千人計劃」創新人才。

3. 投資策略

公司的投資團隊以股票多空策略和股指對冲策略為主，同時將以各種套利策略、期貨高頻交易策略以及現金管理策略作為補充。公司所有策略都是程序化交易，基於智能化的投資組合管理系統、交易系統，用高端金融量化模型挖

掘出成功率和出現率高的交易模式，長期通過勝負概率贏取市場，保證資金收益的長期穩定。

（1）股票多空策略，以多因子量化模型為基礎，因子中包括基本面財務狀況、公司營運情況與市場相關情況等，構建看多投資組合和看空投資組合，並通過融資融券業務實現多空策略，在對沖市場風險的同時，獲取選股帶來的超額收益。

（2）股指對沖策略，通過量化選股買入主業清晰、財務風險低、業績增長穩定的上市公司股票，同時利用股指期貨對沖市場風險，力爭在多種市場環境下為投資者創造持續穩定的收益。

（3）期貨高頻交易策略，以模式識別技術為基礎，通過電子計算機輔助，採用量化模型判斷投資品種的日內波動，以做多和做空等手段完成秒級別的投資決策和交易執行。

十三、廣州創勢翔

1. 企業介紹

廣州市創勢翔投資有限公司成立於 2009 年 12 月，註冊資本為 1,001 萬元。業務範圍包括受託資產管理、股權投資、投資管理、投資諮詢、企業管理、企業管理諮詢和企業營銷策劃。

公司致力於為企業和中高端個人客戶定向制定個性化金融投資方案，幫助中小企業進行市值管理，並提供專注於證券二級市場的陽光型私募基金管理服務。公司以幫助客戶實現財富的長期穩定增長為目標，力爭成為中國資本管理領域的領先者。

2. 核心人物

（1）黃平，投資總監。大學本科學歷，具有超過 15 年的證券從業經歷。擁有豐富的大規模資金運作經驗，戰績卓著。對中國證券市場有著深刻的理解，在市場和政策深度分析方面視角獨特，觀點鮮明；對宏觀和微觀都有多年研究，判斷能力強。多年的投資經驗，形成了成熟的獨立的投資理論和系統的操作原則。在機會把握上擅長準確把握市場運行節奏，注重在投資上的提前動作，充分地分享資本市場每個階段的投資主題帶來的機會；在投資者心理和行為特徵研究上有深厚造詣，對資金的趨勢性和博弈帶來的機會有敏銳的感覺，善於掌握交易性投資機會；憑著敏銳、穩健的操盤風格，連續多年均實現了卓越的投資業績。善於解析國內政策，及時捕捉市場熱點板塊龍頭股，尤其擅長挖掘年報高增長熱點。多年投資收益遠遠跑贏大盤，其獨特鮮明的投資風格已多次被市場證明。於 2009 年創立廣州市創勢翔投資有限公司，任投資總監和

基金經理，發行並管理 2013 年上半年陽光私募冠軍——創勢翔 1 號。

（2）羅興文，營運總監。大學本科學歷。作為中國第一代投資者，見證了中國資本市場啟動、發展、擴張、牛熊轉換的 20 年。善於把握宏觀經濟環境與政策導向。1995 年起任珠江基金公司基金經理，參與國債期貨、大連玉米、大豆、廣聯所大米、豆粕等大資金的期貨運作以及股票運作。1997 年任重慶三峽建材投資集團上市處處長，收購重組三峽庫區 13 家企業。整體統籌策劃及重組實施，推動企業 A 股上市。2002 年任北京金仕達投資管理有限公司總經理。從事證券諮詢理財以及股票實戰軟件的開發研究。2009 年任青島贏隆資產管理有限公司總經理，成功發行中融贏隆一期陽光私募產品。產品發行後常進入全國陽光私募產品前 20 名。2011 年至今，任廣州贏隆投資管理有限公司董事長，成功發行了長安信託 22 號（贏隆珠江）陽光私募產品，該產品於 2013 年上半年進入全國陽光私募產品前 20 名。2012 年發起成立廣州市證券投資行業商會，擔任商會副會長，目前商會已有七十多家企業機構會員。

（3）鐘志鋒，研究總監。碩士學歷，具有超過 15 年的證券投資經驗，實戰派人士。理論基礎紮實，對宏觀產業導向把握準確。專注於國內證券市場、行業和上市公司價值研究，對市場趨勢和股票價格波動有獨特的判斷。在市場熱點行業和個股的選擇與持續跟蹤方面，具有獨到的分析方法。經歷了一次次牛市的喧囂與熊市的洗禮之後，風險意識極強。近年潛心研究和總結證券市場各大師所長，結合國內股市現狀，總結出了一套適用於中國證券市場的價值投資理念和風險管理體系，長期保持優異的投資業績。

3. 旗下產品（見表 4-173）

表 4-173　　　　　　　廣州創勢翔旗下產品

序号	产品名称	投资经理	单位净值	累计净值	累计收益	今年收益	成立日期	结束日期
1	创势翔1号	黄平	7.3458	7.3458	634.58%	300.80%	2012-04-26	
2	创势翔盛世	黄平	1.4283	1.4283	42.83%	42.83%	2014-04-04	
3	创势翔禅易	黄平 徐丹	1.4209	1.4209	42.09%	42.09%	2014-02-18	
4	创势翔国政对冲基金		1.3710	1.3710	37.10%	37.10%	2014-06-20	
5	创势翔辉煌	黄平	1.4493	1.4493	44.93%	6.79%	2013-11-12	
6	融智-汇金伯乐量化对冲1号基金					N/A	2014-12-02	
7	鼎盛对冲3期基金					N/A	2014-12-08	
8	鼎盛对冲2号					N/A	2014-12-11	
9	鼎盛对冲4期					N/A	2015-01-07	

十四、從容投資

1. 企業介紹

上海從容投資管理有限公司成立於 2007 年。公司經營範圍包括投資管理外包服務、投資顧問等。從容投資將依託強大的投資研究能力，立足中國市場，為機構投資者和已實現財務自由的人士即高淨值個人客戶（HNW）提供定制的投資管理和顧問服務。

公司基於價值投資的理念，通過深度發掘被低估的上市公司，按照「先發現、先介入、先退出」的原則，安全而充分地享受上市公司成長的成果。公司以為客戶創造絕對收益為目標，把握宏觀經濟趨勢，進行資產的合理靈活配置，實現信託收益的穩健增值，為投資人創造絕對收益。

2. 核心人物——呂俊

呂俊，董事長，合夥人。武漢大學碩士，具有 16 年證券從業經驗。曾任上投摩根基金管理有限公司副總經理、投資總監，中國優勢基金經理和國泰基金公司基金經理等職。最近十多年來管理過多只基金，均獲得優異業績。創立從容投資後榮獲首屆中國「金牛陽光私募管理公司獎」，首屆中國陽光私募最佳管理人「金樽獎」，第二屆中國最佳私募基金「長期優勝獎」等獎項。目前負責上海從容投資管理有限公司發展戰略及系列信託產品投資管理。

3. 投資理念

（1）價值為本

價值為本即以投資標的的內在價值為準繩，賣出價格高於價值的品種，買入價格低於價值的品種。公司從品種自身的價值迴歸和價值增長中獲利，而不是從市場投機的無序波動中獲利。為此公司需要建立科學合理的價值體系，並且對投資標的做出盡可能精確的估值，在合理估值區間之內選擇有利時機建倉，在合理價值區間以外持續運行的品種必須清倉賣出。

（2）從容投資

從容投資包含了兩層含義：首先，公司投研團隊必須先於主流投資者發現機會，於投資標的並不熱門之際從容介入，先行佈局。當投資標的的運行一段時間，超出價值區間接近價格頂點之際提前退出，不涉險境。公司迴避激烈的影響股價追漲殺跌，付出高昂交易成本的操作手法。先人一步是從容投資的精髓。其次，所買入的品種預期漲幅必須足夠大，能夠從容持有，而不是買入不久即不得不考慮賣出。公司不去追逐蠅頭小利，不去捕捉難以確定的「機會」。從容投資的基石，仍然是對價值的準確判斷和價值變化規律的深刻理解。從容投資又可以簡稱為「三先投資」，即「先發現、先介入、先退出」。

（3）順勢而為

市場風雲變幻，從容投資主張以謙遜的心態來投資，正視投研團隊認知能力的局限，反對傲慢主觀地定義市場本身的對錯。當市場的發展與投研團隊的判斷發生分歧時，公司優先保護投資人的本金安全。始終將風險控製作為公司的基本理念貫徹到投資運作的每個環節。

（4）絕對回報

絕對回報是從容投資公司願景在投資哲學上的反應。公司希望投研團隊能在不同市況中間取得差異性的正回報，盡最大可能避免負回報。公司不以排名、相對指數或者同業的業績作為參考，將客戶的回報放在第一位。回報率的高低與客戶對公司的信任成正比，絕對回報也指公司不僅要求正回報，而且要求單位時間段回報率較高、單位時間段客戶資產增值較快，積極主動地捕捉甚至創造盈利機會。

「價值為本、從容投資、順勢而為、絕對回報」是公司投資哲學的概括，這四個投資理念是一個整體，在這個價值體系當中，為客戶奉獻絕對回報居於最重要最中心的地位。

4. 旗下產品及其表現（見表4-174、表4-175）

表 4-174　　　　從容投資旗下基金類型及其評級分佈

截止日期：2015-02-07

基金類型分布	數量	占比	基金評級分布	數量	占比
股票型	23	95.83%	五星基金	0	0.00%
宏觀策略	1	4.17%	四星基金	0	0.00%
			三星及以下基金	22	91.67%
			暫未評級	2	8.33%

表 4-175　　　　從容投資歷史業績

截止日期：2015-02-04

	今年以來	近一月	近六月	近一年	近兩年	近三年	近五年
公司平均	10.57%	10.57%	27.26%	20.31%	34.57%	49.13%	21.29%
同類平均	--	2.74%	15.94%	31.24%	42.71%	54.18%	39.90%
滬深300	-4.72%	-7.54%	42.10%	52.87%	21.48%	34.35%	6.78%
同類排名	52/562	60/560	219/511	273/421	169/313	131/258	86/126
四分位排名	優	優	良	中	中	中	中

十五、星石投資

1. 企業介紹

星石投資成立於2007年，是國內第一批陽光私募公司之一，目前管理規模為40億元，是國內規模最大的陽光私募公司之一。星石投資在發展過程中主動尋求規範，積極配合監管，參照基金公司組織架構完善公司治理，公司的管理團隊全部來自國內大型基金管理公司，具有多年的行業經驗。2013年星石投資成為證券業協會會員、基金業協會首批特別會員。

星石投資獨創「中國式絕對回報」策略，成立近七年來（截至2014年3月），在同期滬深300下跌52.68%的情況下，星石系列產品上漲74.52%，年平均收益超過10%，最大回撤僅為-5.69%，真正做到了無論是牛市還是熊市，每個自然年度都實現正收益，成為國內「絕對回報策略」領域的優秀代表。

星石投資的「絕對回報策略」在國內受到渠道和客戶的廣泛認同，入選目前所有大中型銀行私募項目的「私募白名單」，與國內工、農、中、建、交、郵儲、招商、光大、民生11家銀行總行展開合作全國發行產品，是國內覆蓋銀行總行最多，發行全國性產品最多的陽光私募。

星石投資嚴格控制風險、追求絕對回報的能力還得到了國內外評級機構的充分肯定，囊括歷屆（2009—2013年）《中國證券報》評選的「金牛陽光私募管理公司」等重要獎項，並且於2012年獨家獲得晨星中國首屆對沖基金獎。

2. 核心人物——江暉

江暉，董事長，投資決策委員會主席。復旦大學經濟學碩士。有21年投資研究經驗，其中包括17年基金管理經驗。其管理的基金和帶領的投資團隊從2001年起連續6年的投資業績均名列基金業前茅。2007年7月至今，其管理的陽光私募產品，業績同樣名列前茅。歷任工銀瑞信基金管理有限公司投資總監和湘財荷銀基金管理有限公司投資總監和華夏基金管理有限公司總經理助理，曾經擔任工銀瑞信核心價值基金、華夏回報基金和興華基金和興和基金等基金經理。目前擔任星石投資董事長，投資決策委員會主席。

3. 投資理念

星石投資採用宏觀驅動的價值投資理念，建立收益風險配比決策模型，控制投資組合的整體風險，通過行業與公司驅動因素的研究，把握確定性強的投資機會。

星石投資的投資方法主要分為兩大部分，在資產配置部分採用收益風險配比決策模型，在行業與公司部分採用行業與公司驅動因素分析。

（1）收益風險配比決策模型是通過每月對宏觀經濟與政策形勢的評估、對

全部行業的景氣度趨勢的評估，得出證券市場未來六個月的潛在收益與潛在風險的對比關係。星石投資根據收益風險配比決策模型，決定投資組合的資產配置。

（2）行業與公司驅動因素分析是通過每月對行業與公司的各種驅動因素的評估，發現行業與公司的景氣度趨勢與公司價值的顯著變化。星石投資根據行業與公司驅動因素分析，發現確定性強的行業與公司的投資機會。

星石投資以追求絕對回報為投資目標，並且在國內首次明確提出追求絕對回報的量化標準。星石投資追求絕對回報的投資目標分為長期收益目標和風險控制目標兩個部分。

星石投資長期收益目標：五年期及五年期以上的長期複合年化收益率達到15%~20%。具體而言，當長期股票指數上漲時，長期複合年化收益率達到20%以上；當長期股票指數下跌時，長期複合年化收益率達到15%以上。

星石投資風險控制目標：任意連續六個月及六個月以上的下行風險控制在5%~10%。具體而言，在大部分情況下，下行風險控制在5%以內；在重大意外事件突然發生的情況下，下行風險控制在10%以內。

星石投資從2007年成立以來，嚴格貫徹和落實了風險控制目標，最大回撤從未超過5%。2008年更是以正收益一舉進入當年的私募基金前十名。

4. 旗下基金及其表現（見表4-176、表4-177）

表4-176　　　　星石投資旗下基金類型及評級分佈

截止日期：2015-02-07

基金類型分布			基金評級分布		
	數量	占比		數量	占比
股票型	34	100.00%	五星基金	0	0.00%
			四星基金	0	0.00%
			三星及以下基金	31	91.18%
			暫未評級	3	8.82%

表4-177　　　　　　星石投資歷史業績

截止日期：2015-02-04

	今年以來	近一月	近六月	近一年	近兩年	近三年	近五年
公司平均	2.97%	3.01%	25.19%	28.71%	32.34%	42.23%	46.92%
同類平均	——	2.74%	15.94%	31.24%	42.71%	54.18%	39.90%
滬深300	-4.72%	-7.54%	42.10%	52.87%	21.48%	34.35%	6.78%
同類排名	224/562	246/580	241/511	200/421	182/343	153/258	55/128
四分位排名	良	良	良	良	中	中	良

第五章　期貨私募研究

　　本章主要對期貨投資方向的私募基金進行研究。期貨市場相對於股票市場來講是一個小市場，全期貨行業的資金不足3,000億元，遠小於股票市場，全部的交易者不足60萬人，而股票市場的交易者應該在6,000萬人以上。雖然期貨市場的參與人數和資金量遠不能和股票市場相比，但期貨市場交易量和靈活的交易機制相對於股票市場也是有比較優勢的，所以本章主要研究期貨私募。由於期貨私募是地下性質，2014年期貨私募才得到較大的發展，但可以供投資者購買的產品型的期貨私募還是較少，而且相應的長期產品的統計數據也比較少，私募排排網和期貨資管網上的三年以上的產品型期貨私募極少，所以本章就不對具體的產品進行介紹，而直接對期貨市場主要的機構進行介紹。本章主要從管理的資金規模來對期貨私募機構進行劃分，20億元以上管理規模的稱之為集團軍，具體公司的介紹見第一節；5億~20億元管理規模的稱之為獨立軍，具體公司的介紹見第二節；管理規模在5億元以下，但具有發展潛力的稱之為獨立團，具體公司介紹見第三節。需要說明的是，私募公司的管理規模沒有公開披露，而且規模隨時間的變動也較大，所以本章的規模估計也不一定準確。

　　截至2014年12月31日，期貨資管網共收錄了87只基金產品（公募專戶、備案基金和有限合夥等）。基金產品2014年平均收益率為17.17%。在87只基金產品中，2014年平均收益率為17.17%，實現正收益的產品共有73只，占比83.9%，排名第一的是青騅衍生品高頻一期，2014年收益率為162.29%。基金產品主觀交易策略的平均收益率為18.2%；量化交易策略產品平均收益率為16.6%。在統計的87只基金產品中，採用主觀交易策略的產品共有31只，平均收益率為18.2%；採用量化交易策略的產品共有56只，平均收益率為16.6%。根據期貨資管網數據中心統計，基金產品中排名前十的平均收益率高達74.36%，而平均回撤僅為8.49%，風險回報比接近1：9；而在主觀策略的前十表現中，平均收益率為48.15%，平均回撤為8.74%。風險回報比接近

1∶6；量化策略的前十表現中，平均收益率為54.77%，平均回撤為11.54%，風險回報比接近1∶5。

2014年產品組的前十排名見表5-1。

表5-1　　　　　2014年度期貨私募基金產品排名前十

排名	產品名稱	公司簡稱	基金經理	累計淨值	創建日期	2014年收益率	2014年最大回撤	2014年夏普值
1	青騅高頻一期	青騅投資	劉磊	4.6595	2013-8-9	162.29%	1.42%	4.88
2	凱豐對沖二號	凱豐投資	吳星	2.117	2013-6-20	98.78%	6.19%	3.04
3	長安塔基1號	塔基資產	王雁紅	1.955	2014-4-19	95.50%	22.59%	1.91
4	新余凱納一號	凱納投資	陳曦	1.776	2014-1-28	77.60%	12.12%	1.47
5	海證投資資管	海證投資	曹恒潤	1.6559	2014-5-30	65.59%	9.60%	2.77
6	凱豐對沖三號	凱豐投資	吳星	1.628	2014-5-27	62.80%	2.32%	5.48
7	樂活資管1號	譽信豐投資		1.5693	2014-10-15	56.93%	12.94%	10.85
8	千石星惠同舟	星惠資產		1.52	2014-1-28	52.00%	6.69%	1.78
9	凱納進取1號	凱納投資	陳曦	1.37	2014-7-28	37.00%	9.58%	2.66
10	九坤量化一號	九坤投資		1.3509	2014-5-9	35.09%		

數據來源：期貨資管網（截止日期：2014-12-26）

第一節　期貨私募第一陣營之集團軍

一、凱豐投資

1. 公司簡介

深圳市凱豐投資管理有限公司（KaiFeng Investment Management Co., Ltd.），簡稱凱豐投資，主要投資於中國期貨市場，並正拓展更多投資領域，同時助力產業客戶，為其提供金融、投資諮詢服務。公司擁有一支理論造詣深厚、實操經驗豐富的投資、研發、交易人才隊伍。投研團隊以基本面分析為立足點，以量化分析為補充，對套利、對沖有著獨到的視角，形成了一套完善的投研體系，在嚴格執行風險控制制度的前提下，採取積極靈活的對沖交易策略，同時捕捉各類低風險套利機會，從而實現長期穩健的投資回報。凱豐投資以價值投資為理念，將風險管理置於投資的首位；以嚴謹深入的細節分析研究為基礎，科學地進行投資決策和運作；以規範的管理和專業的技能，為客戶持續穩健地創造財富！

2. 公司產品情況

(1) 單帳戶凱豐基金走勢圖（見圖 5-1）

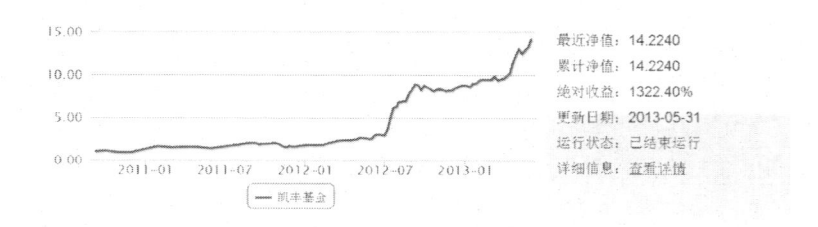

圖 5-1　凱豐基金走勢圖

2010 年 9 月 8 日，基金淨值為 1 元，結束日期 2013 年 5 月 31 日淨值為 14.22 元，兩年多的時間賺 13 倍（數據來源：凱豐公司官網）。

(2) 凱豐對沖 1 號（見圖 5-2）

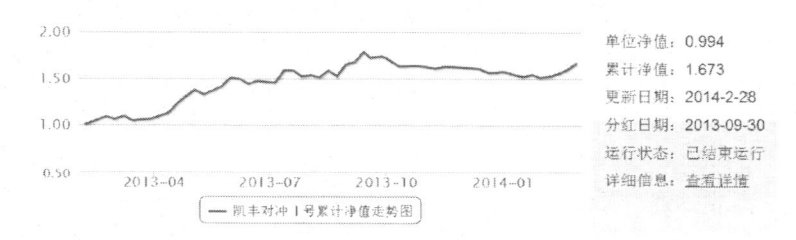

圖 5-2　凱豐對沖 1 號走勢圖

初始規模為 6,680 萬元，一年時間賺 67%，目前結束。

(3) 凱豐對沖 2 號（見表 5-2、圖 5-3）

表 5-2　　　　　　　　　凱豐對沖 2 號基本情況

產品名稱	凱豐對沖 2 號		
類型	基金專戶	認購門檻（萬元）	100
成立時間	2013-6-20	期限（年）	5 年
託管銀行	中國農業銀行股份有限公司	開放日	每 1、4、7、10 月 5 日起連續 5 個工作日，前兩個工作日贖回，後三個工作日申購
下次開放日	2015 年 1 月 5-10 日	初始規模	2.75 億元

表5-2(續)

產品名稱	凱豐對沖2號		
業績報酬	25%	參與費	2%
固定成本年費率	1.5%	贖回費	2%（投資期限超過2年則不收取）

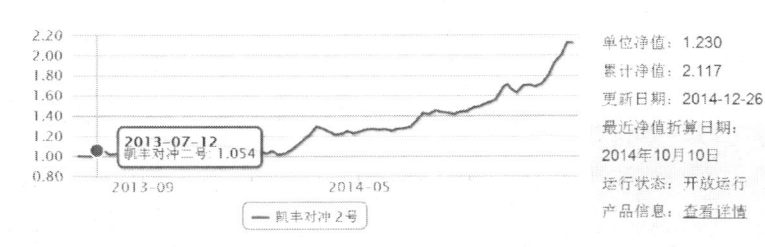

圖5-3　凱豐對沖2號走勢圖

一年半時間賺112%，年複合收益率65%。

（4）凱豐對沖3號（見表5-3、圖5-4）

表5-3　　　　　　　　凱豐對沖3號基本情況

產品名稱	凱豐對沖3號		
類型	基金專戶	認購門檻（萬元）	管理型份額100萬起
成立時間	2014-5-27	期限（年）	管理型份額期限為5年
託管人	國信證券	開放日	每3、6、9、12月10日開放
下次開放日	2015-3-10	初始規模	4億
業績報酬	25%	參與費	1%
固定費率	1.2%	贖回費	2%（投資期限超過2年則不收取）

圖5-4　凱豐對沖3號走勢圖

第五章　期貨私募研究　217

7個月時間賺61.7%。年複合收益率120%

3. 企業發展歷程

（1）2010年9月，公司前身「凱豐基金」在私募排排網上進行業績展示，當年年底累計淨值為1.304,9。

（2）2011年8月26日，公司完成註冊。

（3）2011年年底，「凱豐基金」累計淨值為1.756,4，在私募排排網上全年度收益名列第一。

（4）2012年7月1日，公司開始正式營運，並於當年9月完成了股本變更，註冊資金為人民幣1,000萬元。

（5）2012年12月26日，公司喬遷至卓越世紀中心。

（6）2012年底，「凱豐基金」累計淨值為8.794,6，並以400.71%的年度收益在私募排排網上名列第一，並獲評2012年度中國最佳管理期貨策略對沖基金。

（7）2013年2月5日，公司首只陽光私募產品「凱豐對沖1號」公告成立，初始資金為人民幣6,680萬元。

（8）2013年6月20日，「凱豐對沖2號」公告成立，初始資金為人民幣2.75億元，是當時發行規模最大的期貨類陽光私募產品。

（9）2013年6月，公司註冊成立全資子公司——深圳市天禾貿易有限公司，開展現貨貿易。

（10）2014年3月，公司註冊資本增加至人民幣5,000萬元。

（11）2014年4月22日，公司正式獲批私募基金管理人資格。

4. 公司靈魂人物

吳星，公司董事長。江西財經大學畢業，2001年進入期貨行業，曾任中國國際期貨公司農產品部經理、新湖期貨公司深圳營業部總經理、中證期貨公司總經理助理兼產業中心總經理。擔任CCTV證券資訊頻道《期貨時間》《交易日》以及深圳財經等電視財經節目的特邀嘉賓，路透、彭博、道瓊斯和中央電視臺特約期貨評論員，大連商品期貨交易所特約講師。曾策劃和推薦2006年年底至2008年年初農產品超級牛市大行情，產業客戶盈利極其豐厚，高達數億。曾親自指導客戶盈利百餘倍，並多次在期貨實盤大賽中獲獎。多年的從業經歷，使其對期貨本質有著深入瞭解，熟練掌握了各品種內部關係，累積了多品種多板塊分析研究能力，加強了宏觀的分析和理解，並堅定了長期從業的信心。現任深圳市凱豐投資管理有限公司董事長。

5. 操作狀況

(1) 投資板塊

凱豐已經建立了比較完善的以板塊為主的研究團隊,每個板塊都有產業研究小組和交易經理,他們將研究和策略充分交流。現在成熟的板塊有三個,即黑色、農產品和化工,還融入了宏觀債券,有色板塊正在打造中。

(2) 倉位管理

凱豐投資自己統計的數據表明,2014 年的平均倉位比 2013 年低了很多,收益高了很多。2013 年保證金平均占用 34%,2014 年是 26.8%,這說明單位資金的盈利能力增強了,策略的準確率比去年提高了。他們一般會同時持有二十多個合約,策略比以前更豐富,每個策略的準確性也提高了。交易的細節做得更好了,不僅做方向,還會做節奏,交易的方法也更加豐富。

在成熟的團隊,各個板塊的交易經理有一定的權限,可以自己去把握一些策略,在自己的權限內可以自主操作。板塊交易經理的職責就是「制定策略、管理頭寸、控制風險」。團隊的成熟,加強了細節操作上的優化。

板塊團隊與其他團隊之間也會溝通,比如說,黑色板塊有個品種是看空的,而在自己的板塊內又找不到合適多頭的品種,又限於不超過 5%單邊持倉的制度,就要找其他的團隊一起研究一個跨板塊對沖的品種。在權限範圍之內,板塊交易經理可以自己把握,如果超過權限,則要上升到公司投資決策會上。

公司在板塊研究上,也注重細節,分為上游、中游、下游。研究員也有分工,並不是一個人就研究一個板塊,而是一個 3～5 人組成的板塊研究小組。公司是由下往上看產業的細節,再由上往下看,哪個細節上會更有機會。公司的投資理念強調「細節暗藏產業密碼」。

(3) 風險管理

公司交易的核心就是風險管理,控制好風險是投資成功的基石。公司以「客戶利益至上」為宗旨,對客戶負責,公司建立了嚴格的風險管理制度,投資策略和系統都建立在風險管理的基礎上。公司的風險管理原則包括事前風險控制、崗位職權清晰、資金曲線為總綱、各組合有止損、控製單邊投資風險。公司單邊持倉不超過 15%,同板塊品種對沖持倉不超過 40%,不同板塊品種對沖持倉不超過 30%,套利持倉不超過 60%。公司的風險管理目標:總資金最大回撤 20%,單一策略回撤不超過 15%。

凱豐投資一直以來非常重視風險控制,這一點從更為穩定的業績可以體現。2014 年以來,他們不斷完善風控細節,提高風控效能,主要從以下三個

方面著手：

一是倉位控制更為嚴格。目前公司在單邊持倉上基本控制在5%，比之前的單邊持倉比例縮小了三分之一，同板塊品種的對沖不超40%，不同板塊品種對沖不超30%，套利板塊品種對沖不超60%。

二是交差風控更為有效。公司在風險控制方面積極創新，在常規的分級風控體系外，增加了各板塊的交易經理之間的交叉風控環節，整體風控更為全面、高效。

三是人員管理更為規範。隨著公司管理的產品越來越多，管理資產規模越來越大，需要公平對待不同基金財產，防範利益衝突與利益輸送至關重要。為了做好員工交易與產品之間的風控，公司參照公募基金的標準嚴格規範人員管理。員工不允許私自交易自己的帳戶，員工本人及直系親屬也不能開戶交易；公司配備了專門的人員和系統監控異常行為，從源頭上規避利益輸送的發生。

(4) 凱豐在研究體系的建設

在團隊建設上，凱豐構建了宏觀、產業、量化投研一體化，期現聯動，激勵與考核並重。凱豐產業部在2013年下半年開始大量引進人才，到2014年團隊就開始快速融合，團隊凝聚力大大加強。淨值創新高，員工都會很高興，因為他們都參與了凱豐產品的認購。凱豐的交易員也有研究任務，每個月的報告要求5篇，研究員要求8篇，這個是硬性規定，每週一早上都要交報告，報告的數量和質量都會計入績效考核，這是月度報告的考核制度。報告的等級由板塊研究經理和基金經理來評審，高級別的研究員對低級別的研究員的報告進行評審，這是個多維度的評價制度。每個月都會做報告的排名，到末位的，研究員就會面臨末位淘汰的壓力。報告分5個等級，今年出了一期《凱豐內參》集合了所有B級以上的報告。凱豐在逐步完善產業諮詢服務，目前有不少產業客戶對凱豐的投研報告非常感興趣。後期凱豐會逐步加強對行業趨勢、行業盈利模式等的理解及研究，打造一個優秀的產業諮詢平臺。

二、敦和投資

1. 公司介紹

敦和資產管理有限公司（簡稱敦和資管）是一家致力於國內外資本市場投資的專業化資產管理公司。其前身寧波敦和投資控股有限公司成立於2009年7月4日，2011年遷址杭州，變更為現名。近年來，在公司創始人葉先生的引領下，敦和資管已經成長為具有卓越投資能力、獨特投資理念和雄厚資本實力的高端金融投資和資產管理企業，其投資領域涉及國內外股票、債券、貨

幣、商品及其衍生品等跨市場和跨類別資產，尤其是在中國期貨市場獨領風騷。公司的兩位創始人在中國期貨市場誕生之初即投身其中，20 年歷經風雨，從商品投資到全球資產配置，視野廣、格局大、境界高。極具天賦的兩人如太極中的動靜兩極，和諧共生、相互促進、共同提高，創造了輝煌的投資業績。公司投研團隊秉承嚴謹務實的工作作風，探究安全邊際下的資產輪動規律，力求走在市場前面。公司在開放中進步，在交流中提升，與國際頂級投行和研究智庫建立了全面合作關係，形成了成熟的投資理念和完善的風控措施，保障了公司長遠健康的發展。

2. 核心人物

（1）葉慶均，現任浙江敦和投資有限公司董事長。畢業於鞍山鋼鐵學院，2003 年以 10 萬元起家，創造了數萬倍的投資收益。擁有宏大的格局、過人的膽略、深刻的洞見、敏銳的判斷，多種特質集於一身，鑄就了資本市場的傳奇。建設國際一流的宏觀對沖基金是其奮鬥目標。

（2）張擁軍，現任浙江敦和投資有限公司執行董事，1992 年開始從事期貨交易，二十餘年的投資經歷，從商品期貨逐步拓展到全球商品類的股票和各類金融衍生品。20 年磨一劍，從學術、求技、問道到知天命，逐步懂得投資之道人生之理，不求一鳴驚人，但求不斷進步，從 2002 年開始年複合增長在 65% 以上。

（3）俞培斌，現任浙江敦和投資有限公司副總經理，主管商品研究和資產管理業務。畢業於浙江大學經濟學院，歷任某期貨經紀公司研究中心經理、投資管理部經理，具有多年期貨投資管理經驗，擅長根據安全邊際理論和資產輪動規律構建資產對沖投資組合。

（4）唐永弨，現任浙江敦和投資有限公司證券研究總監和證券投資部經理。負責公司宏觀和證券研究工作，管理旗下陽光私募產品「敦和 1 期」。畢業於北京大學光華管理學院，管理學碩士，CPA，FRM。2007 年 7 月至 2010 年 7 月就職於保銀投資（pinpoint），擔任旗下商品對沖基金 Rising China Fund 基金經理助理，任職期間該基金年複合收益率 25%（提取管理費和表現費後）。2002 年 7 月至 2007 年 7 月就職於工商銀行浙江省分行和盧森堡分行，先後擔任信貸員、風險經理和風險科科長，2005 年外派至歐洲盧森堡學習外匯和衍生品交易半年。

（5）王晨，現任敦和投資有限公司商品研究總監。畢業於對外經濟貿易大學，分別在中匯安高信息諮詢有限公司和諾比資產管理公司（Noble Capital Management）任研究員，從事大宗商品以及資源類行業研究。加盟敦和投資之

前，任職於萬達期貨研究中心總經理。

（6）於海濤，現任浙江敦和投資有限公司能源化工版塊研投主管，畢業於南京大學高分子化學系，曾任石家莊誠志永華顯示材料有限公司研究員、浙江前程石化股份有限公司規劃發展部經理。致力於累積常識，在研究與實踐中去探求市場規律與投資規律，對能源化工、實體經濟有豐富實踐和研究。

（7）李新龍，現任公司產品創新部研究員。本科和碩士分別就讀於華東理工大學和西安交通大學，獲工業自動化工程碩士學位，西安電子科技大學應用數學博士在讀。擅長用循環理論結合均線共振以及五運六氣等對期貨、外匯、股票指數和氣候等的長週期趨勢進行研究。

（8）張煜，工科學士，美國南加州大學計算機專業碩士。曾任職美國某大型共同基金計算機行業研究員。採用自上而下的分析方法，價值為主的投資理念。2006年回國後專門從事海內外股票和商品投資，熟悉各種金融及衍生品投資工具，對商品類股票的投資機會及商品與股票間的對沖機會有較深刻的理解。

三、混沌投資

混沌投資馳騁股票、期貨和PE市場，特別是在股票和期貨市場影響力巨大，詳細情況見上章。

四、易孚澤股權投資

林廣茂，天津易孚澤股權投資基金管理公司董事長，1981年生，市場俗稱「棉花期貨大鱷」，網名「濃湯野人」，在2010年的一波棉花行情中一戰成名，600萬元資金多棉持倉3萬手，26個月賺220倍到13億元，後又做空，做到了22億元。

2002年前後林廣茂從北京物資學院證券期貨專業畢業，此後擔任中紡操盤手職業投資人，為當時中紡棉花唯一操盤手。個人從2002年開始做期貨賺錢，不到半年賠光，此後反覆經歷過四次，真正做到穩定盈利是2008年以後。林廣茂坦言，最初喜歡做短線，往往滿倉操作，刺激如衝浪一般，當資金量累積到一定層級，便開始轉做趨勢。

林廣茂是堅定的基本面分析者，堅持大行情都是從基本面出發。但他也強調一點，大行情一定會符合趨勢的各個因素，但符合趨勢條件的不一定是大行情，問題的核心是基本面發生了巨大的變化。

五、期貨私募第一陣營總結

此處將上述內容總結在一張表上，期貨私募第一陣營總結表見表5-4。

表 5-4　期貨私募第一陣營總結表

序號	私募公司	核心人物	管理規模（億）	資金性質	產品個數	投資領域	操作風格
1	敦和投資	葉慶均	150	自有		期貨、股市	主觀趨勢
2	混沌投資	葛衛東	100	自有		期貨、股市、PE	主觀趨勢
3	易孚澤股權投資	林廣茂	20	自有		期貨	主觀趨勢
4	凱豐投資	吳星	20	委託	3	期貨、債券	主觀套利

註：期貨第一陣營的管理規模是指總的投資規模，真正投資到期貨市場上的資金估計連三分之一的資金都不到，約為 100 億元。

第二節　期貨私募第二陣營之獨立軍

一、白石投資

1. 企業簡介

白石資產管理（上海）有限公司是在上海市工商管理局註冊的一家專業資產管理公司，註冊資本 2,000 萬元。公司核心業務為資產管理與投資諮詢，包含專戶理財、資產委託、項目投資、公司諮詢顧問業務、產業資產風險管理、大宗商品投資、金融衍生品投資、現貨貿易和產業投資、股權投資等多項業務。公司憑藉專業的市場研發能力、全面的投資交易能力和系統的風險防控能力成為產業客戶、獲資管業務期貨公司的投資顧問。公司始終堅持以客戶權益、股東回報和公司成長的長期穩健增長為最終目標。

2. 企業發展歷程

2011 年 7 月 26 日，白石資產管理（上海）有限公司正式開業營運。
2011 年 9 月 1 日，蔣氏短線系統程序化正式進入實盤運行。
2011 年 9 月 9 日，白石資產召開投資委員會首次會議。
2011 年 12 月 6 日，白石資產應邀參加東方財經交易前線節目。
2012 年 1 月 8 日，白石召開 2011 年投資策略研討會。
2012 年 6 月 27 日，白石套利系統開始運行。
2012 年 1 月 2 日，白石首例投資諮詢業務簽訂。
2013 年 3 月 16 日，白石春季投資論壇召開。
2013 年 3 月 22 日，白石資產啟動期貨公司資管專戶投資顧問業務。
2013 年 5 月 9 日，白石 1 號資產管理計劃運行。

2013 年 8 月 7 日，白石自主交易平臺實盤測試。
2013 年 12 月 27 日，白石 2 號資產管理計劃運行。
2014 年 2 月 24 日，白石國際期貨團隊成立。
2014 年 3 月 6 日，瑞石 1 號資管管理計劃運行。
2014 年 3 月 27 日，白石全球 1 號資產管理計劃運行。
2014 年 4 月 1 日，白石資產管理有限公司登記成私募基金管理人。
2014 年 4 月 29 日，大石 1 號資產管理計劃運行。
2014 年 4 月 30 日，白石 7 號資產管理計劃運行。
2014 年 6 月 3 日，白石複利 1 號資產管理計劃運行。

3. 投研團隊概況

公司聘請國際投行首席經濟學家作為投研團隊總監，擁有全球化投資視野。核心團隊成員擁有近二十年的投資交易實踐經歷，保證了公司長期穩定的獲利能力。公司管理層由期貨、證券、上市公司精英管理人組成，形成多層次有機結合的管理風格。公司團隊成員具備 CFA、高級理財規劃師、期貨從業資格、期貨投資諮詢、證券從業資格和證券投資諮詢等專業資質。

人員簡介：

（1）王智宏，總經理，投資決策委員會主席。遼寧沈扶農商行獨立董事、高級理財規劃師、工商管理學博士。1992 年進入外匯行業，是中國最早的外盤交易參與者之一，1993 年進入期貨行業，擁有長達 20 年的外匯、期貨和現貨投資從業經歷。歷任國內多家著名期貨公司的總經理或管理層。2011 年，創立白石資產，致力於打造國內一流、國際領先的綜合性資產管理公司。投資方面，熟悉大宗商品的產業鏈，善於發現投資品種的潛在價值。能夠從宏觀、產業和產品特性等多維度對行業進行把握，踐行產融雙驅的投資策略。管理方面具有國際化視野，在公司管理上借鑑了海外先進的資產管理理念，結合本土產業和資管特點，建立健全一整套科學營運和風險管控體系。具有較高的戰略眼光，能夠深刻理解和把握期貨行業，運用資產管理公司平臺，為實體經濟保駕護航。創新方面，結合多年實踐經驗，獨創價格運動分析工具「結構面分析工具」，與現有的基本面分析和技術面分析兩大系統相結合，建立起一套科學完善的價格分析系統。

（2）徐志剛，副總經理，風險管理委員會主席。曾任一家上市公司的董事，兩家非上市公司的董事、監事職務。工商管理碩士。專注於產業投資領域，擁有逾 20 億元人民幣的項目投資決策，所投資和管理項目中，有一家在中國 A 股上市，兩家在國際資本市場上市。具有豐富的直接投資和研究工作

履歷，熟悉投資價值評估和風險管理體系、投資工具和方案設計以及相關法律、法規和流程，具備較強的財務金融分析能力。擅長企業組織架構和運行機制的構建，熟悉產業套保操作。

（3）周勃，總經理助理，產業投資部經理。曾任職於上市公司戰略研究部副主任和投資管理部部長，復旦大學戰略管理博士。精通產業投資領域，擁有豐富的現貨投資以及套保套利操作經驗。擁有長達 8 年的國內外鋼鐵產品和鐵礦石的現貨、期貨和衍生品投資經驗，熟悉鋼鐵產業等原材料製造業，專為大型企業提供套期保值全方位服務，包括套期保值策略制定和實施、套期保值交易實施、套期保值組織結構和流程建立和套期保值效果評估等方面。具備多年的實業從業和金融衍生品投研經驗，能夠帶領投研團隊確保客戶成稿實施套保、套利等交易，並保持長期穩定盈利。

（4）趙軍，總經理助理，量化投資部經理。2006 年期貨公司資產管理部的主要成員。擅長產業鏈的內在邏輯研究和量化金融投資，其帶領的團隊擁有極強的開發創新能力以及紮實的投研和風控能力，連續多年獲取穩定的投資收益。具有豐富的資產管理經驗和一定的產業研究深度和廣度，有較強的理論與實踐結合能力，負責宏觀與策略研究以及相關的投資運作，還負責數量化金融系統的開發與運行。此外，有較強的計算機數據分析與統計背景，在數量化金融方面具有深厚的功底，秉承穩健的投資哲學，追求長期穩定的資產增值。

（5）朱律，合規防控部經理。2006 年期貨公司資產管理部的主要成員。1996 年 3 月，從做結算員開始進入期貨行業。在 15 年期貨從業經歷中，先後服務於國內幾家著名的期貨公司，曾擔任結算員、出市代表、客戶經理、字長管理部交易總監、研究發展部經理、市場部經理和營業部經理等職。從業期間，先後獲得上海期貨交易所交易員資格培訓講師資格、結算交割員資格培訓講師資格、中國金融交易所結算交割員資格培訓講師資格和上海黃金交易所黃金交易員資格培訓講師資格，並數次獲得上海期貨交易所優秀交易員榮譽。精通期貨行業風控、結算業務，有敏銳的風險意識和風險防範的大局觀，對於期貨行業的風險構成、發生、控制和防範有完善的運作體系和豐富的工作經驗，在量化風控和全業務鏈的風險管理方面，為白石風險管理提供有效保障，確保公司資產和客戶資產在風險可控環境下安全穩定的保值增值。

4. 旗下產品

（1）總況（見表5-5）

表5-5　　　　　　　　　白石投資旗下產品

序號	基金簡稱	基金經理	單位淨值	復權淨值	淨值日期	成立日期	今年以來收益率	投資類型
1	白石組合2號	王智宏	3.0230	3.0230	2014/12/23	2012/12/18	40.31%	期貨基金
2	匯石2號	王智宏	1.2885	1.2885	2013/8/30	2013/5/13	——	期貨基金
3	白石2號	王智宏	1.2950	1.2950	2014/12/5	2013/12/26	29.50%	期貨基金
4	瑞石1號	王智宏	1.1130	1.1130	2014/12/5	2014/3/10	11.24%	期貨基金
5	白石全球1號	王智宏	1.1040	1.1040	2014/12/5	2014/3/27	10.63%	期貨基金
6	大石1號	王智宏	1.1420	1.1420	2014/12/5	2014/4/29	14.20%	期貨基金
7	白石7號	王智宏	1.1110	1.1110	2014/11/14	2014/4/30	11.10%	期貨基金
8	白石8號	王智宏	1.0380	1.0380	2014/12/19	2014/5/21	3.80%	期貨基金
9	融程1號	王智宏	——	——	——	2014/5/28	——	期貨基金
10	白石11號	王智宏	1.1230	1.1230	2014/12/19	2014/5/29	12.30%	期貨基金

（2）白石1號（見表5-6、圖5-5）

表5-6　　　　　　　　　白石1號基本情況

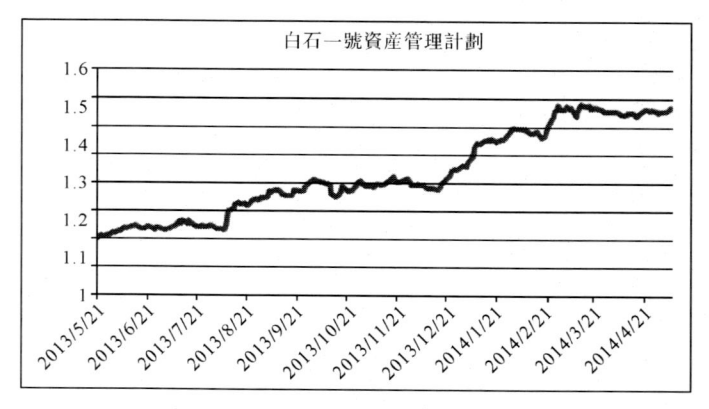

產品名稱：	白石一號資產管理計劃（已結束，2014年5月8日到期）
成立日期：	2013/5/9
托管人：	上海銀行
投資顧問：	白石資產管理（上海）有限公司
投資顧問聯系電話：	021-68875280
經紀公司：	永安期貨股份有限公司
產品規模：	3 000萬元
產品期限：	1年
最低認購限額：	首次認購不低于人民幣100萬元
管理費率：	管理費1.5%；托管費0.15%
收益分配	B類份額方保證A類份額方資金本金安全。超額收益分成：A類份額方40%，B類份額60%
風控控制/產品止損	預警線0.88，清盤線0.85

圖5-5　白石1號資產管理計劃

(3) 白石 7 號（見表 5-7、圖 5-6）

表 5-7　　　　　　　　　白石 7 號基本資料

產品名稱：	白石七号资产管理计划
成立日期：	2014/4/30
托管人：	国信证券
投资顾问：	白石资产管理（上海）有限公司
投资顾问联系电话：	021-68875280
经纪公司：	兴证期货
产品规模：	9 130万元
产品期限：	2年
最低认购限额：	首次认购不低于人民币100万元
管理费率：	管理费2.4%；托管费0.1%
收益分配	白石提取收益的25%作为业绩报酬
风控控制/产品止损	0.85预警，0.8止损

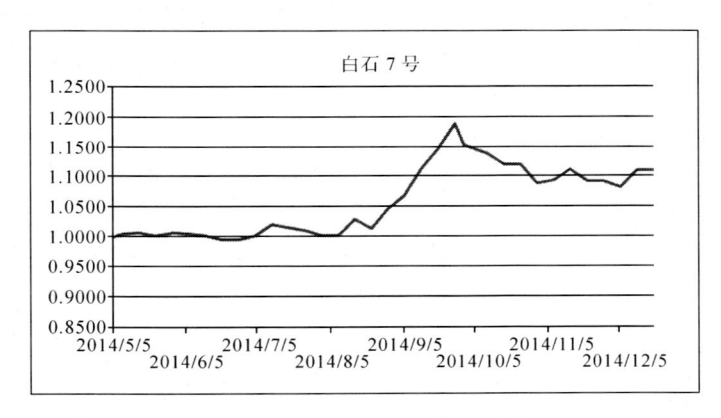

圖 5-6　白石 7 號資產管理計劃

二、上海淘利

1. 公司介紹

上海淘利資產管理有限公司成立於 2011 年，註冊資本為 1,000 萬元，公司位於上海張江高科技園區。公司主要針對商品及金融現貨和衍生品市場定價機制失靈時出現的套利機會進行程序化對沖套利等低風險投資，通過發行陽光私募基金和專戶理財為客戶提供資產管理服務，公司力爭打造成為中國本土最專業的對沖套利專家，讓投資者獲取安全穩健的回報。

公司專注二級市場的套利交易和對沖交易，投資對象包括股票、股指期貨、商品期貨、ETF、可轉債、國債和信用債，投資方式則以量化策略為核心，目前的量化策略包括跨期套利、期現套利、量化 Alpha 市場中性、債券套

利、ETF套利等多種投資策略。公司將數量化分析與金融工程理論完美結合，運用自主研發的程序化交易系統，採用「人機結合」交易，從事對沖交易投資。公司擁有一支專業化程度高、量化投資經驗極豐富的投研隊伍，擁有一支具備程序化自動交易系統開發技術的信息技術（IT）團隊，擁有國內領先的投資技術交易平臺以及強大專業的執行能力，還擁有股東實力雄厚的資金優勢。上海淘利資產管理有限公司以追求絕對收益、量化投資和複利增長的目標為己任，為投資者持續貢獻安全、穩定的回報收益。

2. 核心管理團隊介紹

（1）肖輝，董事長，首席投資總監。上海交通大學金融工程博士，上海期貨交易所博士後。擁有多年投資管理，量化策略，資產配置，風險預算和投資組合分析經驗，曾管理數只上億元對沖基金，且保持業績優秀。其主要研究領域為商品期貨市場、股票指數期貨、金融衍生品開發、投資組合策略分析等。參加多項國家自然科學基金課題，發表過多篇論文，出版著作《股票指數現貨市場與期貨市場關係研究》。歷任上海群博信息技術有限公司總經理和上海雙隆投資有限公司副總經理。

（2）吳苗，策略總監。擁有6年商品期貨和股指期貨領域的投資管理經驗，負責量化策略開發與分析及投資組合管理，具有豐富的期貨趨勢交易、套利交易和Alpha策略研發經驗。曾設計眾多量化交易分析模型。華中科技大學計算機碩士，長江商學院MBA，美國弗吉尼亞大學達頓商學院交換生。

（3）黃開華，市場總監。具有豐富的財富管理和金融產品市場推廣經驗，熟悉各類金融產品配置，並具有豐富大型企業的管理經驗。南開大學國際政治和企業管理雙學士，長江商學院MBA，美國康奈爾大學約翰遜商學院交換生。

（4）陳東飛，綜合管理總監。具有20年金融投資交易和企業財務管理工作經驗，曾全面負責大型私募基金產品（規模20億元以上）的後臺管理工作，具有豐富的私募基金營運和管理經驗。歷任上海雙隆投資有限公司財務總監和博弘數君（天津）股權投資基金管理有限公司常務副總。東北財經大學MBA，註冊會計師（CPA）。

（5）陳瑩，策略研究員。在新加坡國際對沖基金從事3年外匯投資，具備國際視野及豐富的交易與研究經驗，擅長量化策略開發、趨勢跟蹤模型、投資組合策略分析與風險控制。復旦大學應用數學學士，復旦大學數學碩士，已通過CFA二級。

3. 投資策略

上海淘利資產管理有限公司，專門針對股價指數的現貨和衍生品市場定價機制失靈時出現的套利機會進行程序化套利交易。

公司所管理的資金目前投資於中國大陸股票市場相關的股票現貨和衍生品市場。未來隨著中國金融領域的逐步開放和金融品種的不斷增加，投資領域將不斷擴大。

公司專注於對沖套利和市場中性投資。在公司管理下的資金投資績效所呈現出的回報風險特性較之傳統投資具有更強的優勢，交易次數的不斷增加將使投資收益更加穩定，收益增長更具持續性。主要運作策略選擇如下：

（1）期現套利策略

交易標的為股票和 ETF、股指期貨合約。該策略風險小、收益低；需要看市場是否給機會，屬於被動投資方式。

（2）跨期套利策略

交易標的為不同月份到期的股指期貨合約。該策略風險小、收益較高，資金量放不大；且需要看市場是否給機會，屬於被動投資方式。

（3）Alpha 策略

交易標的為股票和 ETF，股指期貨合約（對沖掉股票組合的 Beta，風險在於 Beta 是非常不穩定的，這也是收益的來源之一）。該策略風險較大、收益較高，資金量可以放大；不需要看市場是否給機會，屬於主動投資方式。

4. 產品表現（見表 5-8、圖 5-9）

表 5-8　　　　　　　上海淘利旗下基金類型及評級分佈

截止日期：2013-02-07

基金类型分布	数量	占比	基金评级分布	数量	占比
管理期货	11	40.74%	五星基金	0	0.00%
套利型	10	37.04%	四星基金	3	11.11%
多策略	3	11.11%	三星及以下基金	1	3.70%
其他	2	7.41%	暂未评级	23	85.19%
股票型	1	3.70%			

表 5-9　　　　　　　　　　上海淘利歷史業績

截止日期：2015-02-04

	今年以來	近一月	近六月	近一年	近兩年	近三年	近五年
公司平均	3.14%	5.68%	--	--	--	--	--
同類平均	--	2.74%	15.94%	31.24%	42.71%	54.18%	39.90%
滬深300	-4.72%	-7.54%	42.10%	52.87%	21.46%	34.35%	6.78%
同類排名	220/562	154/580	--/511	--/421	--/313	--/258	--/126
四分位排名	良	良					

三、富善投資

1. 公司簡介

上海富善投資有限公司（簡稱「富善投資」）於 2013 年成立於上海。富善投資由國內資本市場資深專業人士和國內著名陽光私募基金公司朱雀投資共同發起成立，具備中國證券基金業協會批准的私募證券投資基金管理人資格。公司專注量化投資，致力於成為國內量化投資領域的品牌企業。公司投研團隊擁有 13 名本土與海外結合的資深投研人員，長期專注於量化投資領域的投資研究工作。投研主要成員均具備數學、物理、統計學、金融工程、信息技術等專業碩士以上學歷，平均從業年限超過 5 年，具有豐富的理論功底和實戰經驗，其中 3 名成員曾獲得數學、物理及信息學奧林匹克競賽全國一等獎，多名投資人員具備海外和國內著名大學的雙重學歷和工作背景，在國內外市場均具備豐富交易經驗。公司成立以來，始終以為客戶創造持續穩定的絕對收益為己任，專注量化投資與程序化交易，注重研發及風控。公司目前已發行陽光化私募產品 11 只，涵蓋適合高中低不同風險承受能力客戶的三類產品線，旗下所有產品均獲得正回報，業績優秀，並榮獲證券時報、期貨資管網及好買基金研究中心頒發的多個獎項。

2. 核心人員——林成棟

林成棟，總經理兼投資總監。國內陽光私募基金行業的第一批參與者，國內知名陽光私募基金公司上海朱雀投資發展中心（有限合夥）的創始合夥人之一。上海交通大學安泰管理學院金融工程博士，西安交通大學系統工程碩士學位，中歐國際工商管理學院 EMBA，西安交通大學電氣工程學士學位。2013 年與朱雀投資共同發起成立富善投資，公司具備中國證券基金業協會批准的私募證券投資基金管理人資格，專注量化投資，致力於成為國內量化投資領域的品牌企業。

林成棟對中國股市的特徵、價值策略、反轉策略、機構投資者行為等進行過深入研究，博士論文《中國股市慣性與反轉策略研究》獲得國家自然科學基金項目研究資助。同時其在國內著名期刊發表眾多文章，包括《股票期望收益率決定因子分析及應用研究》《基於價格的價值策略實證研究》《中國股市定價因子及機理的實證分析》《中國股市價值策略實證研究》《中國股市特徵反轉策略實證研究》《機構投資者指令提交策略的影響因素分析》等。

3. 富善投資理念

富善投資致力於成為量化投資領域品牌私募基金管理公司，為客戶提供長期可持續絕對收益的量化投資解決方案。

（1）篤志

富善投資專注於量化投資和程序化交易策略。富善投資運用金融理論和數學方法構建策略模型，通過 IT 技術實現自動化交易，利用衍生品工具實現長期穩定的投資回報。

（2）思辨

《禮記·中庸》中有「博學之、審問之、慎思之、明辨之、篤行之」。公司從細緻的數據處理、策略研究、模型開發到策略實現，最重要的中間環節就是慎思、明辨，在研發過程中強調「獨立思考、審慎分辨、敬畏市場」。

（3）篤行

量化投資工作的最終環節是努力踐履研發成果，做到「知行合一」。量化投資的精髓就在於系統能正確、毫無偏差地履行投資策略，不帶任何主觀判斷和偏差，不受任何外部噪音干擾。

（4）極致

追求極致、臻於完美是富善對於 IT 系統建設的要求。富善在交易中追求 IT 系統速度與細節的有效結合，不斷完善 IT 系統，追求卓越、追求極致。

富善看待量化投資的觀點：

①量化投資領域的德國隊：內部策略的研發需要團隊成員的分享，不依賴於明星經理獨自為戰，依靠團隊形成合力。

②科研型企業的研發流程：內部策略的研發流程，從數據處理，建模和回溯，到策略的實盤上線，如同完成嚴謹的科研項目。

③全員參與的制度建設：充分利用 IT 技術完善風險控制、投資流程、激勵機制等各項制度，尤其重視風險控制制度。

4. 旗下產品
(1) 總況（見表 5-10）

表 5-10　　　　　　　　富善投資旗下產品總況

序号	基金簡稱	基金经理	单位净值	复权净值	净值日期	成立日期	今年以来收益率	投资类型
1	富善致远1号	林成栋	1.7085	1.7085	2014/12/24	2013/5/12	39.03%	期货基金
2	富善致远2号	林成栋	1.5255	1.5255	2014/12/19	2013/8/7	33.82%	期货基金
3	富世金利1号	林成栋	0.9640	0.9907	2014/12/19	2013/12/4	-0.85%	股票量化
4	富善致远CTA1期	林成栋	1.2200	1.2200	2014/12/19	2014/1/16	22.00%	期货基金
5	富善致远CTA3期	林成栋	1.2030	1.2030	2014/12/19	2014/1/16	20.30%	期货基金
6	富善致远CTA2期	林成栋	1.1900	1.1900	2014/12/19	2014/1/21	19.00%	期货基金
7	富普安享盈利2号	林成栋	1.0219	1.0219	2014/12/19	2014/3/21	2.19%	期货基金
8	富普致远CTA5期	林成栋	1.1490	1.1490	2014/12/18	2014/4/18	14.90%	期货基金
9	富普优享1号	林成栋	1.0460	1.0460	2014/12/18	2014/4/24	4.60%	股票量化
10	富善优享3号	林成栋	1.0760	1.0760	2014/12/12	2014/5/19	7.60%	股票量化

(2) 富善致遠 CTA1 號（見圖 5-7）

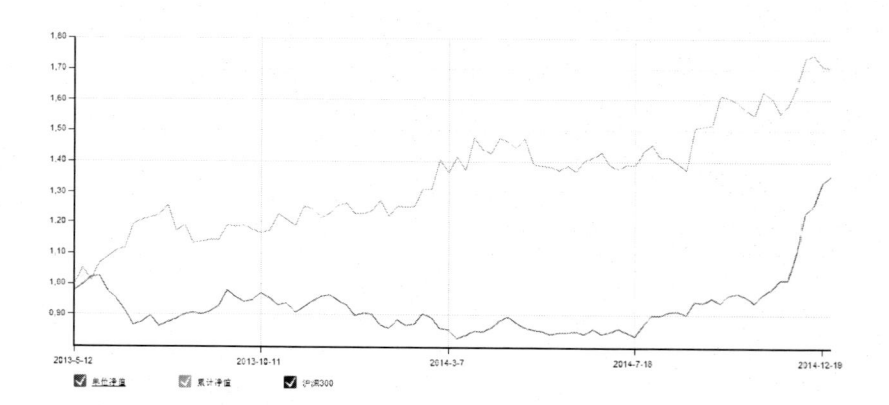

圖 5-7　富善致遠 CTA1 號走勢圖

(3) 富善致遠 CTA2 號（見圖 5-8）

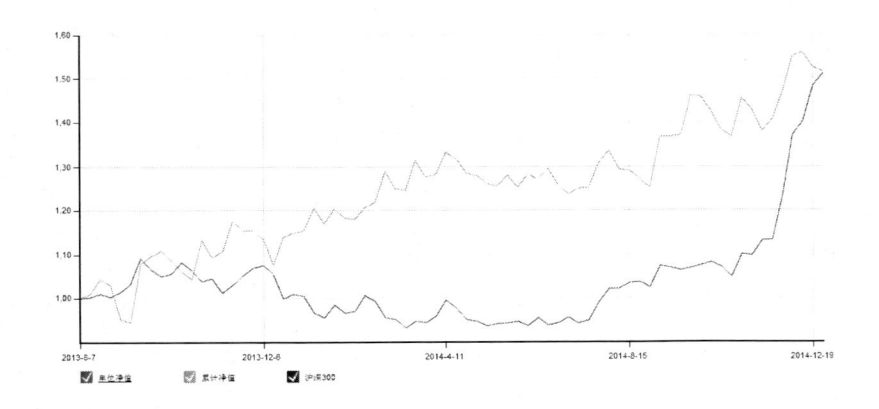

圖 5-8　富善致遠 CTA2 號走勢圖

（4）富善致遠 CTA 一期（見圖 5-9）

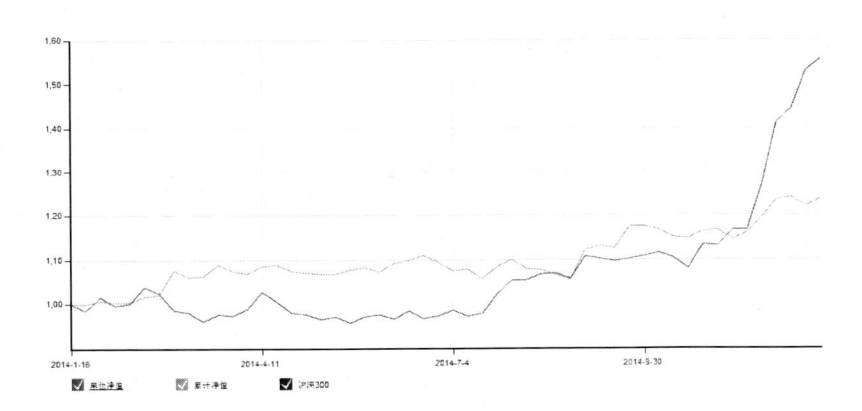

圖 5-9　富善致遠 CTA 一期走勢圖

(5) 富善致遠 CTA1 二期（見圖 5-10）

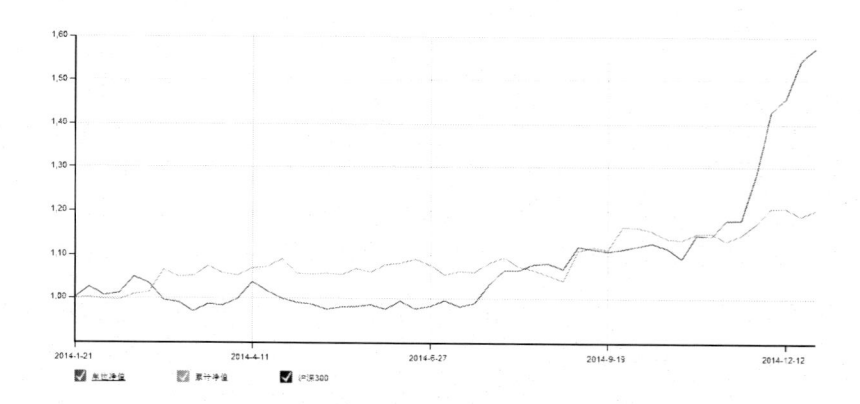

圖 5-10　富善致遠 CTA1 二期走勢圖

(6) 富善致遠 CTA1 三期（見圖 5-11）

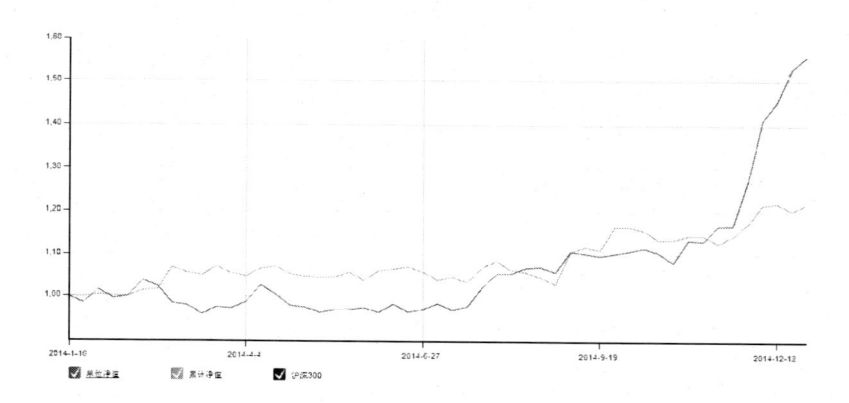

圖 5-11　富善致遠 CTA1 三期走勢圖

（7）富善致遠 CTA1 五期（見圖 5-12）

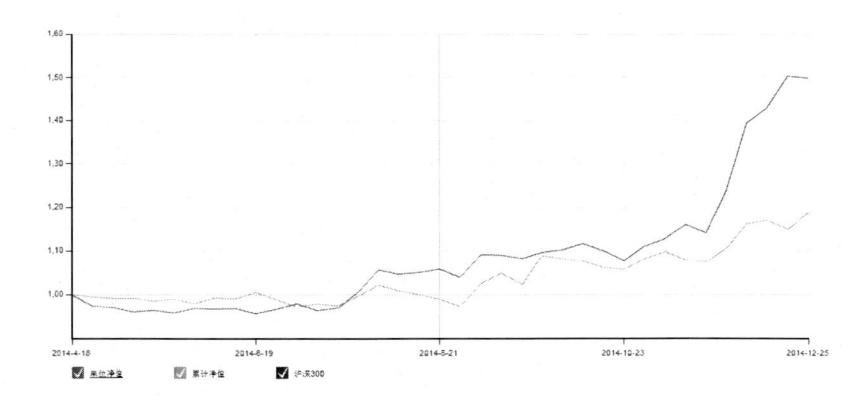

圖 5-12　富善致遠 CTA1 五期走勢圖

（8）富善套利 1 號安享 A 期（見圖 5-13）

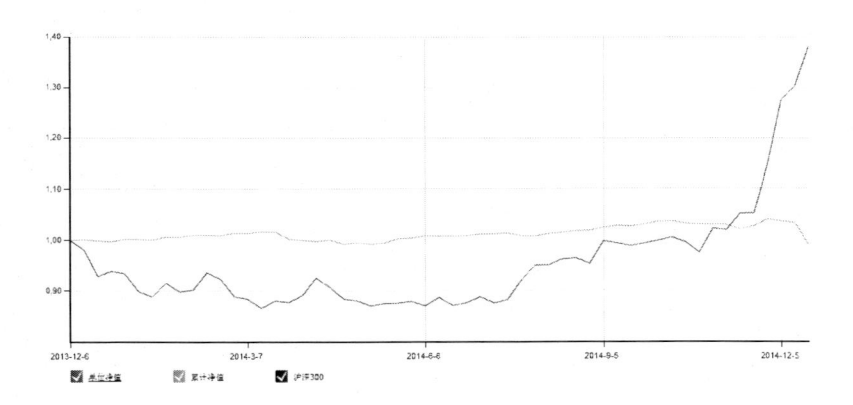

圖 5-13　富善套利 1 號安享 A 期走勢圖

(9) 富善套利1號（見圖5-14）

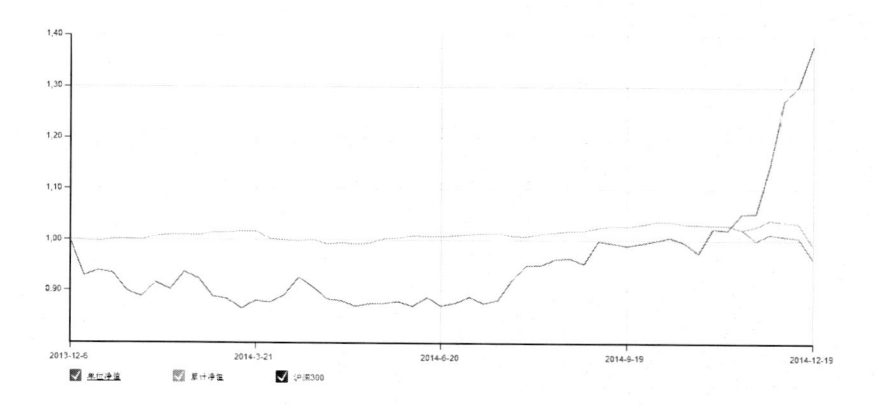

圖5-14　富善套利1號走勢圖

四、柯林資產管理有限公司

1. 企業介紹

深圳柯林資產管理有限公司前身為武漢柯林投資管理有限公司，簡稱柯林投資或柯林資產，由郭建軍先生創立，主要投資於中國及海外期貨市場。柯林資產力求深入發掘高速成長期的中國期貨市場的投資機會，同時利用內外盤結合方式對沖風險，為高淨值客戶提供金融投資諮詢資產管理服務，在嚴格資金管理和風控的背景下實現投資人收益最大化。「有容乃大，木秀於林」，嚴格資金管理和風控是實現投資盈利的最可靠保證。柯林是市場的「少數派」，他們沒有所謂的「大賽冠軍」和「行業專家」，但核心團隊成員平均期貨從業經驗15年以上，工作經歷涵蓋風控、技術、客戶開發、期貨公司高管等多崗位，對於市場異常敏感，對風險極端厭惡。「尊重市場、低調慎行」是公司的營運準則。從2006年起郭總帶領的柯林團隊為有限的投資人帶來的業績回報遠超市場同行想像，但歷史業績只代表過去，2014年是柯林陽光化的第一年，公司投資團隊在努力充實公司實力的基礎上，穩扎穩打，不做能力範圍之外的事，不管理發行結構化產品，不盲目擴大投資範圍，不追求絕對規模，力求成為市場上「有節操」的精品管理人，繼續為有限的高淨值群體帶來豐厚的投資回報。目前公司管理規模大約為8億元。

2. 核心人物——郭建軍

郭建軍，董事長。1993年即進入期貨市場，先後任職於中國國際期貨、神華期貨、國信期貨等公司。2006年返回武漢後，交易風格與策略日臻完善，

於 2006—2008 年每年取得幾倍的收益率，尤其 2008 年一戰成名，精確預測次貸危機，捕捉到做空良機，一舉獲利上億元。2010 年成功引爆棉花 17,000 點大漲到 34,000 點行情，旗下客戶全部獲利，創下業內罕見之「集體全翻番」的神話。2011 年沽空貴金屬白糖，管理指導的帳戶獲十倍以上收益率，資金規模一度占當時湖北轄區保證金量 30% 以上。2012 年陸續狙擊天膠、銅和 PTA 收穫頗豐。2013 年在貴金屬上獲利 200%，同年移居海外。在國內期貨資產管理業務逐步放開背景下回國探親成立柯林投資管理公司，並對外公開展示帳戶業績，私募排排網公示的「金手指 123 號」2013 年收益超過 200%，2014 年上半年收益率為 80%。

3. 旗下產品（見圖 5-15）

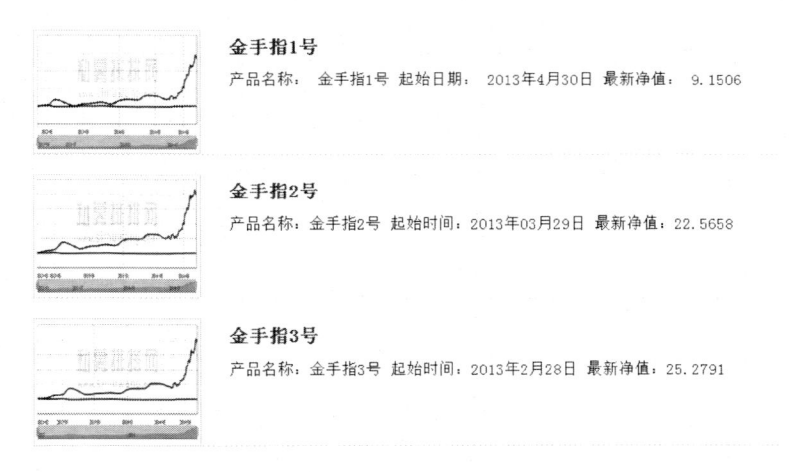

金手指1号
产品名称：金手指1号　起始日期：2013年4月30日　最新净值：9.1506

金手指2号
产品名称：金手指2号　起始时间：2013年03月29日　最新净值：22.5658

金手指3号
产品名称：金手指3号　起始时间：2013年2月28日　最新净值：25.2791

圖 5-15　旗下產品

五、凱納投資

1. 公司簡介

凱納投資集團是中國量化交易的先鋒，2013 年 2 月發行了國內首只陽光量化期貨私募基金。公司主要經營資產管理業務，以量化交易為核心思想，交易標的橫跨股票、期貨、債券、期權等衍生品。公司主要投資策略包括統計套利、高頻交易及其他數量化交易，在穩健的風險管理下實現全自動交易，以穩定的資產增值領跑行業。目前已發行了 7 只陽光化私募產品，管理資產規模為 5 為億元。

2. 核心人員——陳曦

陳曦，廣東凱納投資管理有限公司總經理，投資總監。主要負責資金和風

險管理，量化交易模型與交易平臺的開發。致力於模式識別與算法的研究，並成功研發股指期貨各種套利模型，股指期貨高頻交易模型。先後擔任匯豐銀行（HSBC）、諾亞財富（Noah）及國信證券研究員，主要致力於領導開發股票及金融衍生品的交易模型。本科和碩士分別畢業與華南理工大學和英國斯特拉思克萊德大學（University of Strathclyde），獲得金融碩士學位。

3. 投資策略

凱納投資目前主要交易標的為股票、債券、期權、股指期貨和商品期貨，採用人工值守的全自動程序化交易。基金投資策略主要以股指期貨為標的物，交易模型是根據概率統計得出的收益與風險比較高的策略，包括股指期貨跨期套利、股指期貨日內短線策略。其中股指期貨日內短線交易模型以滬深300指數的成份股資金流向為參照，通過滬深300成份股的資金流向（資金流向為股票指數漲跌最根本的因素）來判斷或改變股指期貨的日內持倉方向。所有模型經過嚴格適應性及抗壓力測試，所有參數並非純粹數據優化的結果。資金在股指期貨的操作模式上，主要採用人工值守的全自動程序化交易模式，在投資中不僅可以提高下單速度，降低交易成本，極大分散投資風險，減少大規模資金運作時的衝擊成本，還可以在交易過程中避免受到情緒波動的影響，實現理性投資。滬深300股指期貨與股票交易相比更具有雙向交易、高流動性等特點。該基金專戶除開上述主要交易策略，還將嵌入跨期套利模型等低風險、高勝率模型來提高基金專戶資金使用效率。基金專戶現金部分將進行無風險現金管理，達到現金資源的充分利用。

4. 投資目標

投資目標為在風險可控的基礎上獲取較高收益，預期收益率為25%～40%；最大程度保證客戶本金安全。

5. 總體風險控制

公司設立專門的投資決策管理委員會，投資決策委員會是公司投資的最高決策機構，決定資產管理計劃的主要投資原則和風控原則。投資決策委員會有權根依據理財產品投資目標對投資顧問進行督導和管理。投資決策委員會在盤中進行即時監測，盤後進行帳單核對，保證交易的正常運轉。

投資交易策略通過組合投資方式控制風險本量化基金進行股指期貨量化投資。通過交易策略本身特性和調整策略控制風險的方式進行風險控制。

6. 產品

(1) 財通凱納 1 號（見表 5-11、圖 5-16）

表 5-11　　　　　　　　財通凱納 1 號基本情況

产品名称	财通凯纳1号
信托类型	管理型
投资范围	股指期货，商品期货
子策略	量化交易
基金经理	陈曦
最低认购金额	——
初始规模	35,000,000
基金货币	人民币
成立日	2013年2月7日
开放日	——
封闭期	12个月

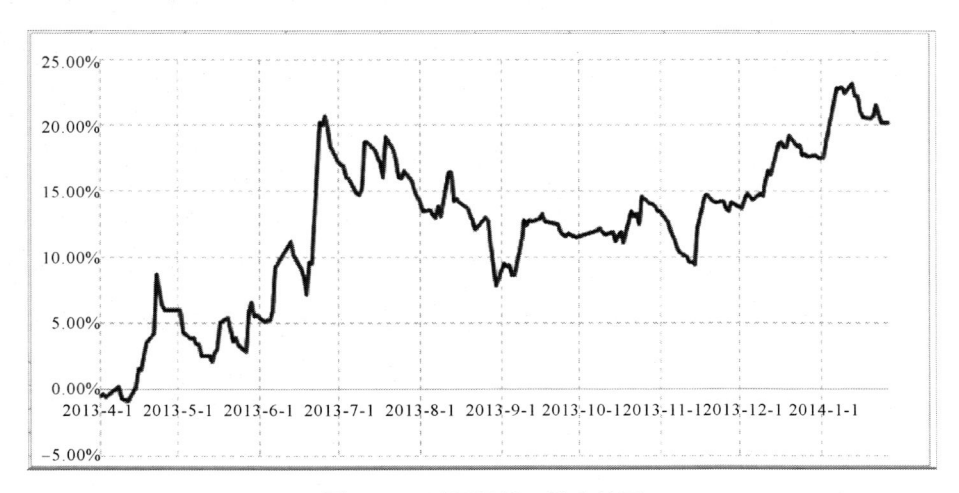

圖 5-16　財通凱納 1 號走勢圖

(2) 千石凱納阿爾法 1 號（見表 5-12、圖 5-17）

表 5-12　　　　　　千石凱納阿爾法 1 號基本情況

產品名稱	千石凱納阿尔法1号
信托类型	基金专户
投资范围	股票，股指期货
子策略	量化对冲、市场中性
基金经理	陈曦
最低认购金额	人民币100万元
初始规模	91,800,000
基金货币	人民币
成立日	2013年12月10日
开放日	--
封闭期	12个月

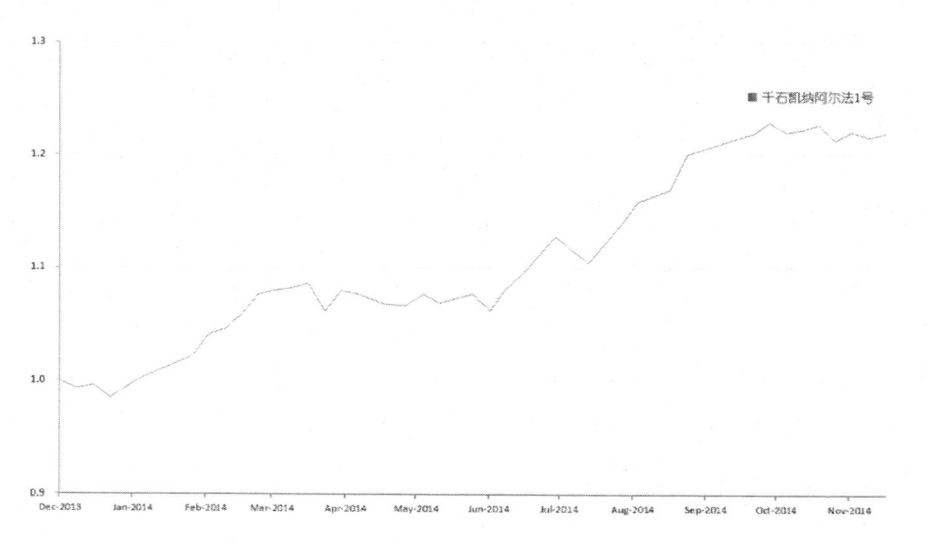

圖 5-17　千石凱納阿爾法 1 號走勢圖

(3) 凱納量化 2 號（見表 5-13、圖 5-18）

表 5-13　　　　　　　　凱納量化 2 號基本情況

产品名称	凯纳量化2号
信托类型	公募专户
投资范围	商品期货、股指期货
子策略	程序化
基金经理	陈曦
最低认购金额	——
初始规模	30,000,000
基金货币	人民币
成立日	2014年3月28日
开放日	——
封闭期	12个月

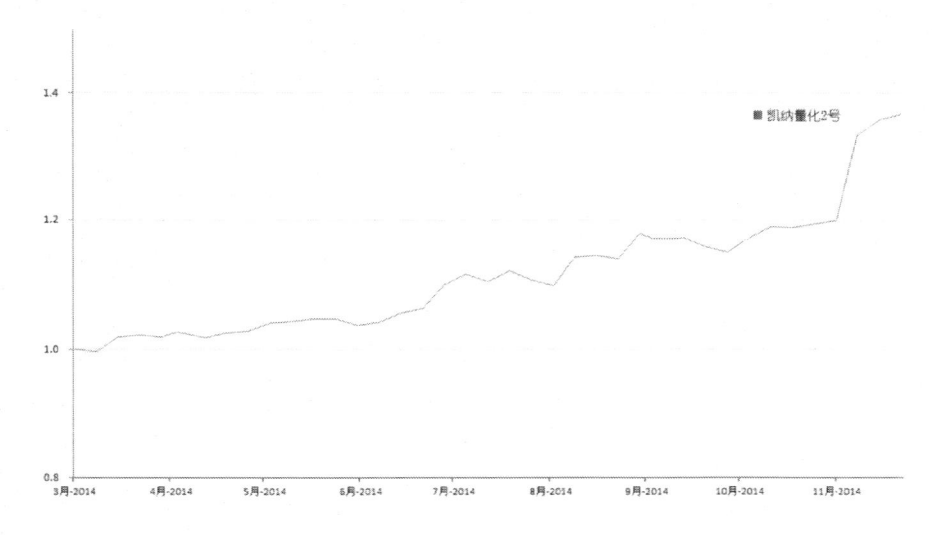

圖 5-18　凱納量化 2 號表現回顧

六、雙隆投資

1. 企業介紹

雙隆投資於 2007 年 2 月成立，成立伊始就瞄準了市場中性套利和數量化策略交易，並充分發揮和利用公司股東在商品期貨領域的成功經驗和人脈資源，廣納賢才，加大研發投入。經過多年孜孜不倦的探索，雙隆投資對於國內金融市場有了更加深入的理解，對金融模型有著豐富的實踐經驗。在引入西方投資和風險管理理念後，雙隆投資依靠現代金融學理論，遵從市場中性原則，

輔之以完全自主開發的程序化交易系統，以金融結構化產品和金融衍生產品為主要交易對象，從事以套利交易和統計套利交易為主的市場中性型投資業務，在中國率先倡導了一種全新的投資理念和盈利模式，並已經成為行業的先驅者和領導者。雙隆投資已經將自己的研發成果應用於投資交易領域，取得了不俗的業績。從公司成立以來，資產管理規模穩步增長，截至 2014 年 7 月管理規模為 12 億元，公司致力於股指期貨、商品期貨和股票 Alpha 的量化策略交易。雙隆投資的投資交易具有可觀穩定投資回報、極低下側風險和絕對市場中性的特點。隨著中國金融市場的發展，結構化金融產品和金融衍生品將越來越豐富，雙隆投資的競爭優勢將更加明顯，雙隆正闊步向著更加宏偉的目標邁進。

2. 投資理念

雙隆投資的投資理念是基於量化模型的程序化交易，廣泛投資於多個金融市場。量化投資基於科學的知識和嚴密的邏輯，同時利用數量化的統計方法對各種與市場運行相關的數據進行分析，構建相應的數據模型，並利用計算機程序實現投資策略。近幾年，量化投資開始風靡國內，尤其是在股指期貨推出以後，量化策略以其高回報率以及穩定性吸引越來越多投資者。如果把傳統經驗式投資方式比作「中醫」，講求市場經驗和主觀判斷，那麼量化投資就可以比作「西醫」，更講究用科學的方法利用各類市場數據進行定時定量分析和處理。國內量化投資總體上還屬於起步階段，還有很長的路要走。正因為如此，國內的量化投資還是一片「藍海」，值得期待。

雙隆投資順應趨勢，於量化投資在國內剛起步時就抓住機會，專注於這一新興投資方式。目前已完全自成體系，擁有一支由理工科背景的博士、碩士等高學歷人才組成的研發和交易團隊以及一支行業經驗豐富的交易系統開發和維護團隊。

雙隆投資的收益來自市場中存在的特殊的不完美點，通過大量交易樣本產生統計意義上的持續獲利，這些不完美點包括但不限於：市場定價效率的不完美、收益率分佈正態性的不完美、價格走勢隨機遊走屬性的不完美等。

公司用專業的技術能力發掘出這些市場特徵，構成了實現公司的投資目標的基礎。雙隆投資將在所有交易中運用合理的交易工具和數量化模型規避系統性風險，專注於以套利交易和統計套利交易為主的市場中性投資，避免直接針對金融資產價格的運行方向下註，謀求投資資本的絕對正收益。

3. 核心人物——孔為民

孔為民，基金經理，董事長。曾先後在大連油脂工業總廠、大連糧食工業總廠、大連華鑫油廠擔任副廠長和廠長等職務，在大豆、油脂、豆粕等品種的

經營方面累積了豐富的經驗。1994 年開始涉足商品期貨市場，至 2000 年其領導的大連華鑫油廠已成為大連期貨市場上最大的套期保值者，在大連大豆期貨品種上具有舉足輕重的地位。2001 年創辦大連雙隆投資有限公司，2002 年創辦大連中紡糧油有限公司，並通過兼併成立大連中紡油脂有限公司，此後陸續創辦成立了大連雙隆物流有限公司、大連保稅區雙隆石油化工有限公司、大連雙隆房地產開發有限公司和大連合融倉儲有限公司，逐步形成了以糧油套期保值業務為核心，兼營糧油進出口貿易、實業投資、證券投資、石油化工、房地產開發和倉儲物流業務的多元化、集團化的經營體系。

4. 旗下產品（見表 5-14）

表 5-14　　　　　　　　雙隆投資旗下產品

策略類型	產品名稱	累計淨值	成立時間	產品狀態
ALPHA策略	银河资本-双隆阿尔法量化对冲3号资产管理计划	N/A	2014-12-26	封闭运行
CTA策略	招商财富-招商银行-双隆CTA稳健策略	N/A	2014-12-09	封闭运行
CTA策略	招商财富-招商银行-双隆CTA统计套利	N/A	2014-12-09	封闭运行
ALPHA策略	银河资本-双隆阿尔法量化对冲2号资产管理计划	N/A	2014-12-12	封闭运行
ALPHA策略	银河资本-双隆阿尔法量化对冲1号资产管理计划	N/A	2014-12-05	封闭运行
CTA策略	金鹰-双隆八号资产管理计划	1.57	2014-07-01	封闭运行
ALPHA策略	双隆Alpha 1号	1.32	2013-01-01	封闭运行
CTA策略	金鹰-双隆七号资产管理计划	1.4	2014-06-19	封闭运行
CTA策略	金鹰-双隆六号资产管理计划	1.31	2014-06-19	封闭运行
CTA策略	金鹰-双隆五号资产管理计划	1.37	2014-06-19	封闭运行
CTA策略	金鹰-双隆四号资产管理计划	1.64	2014-06-05	封闭运行

七、倚天投資

1. 企業介紹

倚天投資管理有限公司成立於 2010 年，註冊資本為 1,000 萬元，主要從事實體項目投資、會展服務、證券市場投資和軟件開發。公司自成立以來就與國內外多家知名金融機構合作，並引進國際投資公司全新的、規範的投資管理理念，結合嚴謹的西方投資管理標準，創建了具有自身特色的投資管理模式。陽光私募基金在中國剛剛起步，倚天投資有限公司將借助信託平臺，規範基金

管理，努力凝聚團隊的力量，發揮十多年投資實踐累積起來的投資經驗，盡心盡責，謀求所管理的資產持續、穩定、安全地增長。倚天投資堅持「價值投資、波段投資、科學投資和專業投資」的投資理念，在業內較早提出波段投資理念，最早提出要做科學投資，專業投資具有強悍成長性企業的公司。公司目標是做最有成長性的投資管理公司。公司守則是專業、誠實、創新、進取。公司旗下有 37 只陽光私募，以期貨為主。

2. 核心人物

（1）葉飛，投資總監。南京大學本科學歷，碩士進修，資深策略分析師，私募基金操盤手，職業基金經理人。1994 年始涉足中國證券市場，2003 年進行機構私募投資，是 CCTV—證券資訊頻道長期特約財經證券講師，金融街財經論壇發表股評已經 12 年，騰訊財經名人博客全國五強，對股票精髓和上市企業有深刻的理解。曾擔任上海第一私募基金經理以及南京天鼎投資研究部主任。

獲 2007 年度中國股市民間高手大賽第一名，實盤操作第 13 名。2006—2007 年，在金融界網站公開展示模擬盤操作：44 連勝收益 26 倍。2009 年，央視為其出版了《投資我主張》等 DVD，有著完善的操盤理論，對於牛熊週期預測有獨到觀點，曾經預測 2007 年牛市大盤 5,888 點的頂部以及 2009 年大盤 3,500 點的頂部，波段操作近乎完美。

擁有紮實的理論功底加上多年的投資實戰經驗，具有目前證券市場上同行所沒有的「極具豐富的市場操作經驗和厚實的證券研究理論知識」，是中國證券市場研究分析的引跑者。

（2）向鵬，湖南大學金融學碩士。多年的證券從業經驗讓其趨勢投資業績穩定優異，形成了清晰的投資風格和成熟的投資策略；對經濟週期對於行業發展的影響具有較深刻的認識，對企業價值發現有獨到的見解，善於自上而下的上市公司研究；有良好的風險控制能力，能夠有效迴避市場的系統性風險。曾先後在多家金融機構任職，熟悉各項金融法規和交易規則，熟悉證券，基金公司各項工作流程和規章制度，具有較強市場敏感度，在資產管理、自營業務等方面累積了大量的工作經驗。

3. 投資理念

公司股票投資的基本理念是「價值投資+主題博弈」，以價值投資為主，主題博弈為輔。價值投資是公司的投資基礎和基石。價值投資是分享公司的成長，主題博弈就是對主題的前瞻把握，獲取市場波動的收益。

價值投資有三個核心：一是正確的估值和定價，二是合理的安全邊際，三

是足夠的空間。

公司重點尋找基本面出現跳躍變化或超越市場平均水平的高增長公司，重點是兩類公司：一類是持續增長型公司；另一類是階段高增長公司（也可稱為拐點型公司）。

主題博弈需要對大盤方向、市場熱點及主流資金的偏好與動向有前瞻性的判斷，對相關公司的博弈價值有清晰的認識，同時有嚴格的風險控制機制。主題博弈的核心有兩點：一是博弈主題的選擇，二是嚴格的風險控制機制。對主題的選擇有兩類：一是有產業的變遷作為支撐的主題，二是純粹的概念炒作。公司重點關注前者，特別是富有想像力的鮮活產業主題，容易引起市場的共鳴。

精選個股就是在既定投資理念指引下，通過自下而上和自上而下的方式精選出個股予以重點配置。自下而上是公司的主要策略。

公司利用現代組合管理方法，通過不同板塊、不同品種的合理搭配以平衡風險獲取收益。

公司的投資準則是：價值投資、波段投資、科學投資和專業投資。

八、冠通北緯

冠通北緯投資顧問（北京）有限公司成立於 2007 年，是一家專注私募證券基金管理、提供結構化融資金融服務的專業機構。經過北京市工商管理局批准設立，中國證券投資基金業協會私募投資基金管理人備案登記，註冊資本為 1,000 萬元。

在資產管理方面，公司與多名期貨行業精英投顧具有長期穩定的合作關係，憑藉專業的市場研發能力，全面的投資交易能力和系統的風險防控能力成為產業客戶和期貨公司的投資顧問。在融資通道方面，公司具備發行私募基金產品的資格，提供包括代發產品、資金託管、風險管理、估值核算以及技術支持等綜合服務。公司以客戶權益和公司成長的長期穩健增長為最終目標，努力實現客戶資產的增值，為客戶創造更多的財務價值。該公司 2014 年發行了 34 只管理期貨產品。

九、普天投資

1. 企業介紹

2013 年 8 月 19 日在杭州註冊成立，註冊資本為 1,000 萬元。目前公司管理 28 只基金產品。

2. 核心人物——吳轉普

吳轉普，1987—1988年在哈爾濱建築工程學院任教；1988—1997年在黑龍江省糧油食品進出口集團公司糧谷部任職；1997—2004年任黑龍江省天琪期貨經紀有限公司總經理；2005年至今任普天投資總經理。

3. 旗下基金表現（見表5-15、表5-16）

表5-15　　　　普天投資旗下基金類型及評級分佈

截止日期：2015-02-07

基金类型分布	数量	占比	基金评级分布	数量	占比
管理期货	22	78.57%	五星基金	0	0.00%
其他	4	14.29%	四星基金	0	0.00%
股票型	2	7.14%	三星及以下基金	0	0.00%
			暂未评级	28	100.00%

表5-16　　　　普天投資歷史業績

截止日期：2015-02-04

	今年以来	近一月	近六月	近一年	近两年	近三年	近五年
公司平均	4.00%	4.00%	--	--	--	--	--
同类平均	--	0.44%	15.02%	47.26%	84.13%	--	--
沪深300	-4.72%	-7.54%	42.10%	52.87%	21.48%	34.35%	6.78%
同类排名	6/54	8/55	--/32	--/12	--/2	--/--	--/--
四分位排名	优	优					

十、期貨私募第二陣營總結表

期貨私募第二陣營總結表見表5-17。

表5-17　　　　期貨私募第二陣營總結表

序號	私募公司	核心人物	管理規模（億）	產品個數	投資領域	操作風格
1	套利資產	肖輝	15	27	期貨	程序化套利、對沖
2	富善投資	林成棟	15	24	股票、期貨	市場中性、套利
3	雙隆投資	孔為民	15	20	期貨	程序化套利
4	倚天投資	葉飛	12	37	期貨	不詳
5	冠通北緯		10	34	期貨	不詳
6	白石資產	王智宏	10	17	期貨	主觀多策略

表5-17(續)

序號	私募公司	核心人物	管理規模（億）	產品個數	投資領域	操作風格
7	普天投資	吳轉普	9	28	期貨	不詳
8	柯林資產	郭建軍	8	7	期貨	主觀趨勢
9	凱納投資	陳曦	5	7	期貨	量化多策略

註：管理規模合計100億

第三節　期貨私募第三陣營之獨立團

一、上海築金投資

1. 公司概述

公司擁有一支非常優秀的管理和操作團隊，對資金的管理非常專業有效，同時對風控進行動態監管。公司已建立一套非常有效的套利交易模式，包括國內外套利、期現套利、國內交易套利等。公司在確保低風險的同時獲得較高的絕對收益。

2. 核心人員

（1）陶暘，公司董事長兼投資部總經理，上海期貨交易所資格審查委員會委員，上海同業公會理事。具有18年期貨投資經驗，不但熟悉國內各期貨市場運作，對國際期貨也有著豐富的經驗。上海交通大學工學學士，復旦大學EMBA。

（2）蔡展列，公司總經理。曾在國內外多家知名公司擔任管理崗位，對股票和期貨行業的風險控制和程式化交易的有獨到的見解。上海科技大學工學學士。上海交通大學EMBA。

（3）範益剛，公司董事兼總經理。擁有美國註冊金融分析師資格（CFA）。曾在匯豐銀行、庫珀斯—萊布蘭會計師事務所（Coopers & Lybrand）、卡夫食品、百事可樂等世界著名企業從事金融交易和財務戰略管理工作。復旦大學經濟學學士，美國馬里蘭大學MBA。

（4）魏林，公司交易部主管。曾在上海長徵醫院、同濟醫院從事臨床醫療工作。對國內外很多交易市場均有涉足，尤其對債券、期貨、期權等交易形成一套自己的交易風格。

（5）孟國強，子公司負責人。畢業於復旦大學國際經濟與貿易專業，從

事期貨研究 5 年，股票研究 9 年，憑藉對國內各大期貨交易所上市品種交易規則的深入研究，在同品種、跨品種和期現套利上有著獨特的判斷和見解。9 年的股票盯盤及研究經驗鑄就了其一套特立獨行的投資手法，在股票與期貨品種對沖上有豐富的實戰經驗。

（6）王海鵬，公司信息系統執行董事。華東師範大學理學士（物理）和文學士（英國語言文學）雙學位。程式化交易專家。中國軟件行業協會系統與過程改進分會特聘 UML 認證專家委員會專家。希賽顧問團顧問專家。軟件諮詢顧問、培訓講師、譯者和軟件開發者。擁有 15 年的軟件和系統開發經驗，致力於提高軟件開發的品質和效率。已翻譯 20 本軟件開發書籍，主題涵蓋敏捷方法學、需求工程、UML 建模、Java 語言和軟件測試。

3. 旗下產品表現

（1）總況（見表 5-18）

表 5-18　　　　　　　　上海築金投資旗下產品總況

筑金基金			
基金名稱	淨值	年化率	成立日期
筑金財富壹號	3.4481	25.38%	2010-01-04
諾德筑金恒富	1.169	26.43%	2014-04-30
諾德筑金恒永	1.209	36.24%	2014-05-19
中信建投恒盛	1.068	16.04%	2014-07-17
平安匯通筑金	1.053	16.42%	2014-08-27
諾德億星之光	1.048	15.51%	2014-09-01
排排網慧升壹號	1.063	20.73%	2014-09-01
同安投資之筑金	1.090	47.29%	2014-10-09

更新日期2014-12-26
（淨值未扣除浮动管理費）

（2）財富 1 號（見圖 5-19）

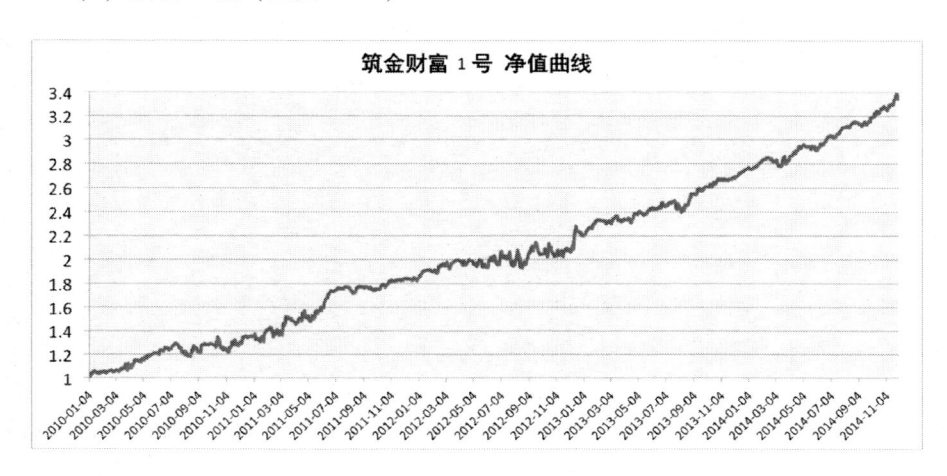

圖 5-19　財富 1 號基金走勢圖

（3）築金恒富（見圖 5-20）

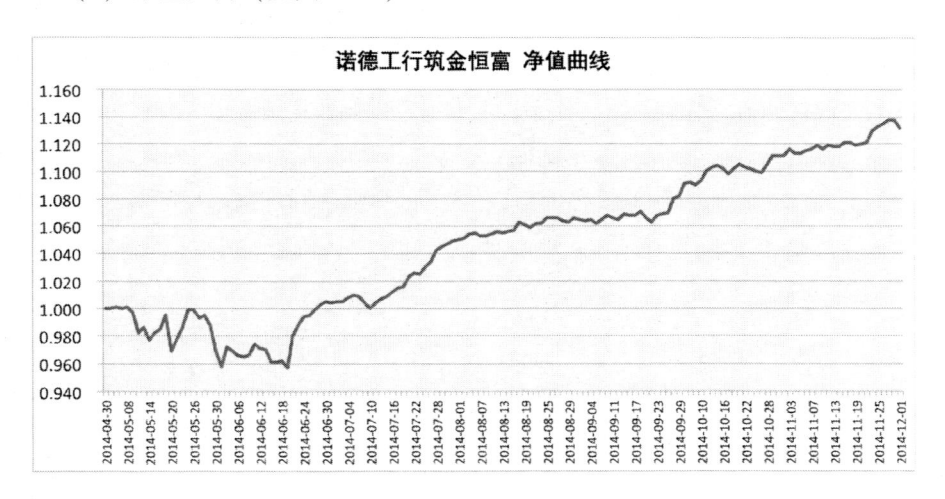

圖 5-20　諾德工行築金富走勢圖

4. 築金恒永（見圖 5-21）

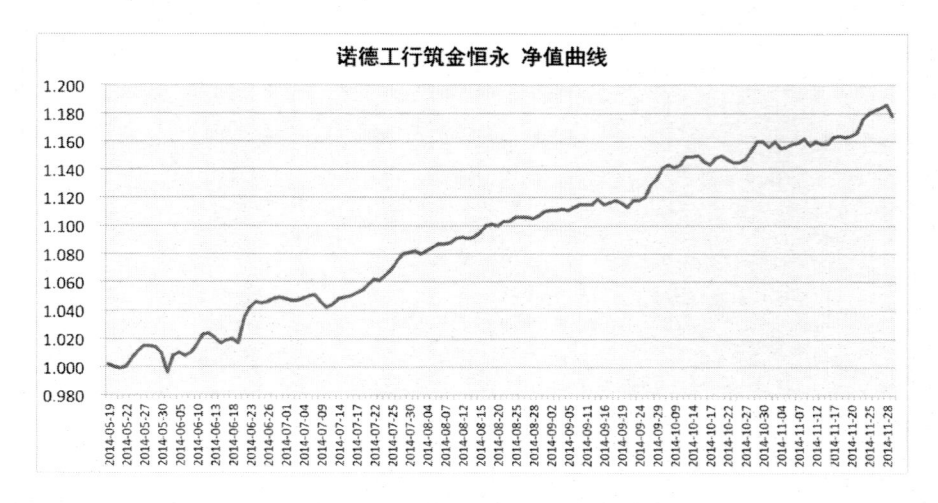

图 5-21　諾德工行築金恒永走勢圖

二、倚天閣

1. 公司簡介

倚天閣是一家基於風險回報量化分析，尋求資本市場中相對價值較高資產組合以獲取絕對收益的投資顧問公司。倚天閣管理團隊在國內外資本市場具有 20 年以上的交易經驗，最早於 1993 年在上海市四川北路南方證券營業部進行 A 股交易，1998 年開始在美國交易美股和全球商品，2003 年迴歸國內市場。2007 年 10 月 10 日，倚天閣設立深圳市倚天閣投資顧問有限公司，開啓陽光化的腳步，2007 年 10 月 31 日成立深圳信合東方貿易企業（有限合夥），倚天閣擔任合夥企業執行事務合夥人，合夥企業自 2008 年 1 月 1 日正式開始運行，私幕陽光化正式啓航。倚天閣秉承「以投研為核心競爭力，以投資者利益為導向」的一貫經營思路，在充分測試可容納資金量的前提下吸收投資者，穩步推進管理資產的增長，以求投資收益的最大化。

2. 核心人物

（1）黃如洪，董事長兼投資總監。具有 8 年倚天閣投資管理經驗，8 年《佛山日報》記者（編輯）經歷，上海外國語大學國際新聞系學士。

（2）唐偉曄，執行董事兼研發總監。香港證監會（SFC）持牌人，具有 8 年倚天閣投資管理經驗，5 年美國 IBM 公司太平洋開發中心（溫哥華）軟件編程經歷，3 年《星島日報》美國舊金山總部財經版編譯經歷，美國斯坦福大學

(Stanford University) 傳播系碩士，上海外國語大學國際新聞系學士。

（3）李美濤，執行董事兼營運總監（中國大陸）。香港證監會（SFC）持牌人，擁有 8 年倚天閣管理經驗，15 年中國銀行工作及支行行長管理經驗，中山大學圖書情報系學士。

3. 公司發展歷程（見圖 5-22）

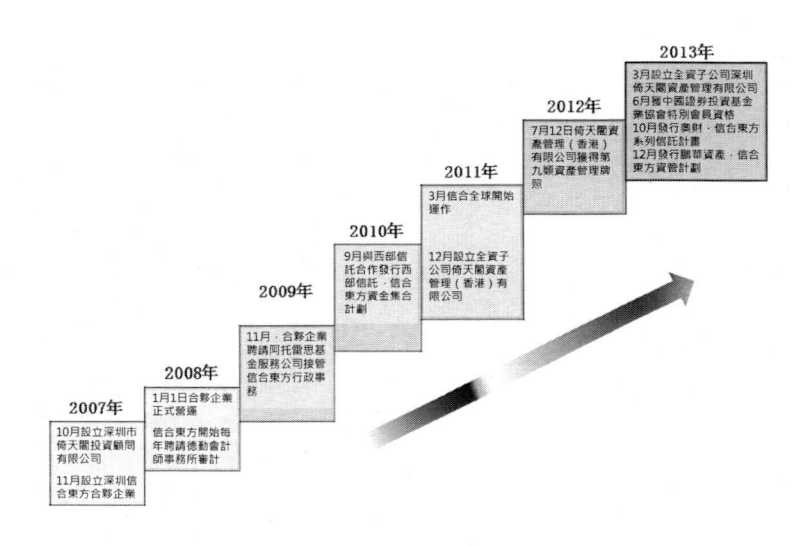

圖 5-22　倚天閣發展歷史

4. 投資哲學

（1）投資理念

倚天閣基於風險回報量化分析，尋求構建資本市場中相對價值較高的資產組合，通過風險對沖等各種策略的運用，追求絕對回報。

（2）投資標的

倚天閣的資產組合以證券市場為主，涉及股票、ETF、商品、固定收益等各種資本市場產品。

（3）投資策略

基於市場中性策略，倚天閣使用包括相關產業組合、產業週期配置、公司驅動因素分析、區間交易、套利及風險對沖等各種資本市場交易手法，對持倉策略進行風險量化分析，根據市場形勢的變化不斷進行及時調整，實行嚴格的持倉分散及止損設置，以平滑收益曲線，實現絕對收益。

（4）經營目標

倚天閣將控制風險以減少持倉虧損作為第一目標，在嚴格控制風險的前提

下達到穩定複利成長的最終目標。

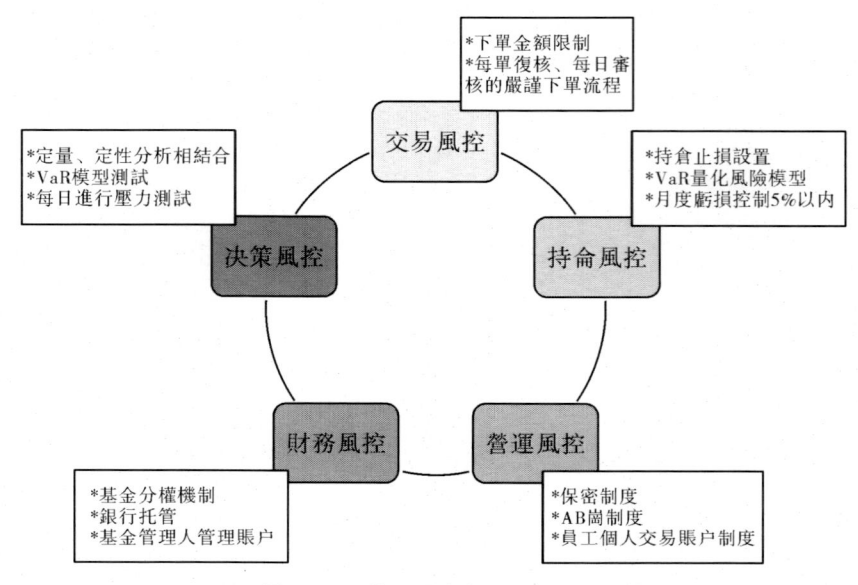

（5）內部風控（見圖5-23）

*定量、定性分析相結合
*VaR模型測試
*每日進行壓力測試

*下單金額限制
*每單復核、每日審核的嚴謹下單流程

*持倉止損設置
*VaR量化風險模型
*月度虧損控制5%以內

交易風控　持倉風控　營運風控　財務風控　決策風控

*基金分權機制
*銀行托管
*基金管理人管理賬戶

*保密制度
*AB崗制度
*員工個人交易賬戶制度

圖5-23　倚天閣內部風控示意圖

（6）決策流程（見圖5-24）

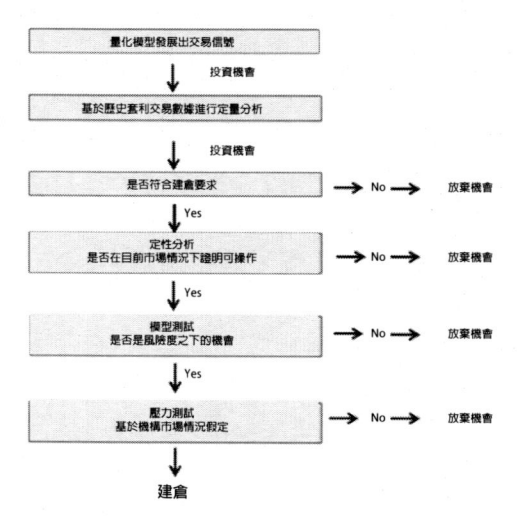

量化模型發展出交易信號
↓
投資機會
基於歷史套利交易數據進行定量分析
↓
投資機會
是否符合建倉要求　→ No → 放棄機會
↓ Yes
定性分析
是否在目前市場情況下證明可操作　→ No → 放棄機會
↓ Yes
模型測試
是否是風險度之下的機會　→ No → 放棄機會
↓ Yes
壓力測試
基於機構市場情況假定　→ No → 放棄機會
↓
建倉

圖5-24　信合東方建倉決策流程

5. 旗下產品（見表 5-19）

表 5-19　　　　　　　　　　倚天閣旗下產品

產品名稱	基金經理	成立日期	期限	開放日	累計增長	單位淨值	認購
信合東方合伙企業	黃如洪 唐偉曄	2007.10.31	續存	暫不開放	379.81%	4.7981	認購預約
西部信托-信合東方	黃如洪 唐偉曄	2010.9.27	5年	3、6、9、12月最后一个工作日	88.76%	1.8876	認購預約
粵財信托-信合東方1期	黃如洪 唐偉曄	2013.10.10	无固定期	3、6、9、12月最后一个工作日	9.67%	1.0967	認購預約
粵財信托-信合東方2期	黃如洪 唐偉曄	2013.10.10	无固定期	3、6、9、12月最后一个工作日	9.66%	1.0966	認購預約
粵財信托-信合東方3期	黃如洪 唐偉曄	2013.10.10	无固定期	3、6、9、12月最后一个工作日	9.64%	1.0964	認購預約
粵財信托-信合東方5期	黃如洪 唐偉曄	2013.11.22	无固定期	3、6、9、12月最后一个工作日	7.00%	1.0700	認購預約
鵬華-信合東方专项	黃如洪 唐偉曄	2013.12.27	无固定期	3、6、9、12月倒數第四个工作日	7.10%	1.0710	認購預約
信合全球	黃如洪 唐偉曄	2011.3.1	无固定期	每月第一个工作日	78.20%	178.20	認購預約

溫馨提示：以上數據非實時更新，最新淨值煩請以產品信托網站/基金子公司網站的數據為準。

三、言程序

1. 團隊介紹

言程序交易團隊成員橫跨經濟、統計、電腦工程及財務工程領域，操作商品涵蓋全球期貨及股票。操作策略包含日內、隔夜、價差、期現套利、α 策略、價值型投資。團隊人數走的是精英模式，像高盛那樣，人員陸續在增加中。團隊成員有策略研發者、策略撰寫者、計算機工程人員、統計人員、風控人員等，最重要的是這些人才能夠做一個整合，才能把整個資金運作起來，才會更順暢，讓資金曲線穩定向上。

2. 產品（見表 5-20）

表 5-20　　　　　　　　　　言程序旗下基金產品

序號	基金簡稱	基金經理	單位淨值	複權淨值	淨值日期	成立日期	今年以來收益率	投資類型
1	言程序交易團隊	言程序	2.6774	2.6774	2014/12/29	2012/10/8	90.82%	股票型
2	七禾言程序零号基金	言程序	1.2810	1.2810	2014/12/19	2013/12/30	28.10%	股票型
3	月光寶盒基金	言程序	1.2590	1.2590	2014/12/19	2014/2/14	25.90%	股票型
4	馬達言起2号	言程序	1.0150	1.0150	2014/11/14	2014/9/1	1.50%	股票型

四、健峰投資

1. 企業簡介

上海健峰資產管理有限公司，成立於 2011 年 5 月 28 日，註冊資本為 3,000 萬元人民幣。公司由中國期貨市場第一批從業者及職業投資人合作發起，是專注於為高淨值帳戶提供投資管理及諮詢服務的專業資產管理公司。公司資

產管理投資範圍覆蓋國內外期貨、證券、外匯等多個市場，用全球化的視野系統性地把握市場脈搏，捕捉市場機會。通過多市場、多品種、多週期的風險分散型趨勢交易，以及多策略疊加組合的對沖交易模式，公司優化投資效率，對沖市場風險，以確保資產的長期穩健回報。公司秉承「立足基本面研究、順應趨勢、量化交易」的核心投資理念，以「誠信、專業」為立足之本，力爭成為業內卓越的衍生品對沖基金。

2. 核心人員

（1）黃健，董事長。湖北中醫藥大學畢業，中國第一批職業期貨投資人。20 世紀 90 年代成名於海南期貨市場，近二十年期貨投資生涯，戰績卓著。現任公司董事長兼趨勢投資總監，同時任美國荔枝投資諮詢公司（Lychee Investment Consulting）董事

（2）馬俊峰，總經理。美國亞利桑那州立大學工商管理碩士 EMBA，二十年期貨、證券從業經歷。歷任中國國際期貨上海營業部總經理，北京中期副總經理，東證期貨副總經理。現任公司總經理兼首席風險官。

（3）梁瑞安，副總經理。北京大學光華管理學院金融系碩士畢業，具有十幾年商品期貨研究和交易經驗。曾在某大型海外對沖基金任職多年，歷任研究員、研究主管、商品期貨執行董事。堅持基本面研究，已形成一套獨特的行之有效的分析方法，擅長套利交易和長線單邊交易。現任公司套利交易投資總監。

五、持贏投資

1. 公司介紹

南京持贏投資管理有限公司成立於 2007 年 1 月 18 日，是由中國一批金融業內資深人士組成的專業金融投資機構。公司目前專注於期貨投資，擁有豐富的實戰經驗，自成立以來憑藉專業的團隊協作、穩健的投資策略和精細的風險防控措施，在風雲變幻的期貨投資市場上連續多年穩定盈利，贏得了市場的廣泛認同。公司倡導理性投資，強調風險防控，追求複利增長，以專業、務實、利他的責任感，為客戶的每一分財富做保值增值服務，力求公司的每一分利潤都是基於為客戶創造了更多的財富價值而獲得。

2. 核心人物——錢駿

錢駿，2001 年畢業於浙江工商大學投資系，後就職於平安證券南京營業部，任客戶經理，並在短短半年內以自身的勤奮及過人的專業天賦獲得年度最佳新人獎，同時榮升為營業部投資部經理。2003 年加盟新紀元期貨，開始專

注於期貨投資的研究，歷任新紀元期貨南京營業部研發部經理、投資顧問兼農產品分析師。2004年成立自己的工作室，2007年正式創辦持贏投資至今。

3. 旗下產品

（1）持續穩健增長（見圖5-25）

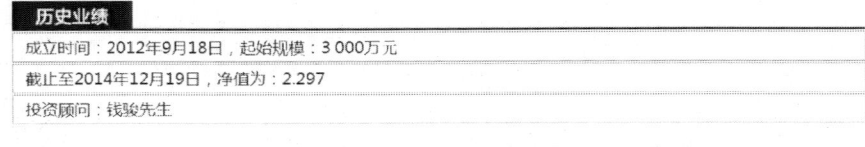

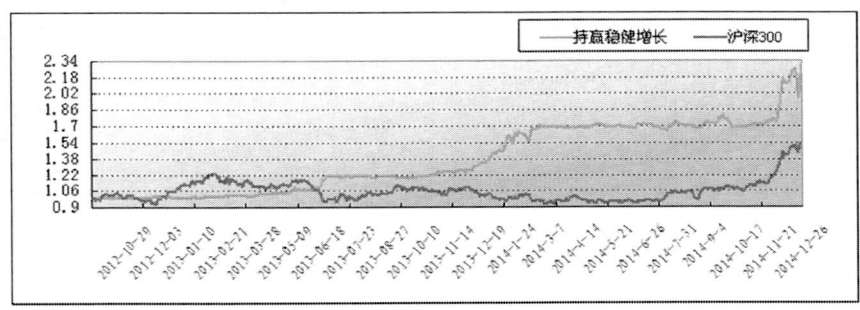

圖5-25　持續穩健增長趨勢圖

（2）持續穩健1號（見圖5-26）

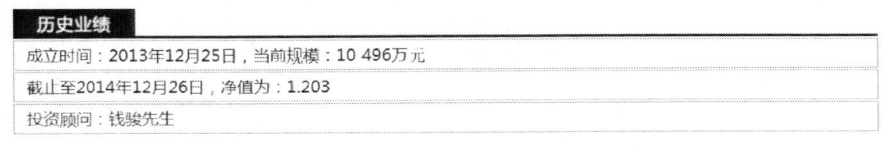

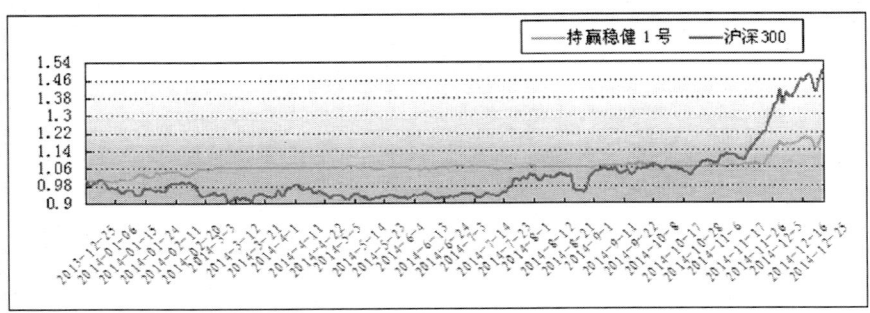

圖5-26　持續穩健1號趨勢圖

（3）持贏紫金 1 號資產管理計劃（見圖 5-27）

歷史業績

成立时间：2014年5月30日，起始规模：4 530万元

截止至2014年12月26日，净值为：1.069

投资顾问：丁军先生

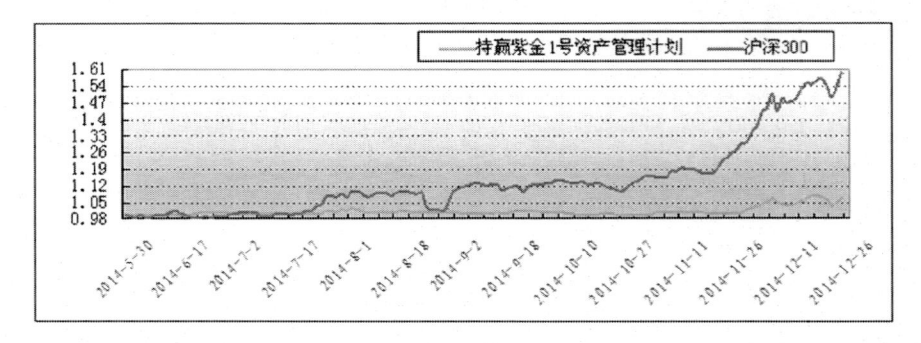

图 5-27　持贏紫金 1 號資產管理計劃淨值趨勢圖

（4）持贏 1 號（見圖 5-28）

歷史業績

成立时间：2012年12月3日，到期时间：2013年12月2日，起始规模：3000万元

产品年化收益24%

投资顾问：钱骏先生

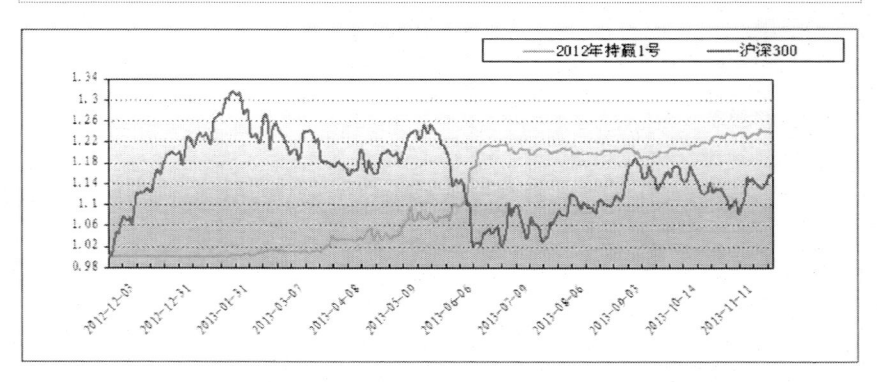

图 5-28　持贏 1 號趨勢圖

（5）2014 持贏進取 1 號（見圖 5-29）

历史业绩

| 成立时间：2014年3月31日，起始规模：2.49亿元 |
| 截止至2014年12月26日，净值为：1.189 |
| 投资顾问：钱骏先生 |

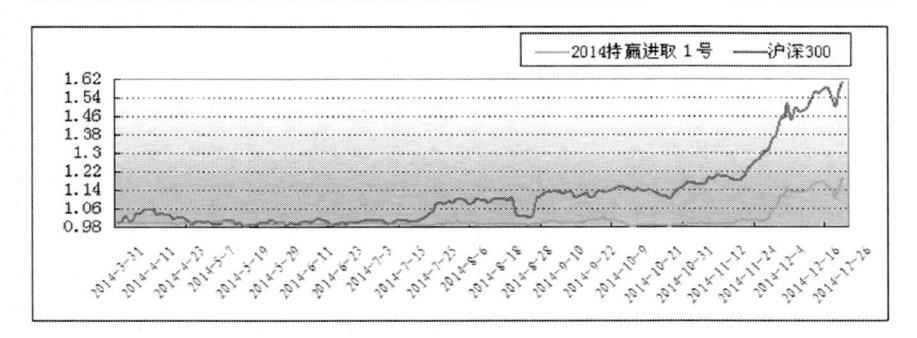

圖 5-29　2014 持贏進取 1 號趨勢圖

（6）2013 持贏進取 1 號（見圖 5-30）

历史业绩

| 成立时间：2013年11月19日，到期时间：2014年11月18日 |
| 产品年化收益20.8% |
| 投资顾问：钱骏先生、丁军先生 |

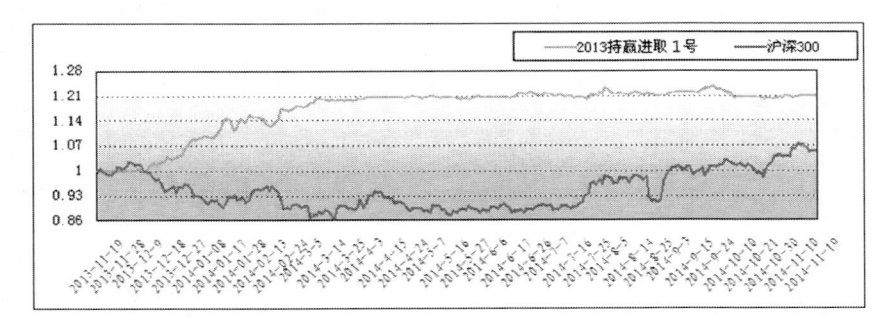

圖 5-30　2013 持贏進取 1 號趨勢圖

（7）持贏安立豐 1 號資產管理計劃（見圖 5-31）

历史业绩

成立时间：2014年5月27日，起始规模：7870万元

截止至2014年12月26日，净值为：1.208

投资顾问：钱骏先生

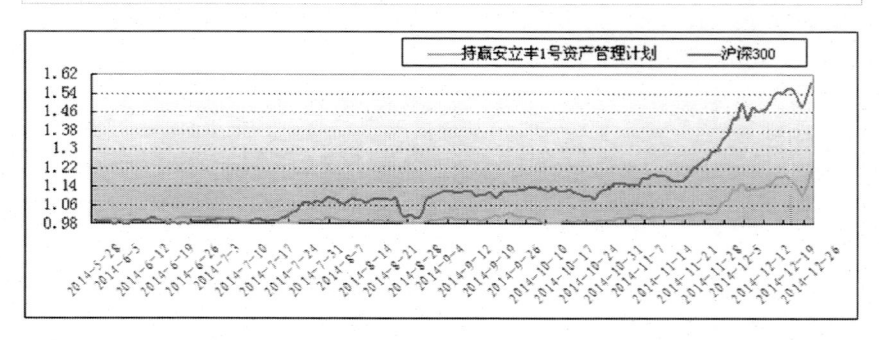

圖 5-31　持贏安立豐 1 號資產管理計劃趨勢圖

六、尚澤投資

1. 公司簡介

杭州尚澤投資管理有限公司成立於 2011 年 1 月，由丁洪波先生一手創辦並擔任投資總監，主要從事國內外商品期貨、金融期貨等金融衍生產品的投資管理與諮詢。公司團隊成員在期貨市場浸潤多年，具有較強的理論基礎、實戰經驗和風險意識，曾創造了驕人的實戰業績，多次在全國大賽中獲獎。

2. 交易策略

在交易策略的選擇上，公司秉承程序化客觀決策與人工主觀優化相結合的平衡理念，在多年的實戰中逐漸形成了一套比較完善的交易思想體系和行之有效的交易系統。公司通過對各投資策略的優化配置，實現資金收益率的長期穩步增長。

3. 旗下產品（見表 5-21）

表 5-21　　　　尚澤投資旗下產品

名称	净值	更新日期	成立日期
尚泽进取	2.17	2014-09-16	2011-11-01
永安尚泽	1.22	2014-10-17	2013-05-20
浙商尚泽	0.99	2014-09-16	2014-04-03
尚泽稳健	2.22	2014-09-16	2014-04-03
信达尚泽	1.20	2014-10-17	2014-04-03

七、北京頡昂投資

1. 企業介紹

北京頡昂投資管理有限公司成立於2009年11月，是一家從事商品對沖投資和宏觀對沖投資的資產管理公司。公司已擁有一支由二十多位專業人員組成的投研團隊，通過對全球經濟發展和宏觀經濟週期的趨勢分析，對貴金屬、地產、債券、外匯、商品、股票等大類資產的深入研究，對各類資產之間關聯性的解讀與研判，運用保本投資策略、對沖投資策略、趨勢投資策略和價值投資策略，為投資者創造絕對收益。公司的研究體系與投資邏輯經過實際投資的反覆驗證，取得了持續、穩定的投資業績。公司已與工商銀行、招商證券、浙商期貨、招商期貨、多家公募基金、私募排排網等金融機構開展業務的交流與合作，並已設立了大陸境內第一只商品對沖投資私募基金。

2. 核心人物

（1）周亞東，總經理兼投資決策委員會主席。現任公司總經理。從2002年起在嘉實基金任職，2009年成立頡昂投資管理公司，具備10年金融從業經歷，多年從事期貨、股票交易，擁有豐富的商品研究、宏觀研究及投資經驗，2008年至今在期貨投資中取得800%的業績回報。主要掌控公司重大投資決策，負責投資、研究的體系建設，團隊管理等。

（2）林琦，副總經理兼首席風控官，投資決策委員會成員。現任公司風控官。畢業於南開大學，獲管理學碩士，具備6年金融從業經驗，曾就職於中信信託、工銀瑞信基金等金融機構，開展管理過信託融資、公募基金、專戶理財、陽光私募等業務，具備廣泛的金融知識，熟悉各類金融產品，擁有豐富的公司治理及風險管理經驗。主要負責公司投資管理業務運作過程中的風險控制，對外業務拓展，產品開發與管理。

（3）朱軍，投資總監兼投資決策委員會成員。現任投資總監。擁有17年的期貨從業經歷，曾在招金期貨、阜康期貨等多家金融機構擔任投資總監，擅長金融市場趨勢判斷，並且擁有豐富的交易經驗，其管理的帳戶年收益率超過40%。主要負責資金的具體運作，負責執行投資決策委員會擬定投資期貨品種的時機選擇與交易執行。

（4）趙鵬，研究總監兼投資決策委員會成員。現任公司研究總監。畢業於中央財經大學，獲經濟學碩士學位。曾任職於北京銀行資產託管部，曾負責多類金融產品的開發與管理，具有豐富的研究經驗。主要負責公司的研究工作，跟蹤期貨市場動態和宏觀經濟動態，挖掘各類資產的趨勢性投資機會。

3. 旗下產品（見表 5-22）

表 5-22　　　　　　　　北京頡昂投資旗下產品

序号	产品名称	投资经理	单位净值	累计净值	累计收益	今年收益	成立日期	结束日期
1	頡昂商品对冲三期	周亚东	1.0526	1.0526	5.26%	N/A	2012-11-08	
2	頡昂对冲二期	周亚东	1.3517	1.3517	35.17%	N/A	2012-07-24	
3	頡昂对冲一期	周亚东	2.4858	2.4858	148.58%	N/A	2011-09-23	

八、開拓者資產管理

1. 企業介紹

開拓者資產管理有限公司成立於 2011 年 10 月 31 日。公司由國內頂尖的投資界人士發起，匯集了一批學識廣博、嚴謹務實的專業人才，專為投資者提供個性化、專業化的優質投資管理服務，致力於追求投資收益的穩定增長。公司的投資特點是：以量化分析為基礎的系統交易方法，進行多品種、多策略、多週期的組合交易，並具有科學的收益風險評估體系。公司主要交易標的為金融期貨、商品期貨、股票、債券及其他金融衍生品，以計算機全自動交易為主要交易方式，以長中短趨勢策略組合交易、期現套利、跨合約、跨品種、跨市場對沖交易為主要交易策略。投資團隊擁有期貨、證券領域的資深專家、職業交易者以及優秀的金融軟件開發人員。投資團隊是國內第一批程序化交易者，2005 年起無人值守程序化交易至今，歷史業績時間長、收益穩定、收益率高。IT 技術對程序化交易至關重要。開拓者資產的 IT 團隊有十多年程序化自動交易平臺開發經驗累積，精通金融工程和 IT 應用的結合，善於利用最新的信息技術和創新理念，是國內該技術領域領跑者。IT 團隊成員均有豐富程序化交易實戰經驗，核心人員具有 9 年無人值守的程序化交易實戰經驗，使得技術與需求實現無縫對接。擁有自主研發的程序化交易平臺——交易開拓者軟件，其用戶數占國內期貨程序化交易實盤客戶 80% 左右，技術優勢獨一無二。

2. 核心人物——陳劍靈

陳劍靈，深圳開拓者科技有限公司（交易開拓者，Trade Blazer）總經理。職業交易員。2005 年在商品期貨使用無人值守的程序化交易系統，取得較好的收益。該程序化策略通過大量的組合，有效地降低了風險，資金增長穩定。2006 年以 98 萬元入市，截至 2010 年 12 月 31 日，該帳戶資金已經增長到 3,093 萬元。該帳戶參加了上海中期 2010 年程序化交易大賽，獲得盈利絕對值第一名、機組第二名。

3. 風險控制

公司風險控制的特點是：長中短週期結合、嚴格的資金管理；以經驗為基礎的策略不斷改進；程序化交易摒棄人性弱點；服務器託管、無線網絡備份；自動交易中全程人工監控。

4. 旗下產品

(1) 開拓者內部員工 1 號基金

該基金為公司發起人組成的開放式內部基金，自 2005 年 12 月 30 日成立至今，以追求高收益為主要目標，能夠承受較大的風險，前期以日內短線為主，中線持倉系統為輔，2012 年以後採用多週期的趨勢跟蹤結合期貨品種間對沖的策略。具體情況見表 5-23、圖 5-32。

表 5-23　　　　　開拓者內部員工 1 號基金基本情況

賬戶說明	
開拓者內部員工1號基金，成立於2005年12月30日，自2006年1月4日交易以來，該產品取得良好的收益。截止2014年9月30日，該產品累計盈利4261.08萬元。具體產品指標如下：	
累計盈利額	4261.08萬元
交易日	2127
最近5年平均年化收益率率	59.53%
最近5年平均年回撤率	16.91%
收益風險比	3.52

圖 5-32　開拓者內部員工 1 號基金累計盈利

(2) 開拓者內部員工 2 號基金

該基金為公司內部員工組成的開放式內部基金，自 2010 年 7 月 6 日成立至今，以穩定收益為主要目標，能夠承受一定的風險，採用多策略、多市場、多品種組合，策略包括多週期的趨勢跟蹤、期貨品種間對沖、日內股指投機、股票股指對沖、股票趨勢跟蹤投機和股票財務量化選股模型，投資於國內期貨市場和證券市場，交易標的為國內期貨市場所有的活躍品種及 A 股。具體情

況見表 5-24、圖 5-33。

表 5-24　　　　　開拓者內部員工 2 號基金基本情況

账户说明

开拓者内部员工2号基金自2010年7月16日交易以来，该产品取得稳定收益。截止于2014年9月30日，该产品的单位净值达到3.9387，年化收益率为72.46%。具体产品指标如下：

当前净值	3.9387
交易日	1022
年化收益率	72.46%
最大回撤率	18.12%
收益风险比	3.99

圖 5-33　　開拓者內部員工 2 號基金淨值

(3) 其他產品（見表 5-25、圖 5-34 至圖 5-36）

表 5-25　　　　　　　開拓者旗下其他產品

更新日期：2014-12-28

基金名称	单位净值	累计净值	运行天数	利润率	年化收益率	状态	详情
开拓者德邦基金专户	1.18	1.18	110	18.2%	60.3%	运行中	详情
开拓者永安私募基金	1.38	1.38	131	37.7%	105.1%	运行中	详情
开拓者中融趋势私募基金	1.17	1.17	137	17.3%	46.1%	运行中	详情
开拓者中融对冲趋势组合私募基金	1.19	1.19	118	18.7%	58%	运行中	详情
开拓者上海中期趋势私募基金	1.28	1.28	82	27.9%	124.4%	运行中	详情
开拓者南华趋势私募基金	1.08	1.08	59	7.8%	48%	运行中	详情
开拓者内部员工基金	122.2	122.2	2920	12120%	82.3%	运行中	详情
新湖期货资管产品	1.98	1.98	642	98%	47.5%	运行中	详情
开拓者股指激进型专户	3.45	3.45	585	244.7%	116.4%	已结算	详情
开拓者新湖705专户	4.6	4.6	1625	360%	40.9%	运行中	详情

单位净值：3.45　累计净值：3.45　运行天数：585　年化收益率：116.4%　更新日期：2013-08-15　运行状态：已结算

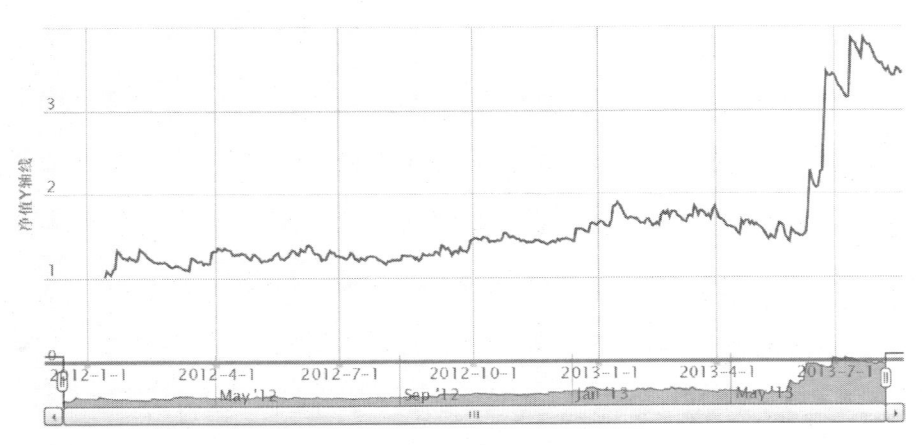

圖 5-34　開拓者股指激進型專戶淨值趨勢圖

单位净值：122.2　累计净值：122.2　运行天数：2920　年化收益率：82.3%　更新日期：2014-12-26　运行状态：运行中

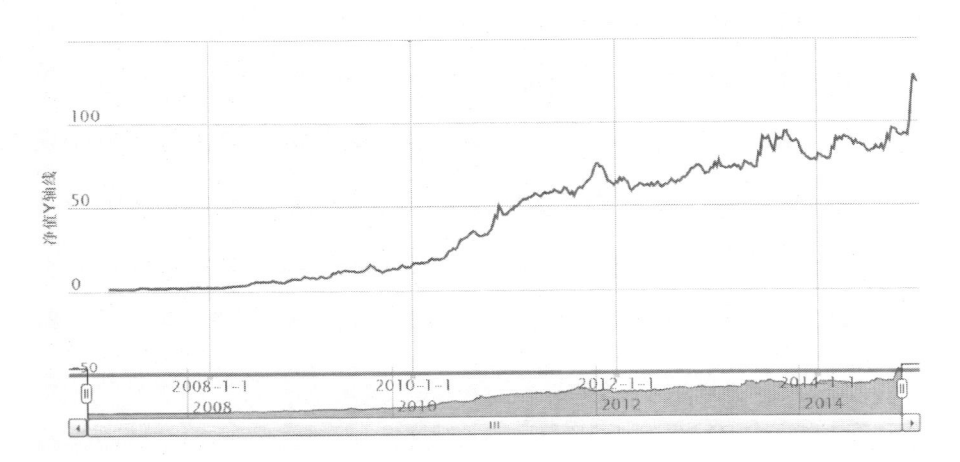

圖 5-35　開拓者內部員工基金趨勢圖

单位净值：1.98　累计净值：1.98　运行天数：642　年化收益率：47.5%　更新日期：2014-12-26　运行状态：运行中　　返回

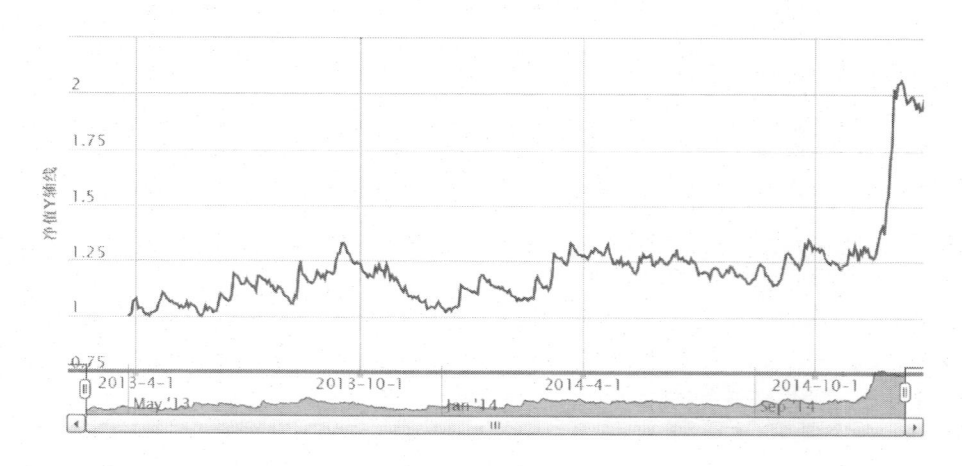

图 5-36　新潮期货资管产品净值趋势图

九、美好投资

1. 企业介绍

南通美好投资管理有限公司是一家主要從事投資理財、資產管理、信息諮詢等服務的專業投資公司。公司擁有務實、高效、開拓、創新的領導集體和敬業奉獻的高素質員工隊伍。

公司秉承「誠信、專業」的服務理念，注重團隊的力量，以規範化的操作贏得最佳的業績，並借助先進的電腦技術將優秀操盤手的交易經驗固化、升級成一種智能、自動、穩定、持續、低風險嚴謹完整的管理制度及控制風險、高回報的理財模式；公司還建立高效可行評估體系。

公司致力於為客戶提供全方位理財服務和最優質的服務平臺。多年的實盤經驗及驕人的投資業績在蘇南、蘇中一帶擁有極佳的理財口碑。美好投資熱切期望與社會各界同仁攜手合作，共謀發展，共創輝煌。

2. 投資理念

公司堅持「嚴控風險、穩定盈利、嚴格對客戶負責」的投資理念。公司的性質決定其不以交易手續費為目的，而是全力追求「雙贏」，即客戶盈利帶動公司盈利。公司主要交易模式為中長線交易，採用「宏觀為主、微觀為輔、價值投資、趨勢運作」的方式。公司有多套趨勢系統和震盪系統，並結合一套嚴格的資金管理和風險控制措施，確保客戶利益穩定、可持續的增長，為民

間資本的保值、增值做出了應有的貢獻。公司在為客戶理財的同時做大做強，將公司打造成實力雄厚、專業高效的投資理財型管理公司。

3. 投資業績

公司自成立以來年年盈利，盈利率在 50%～300%，到目前為止平均盈利率在 80% 左右，受到廣大客戶的肯定與好評。公司由核心理財團隊和資深期貨和金融界人士為客戶操盤，每年都取得了驕人的投資業績。

十、康騰投資

1. 企業介紹

廣州市康騰投資管理有限公司成立於 2011 年 4 月，主要從事資產管理業務、期貨基金、對沖基金的研發和銷售。其前身是蝴蝶金融實驗室，核心研發人員由金融、數學、計算機、統籌學等專業的量化專才組成，投研經驗均超過 10 年。公司與註於量化交易，致力成為國內領先的量化交易投資管理人，追求絕對收益、重業績高於規模、以客戶利益為導向。公司秉承「誠信共贏」的經營理念，專注於私募基金的投資管理，旗下產品康騰 1 號、康騰 2 號的業績在私募排排網、朝陽永續網站上持續領先，收益率遠高於同業平均水平。截至 2014 年 6 月底，康騰投資管理資產達億元規模。

2. 核心人物——鄧文杰

鄧文杰，董事長，總經理。華南理工大學 MBA，從事 IT 和金融行業多年，曾任職香港美域數碼科技中國區技術總監，香港現化電腦廣州分公司研發總監，曾投資廣東高拓發展有限公司，廣州市京洲電子信息技術有限公司，廣州市鼎力資訊科技有限公司。2010 年創辦廣州市康騰投資管理有限公司。

3. 投資理念

市場不是隨機漫步，多種原因令其存在漏洞（盈利機會）。綜合的計算能力是捕捉市場漏洞的有效工具，數學和計算機是計算能力的基礎。康騰始終保持高於市場平均水平的綜合計算能力。所有的交易模型設計都是基於某種市場假設，並且假設會在未來有限持續。市場是變化的，假設最終會失效，康騰始終對市場變化保持警惕。在非線性的世界裡（例如金融市場），因果關係通常是模糊的。量化分析是有效地獲得交易機會的手段。康騰有一整套分析市場的方法和工具，能迅速完成對任意市場、任意品種的交易獲利效能的評估。

4. 風險控制

公司風險控制的特點是：「安全墊」策略保護本金制度；多策略運作多週期交易；總體策略的資金管理。

5. 旗下基金表現（見表 5-26）

表 5-26　　　　　　　　康騰投資旗下基金表現

序號	基金簡稱	基金經理	公司簡稱	單位淨值	複權淨值	淨值日期	成立日期	今年以來收益率	投資類型
1	康騰1號	鄧文杰	康騰投資	6.4011	6.4011	2015/2/6	2012/6/20	18.30%	期貨基金
2	康騰量化對冲2號	鄧文杰	康騰投資	3.1487	3.1487	2015/1/23	2013/9/25	3.03%	期貨基金
3	康騰太安1號	鄧文杰	康騰投資	----	----	----	2014/8/22	----	期貨基金
4	康騰對冲1號	鄧文杰	康騰投資	----	----	----	2014/8/29	----	期貨基金
5	康騰量化對冲3號	----	康騰投資	----	----	----	2013/9/23	----	期貨基金
6	金点靶子1號	----	康騰投資	----	----	----	2014/12/18	----	期貨基金

十一、期貨私募第三陣營總結

目前在中基協登記的私募基金公司有五千多家，初步估計有 1,000 家涉及期貨市場，按照每家大約 5,000 萬元的管理規模（包括陽光產品、單一帳戶委託理財），合計管理規模在 500 億元左右。

十二、期貨市場資金分配狀況

根據前三節的分析，我們初步統計出期貨私募第一陣營管理 100 億元，第二陣營管理 100 億元，第三陣營管理 500 億元。注意：這 700 億元是通過產品形式表現出來的數據，實際上，這些私募機構的自有資金為 200 億元和沒有以陽光形式表現出來的單帳戶委託理財形式存在的資金為 400 億元，這兩部分粗略估計為 600 億元。私募機構實際管理資金為 1,300 億元，目前期貨公司的資管大約有 100 億元的規模；民間個人高手按照市場參與者的 1% 衡量，個數為 6,000 人，假定其操作的資金為每人 1,000 萬，合計 600 億元的規模。這樣期貨市場機構投資管理大約 1,400 億元的資金，民間個人高手管理大約 600 億元的資金，期貨市場的總資金為 2,600 億元，那麼剩下的資金 600 億元就是另外的 60 萬個人散戶所有，平均每人大約 10 萬元。

國家圖書館出版品預行編目(CIP)資料

中國主要公募基金和私募基金的操作實力研究 / 羅威，崔中山 著. -- 第一版. -- 臺北市：崧博出版：財經錢線文化發行，2018.11

面 ； 公分

ISBN 978-957-735-600-0(平裝)

1.基金 2.投資 3.中國

563.5　　　　107017319

書　名：中國主要公募基金和私募基金的操作實力研究
作　者：羅威、崔中山 著
發行人：黃振庭
出版者：崧博出版事業有限公司
發行者：財經錢線文化事業有限公司
E-mail：sonbookservice@gmail.com
粉絲頁　　　　　　　網　址：
地　址：台北市中正區延平南路六十一號五樓一室
8F.-815, No.61, Sec. 1, Chongqing S. Rd., Zhongzheng Dist., Taipei City 100, Taiwan (R.O.C.)
電　話：(02)2370-3310 傳　真：(02) 2370-3210
總經銷：紅螞蟻圖書有限公司
地　址：台北市內湖區舊宗路二段 121 巷 19 號
電　話：02-2795-3656　　傳真：02-2795-4100　　網址：
印　刷：京峯彩色印刷有限公司（京峰數位）

　　本書版權為西南財經大學出版社所有授權崧博出版事業有限公司獨家發行電子書及繁體書繁體版。若有其他相關權利及授權需求請與本公司聯繫。

定價：450元

發行日期：2018 年 11 月第一版

◎ 本書以POD印製發行